《中国名人大传》

ZHONGGUO MINGREN DAZHUAN

郑板桥传

韩 红◎著

北京联合出版公司

Beijing United Publishing Co.,Ltd.

图书在版编目(CIP)数据

郑板桥传/韩红编著. —北京:北京联合出版公司,2013.11(2022.1重印)
(中国名人大传/马道宗主编)
ISBN 978-7-5502-2169-7

Ⅰ.①郑… Ⅱ.①韩… Ⅲ.①郑板桥(1693~1765)-传记
Ⅳ.①K825.72

中国版本图书馆 CIP 数据核字(2013)第 253296 号

郑板桥传

编 著:韩 红
版式设计:东方视点

北京联合出版公司出版
(北京市西城区德外大街 83 号楼 9 层 100088)
北京一鑫印务有限责任公司印刷 新华书店经销
字数 230 千字 710 毫米×1000 毫米 1/16 15 印张
2013 年 11 月第 1 版 2022 年 1 月第 3 次印刷
ISBN 978-7-5502-2169-7
定价:49.80 元

前　言

　　郑板桥（1693—1765 年），名燮，字克柔，板桥是其号，偶尔也题板桥居士、板桥道人，到了晚年，又自署板桥老人。他是清代杰出的艺术家、文学家。

　　郑板桥小时在家里，长期受到父亲的直接教育和舅舅的影响。二十岁时，板桥从真州回到家乡，投至陆种园老先生门下为弟子。由于板桥天资聪颖，学习勤奋刻苦，再加之陆老先生的悉心指点，他不仅精通了"四书""五经"，而且在绘画、书法、赋诗、填词等方面都小有名气，很快就成为当地有名的秀才了。

　　板桥二十三岁时，娶妻徐氏。婚后他们育有三个儿女，为了维持生计，板桥只得辍学。大约三十岁时，板桥的父亲去世了，家境更为艰难。

　　接着，他的爱子夭折。三十九岁时，伴他十几年的结发妻徐氏也不幸病殁。这一连串的变故，使得郑板桥对前途感到了悲观失望。在艰难困顿中，幸而有江西人程羽宸的帮助，才使他解脱了家庭的牵累，得以游历庐山、京师、杭州等地。

　　雍正十年（1732 年），板桥四十岁，赴南京参加乡试，中了举人。经过在焦山的借宿苦读，终于在乾隆元年（1736 年）的京都应试中中了进士。但是直至乾隆六年，他四十九岁时，才被任命为七品县令，去山东范县就职。

　　由于板桥办事公道，廉洁爱民，范县百姓都十分敬重他。在范县五年知县任上，他关心百姓的疾苦，做了不少有益于百姓的事。

　　乾隆十一年，板桥已五十四岁了。他从范县调到潍县当县令。像在范县那样，板桥常常穿着便衣到潍县四乡去访察民情、体恤民间疾苦，并且能秉公办事。

　　板桥敢于直面自己施政的失误。当时潍县社会治安较乱，每到冬天，便屡屡发生偷盗抢劫的事。于是板桥就召集当地人编成巡查小队，抓捕盗贼罪犯。然而事与愿违，队里有些人滥用职权，不去管坐地分赃的罪犯，却敲诈勒索无辜的农民，弄得百姓怨声四起。板桥发觉后，便派人暗中调查处理，并坦然检讨了自己

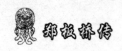

的过失，解散了这个巡查小队。

他两袖清风，一身正气。十二年的官场生涯中，他从不送礼巴结上司，在处理案件时，对地方富豪和老百姓也一视同仁。特别是在灾荒之年，常不顾上司的反对开官仓济民，还命城内大户设厂煮粥，让难民渡过难关。他的这些举动惹恼了上司与当地富豪，所以在乾隆十八年春，板桥竟以贪污赈灾粮款的罪名被革职。

于是，板桥又重返扬州卖画，不过此时已是今非昔比，远近官绅士民，都向板桥索画，让他甚为忙碌。

在这期间，板桥和"扬州八怪"两画家李鲜、李方膺交往甚多，成为知己。

此时的板桥，仍和青壮年时代一样，特别喜欢远游。回扬州的第二年春天，六十二岁的板桥就去了杭州。六十五岁时，板桥又去游高邮，写下了著名的《由兴化迂曲至高邮七截句》。

郑板桥的一生，经历康、雍、乾三朝，先是康熙秀才，后是雍正举人，直至乾隆进士，当了十二年七品县令，最后罢官而去，以卖画终了此生。板桥的生活，幼年极贫，中年稍富，晚年稍贫，他的生活的变化，对他个性的发展影响很大，使他形成了自己独特的风格。

板桥可称得上是一位多才艺人。他在诗、词、曲和各种书札散文等方面都有很深的造诣，而且大多数作品与当时社会现实生活联系密切，具有进步的思想内涵和极高的艺术魅力。同时，板桥的书、画、印俱绝，而且几乎凡画必题，题跋与画面组合，富有变化，而又极为和谐。他很好地处理了诗、书、画、印的关系，抓住了四者相通之处，提出了"真气、真意、真趣"这"三真"的说法。早在晚清，板桥书画就已举世闻名。

目 录 **Contents**

第一章　政治风云

一、清廷政治

明朝后期，宦官专权，朋党攻讦，政治十分腐朽黑暗，封建政权机构处于几近瘫痪状态。地主阶级，尤其是皇族，更加疯狂地兼并土地。明末，农民受野蛮的政治压迫以及残酷的经济剥削而穷困潦倒，严重破坏了社会生产力，以致水灾、蝗灾和瘟疫不断发生。濒临绝境的农民只有选择揭竿而起。崇祯初年，爆发了以李自成、张献忠为代表的农民大起义。崇祯十七年（1644 年）三月十九日，北京为李自成率领的大顺军所攻占，崇祯登煤山自缢，农民起义推翻了明王朝近三百年的统治。

也就在这年五月一日，明宁远总兵吴三桂勾结清朝贵族，引清军进入北京，大顺农民革命政权被颠覆，农民革命的胜利果实因而被夺取了。十月，清顺治帝下诏定都北京。

清朝廷从此开始了对南明残余福王政权、鲁王政权、唐王政权、桂王政权的攻伐。康熙元年（1662 年）春，吴三桂在缅甸将桂王俘获。至此，终于彻底推翻了南明王朝在大陆的残余势力。

清代是中国历史上最后一个封建王朝。从康熙到乾隆中期统一了台湾，平定了准噶尔部贵族的叛乱，抵制了沙俄入侵我国黑龙江流域的举动，进一步巩固和发展了统一的多民族的封建国家。

在南下进攻时，清军极为残暴。扬州十日，嘉定三屠，尤其是清统治者下令剃发，强迫汉族人民改变衣冠装束及精神信仰，这就激起了广大汉族人民的坚决反抗。李自成、张献忠余部也联合南明政权共同与清为敌。以农民军为主体的各族人民的抗清斗争，进行了二十年之久，最后以被清王朝血腥镇压而告终。

清统治者为了缓和民族矛盾，对汉族地主官僚，在入关前后都执行笼络政策。当清军进入北京后，马上为崇祯发丧，而且以为汉族地主官僚"报君父之

仇"的幌子，自我标榜为汉族地主阶级的代言人。在任用官吏上，清廷表面上采取满、汉兼用的方针，并且规定了中央各部门满汉官员的名额。

康熙时期，采取了一系列的措施来缓和阶级矛盾，社会秩序好转起来，恢复和发展了生产力。乾隆时期，许多城市的商业繁荣发展，各地和各族人民之间的经济、文化交流得到了加强，海外贸易也有一定的发展。这就构成了中国历史上的又一个所谓"太平盛世"。

在康熙帝、雍正帝的上谕中，把地主当作"国家所爱养保护之人"，提出当使富民利益得到维护。这一时期所推行的废止圈地、减免税粮和鼓励垦荒等政策，都有利于汉族地主。清朝政府还采取其他许多措施，吸收一些汉族地主阶级中的知识分子到政权中来。在不断扩充科举录取名额的政策下，康熙十二年又下令推荐"山林隐遗"，一些地主士绅可免试做官。第二年，清廷更颁布了捐纳制度，地主子弟便有了捐银得官的待遇。康熙十七年，又宣布开设"博学鸿儒"科，罗致了全国"名士"一百四十三人，录取了五十名，他们都被授予了翰林院的官职。当时除了有较浓厚的反清和反对君主专制思想的人如顾宪林、黄宗羲等外，其他知名学者还有朱彝尊、汪琬、毛奇龄、施闰章等人都来京应选。清朝统治者还大力提倡程朱理学，积极收罗了李光地、魏裔介、熊赐履、汤斌等一班"理学名臣"，让他们纂修《性理精义》等书，颁布天下。康熙皇帝还在山东曲阜祭孔庙，在南京谒明太祖陵，企图推广理学的"忠""孝"思想，使人们的思想斗志被束缚、涣散。这样一来，便加强了满、汉地主阶级的联合统治，更加强化了封建专制主义中央集权的国家机器。然而"太平盛世"的景象仅为封建社会的"回光返照"而已，封建制度受到资本主义萌芽，不断增长的市民、商人力量等因素的冲击。大官僚大地主兼并土地，饱食终日，骄奢淫逸；终岁勤劳的广大农民十分贫苦。清初的一些自耕农，到乾隆时期，有百分之五六十的土地被富户兼并，这些土地被兼并了的农民沦为佃户，一年生产之后，仅可维持日常生活。这样一来，便加剧了广大劳动人民和清统治者的矛盾，人民起义此起彼伏。康熙、乾隆年间，就发生了广东、台湾人民反清斗争，湖北武昌绿营兵起义，山西蒲州人民起义，贵州、湖南等地苗族人民起义，云南李天枢等起义，山东堂邑清水教王伦起义，新疆乌什、甘肃循化回民起义，台湾天地会林爽文起义等。清政府为了维护其统治，一方面采取高压政策，在政治上表现为武装镇压，钳制那些具有抗清思想的知识分子的思想。还有一部分知识分子仍旧厌清思明，仍然坚持同清朝作战，如黄宗羲就曾经表示过："狂言不怕山精漏！"于是，清统治者从顺治时代起开始制造文字狱，经历了康熙、雍正、乾隆三朝皇帝计一百余年，可谓史无前例。

　　文字狱古已有之，但是清王朝的文字狱却是规模最大，处刑最重，历时也最长久的一个。康、雍、乾三朝，先后发生的大小文字狱，史书中记载的就有七八十起之多。最让人听起来吃惊的是：

　　康熙二年浙江湖州富商庄廷𬭎请人增编《明书》，对明末天启、崇祯两朝的一段历史进行了如实的记录，包括建州卫与明朝政权的关系等，便被认为是蓄意反清。清廷把已去世的庄廷𬭎开棺戮尸，还杀害了和此书有关的作序者、刻印者、校阅者、售书者、藏书者七十二人，还有几百人被发配到边疆充军。乾隆时代更是登峰造极，查嗣庭、吕留良、胡中藻、王锡侯、徐述夔等案都是震惊天下的"脍炙人口的虐政"。乾隆帝曾极为震怒，说："乃尚有出身科目，名列清华，而鬼蜮为心，于语言吟咏之间，肆其悖逆诋讪怨望，……实非人类所应有。"近代陈乃乾编辑的《焚书总录》之中记载，在清代文字狱中，二千四百五十三种书目被全部销毁，抽毁书目四百零二种，销毁版目五十种，销毁石刻目二十四种，总数将近三千种。至于因为文字受累，究竟有多少人人头落地，有多少人发配边疆，又有多少人被打入旗下为奴，其数目是永远不能统计的了。

　　另一方面，清统治者又采取"怀柔政策"：康乾两朝皇帝多次南巡，倡导程朱理学、八股取士、开设"博学鸿词"、编纂《四库全书》等，来安抚民心，扼制人们的思想，用功名利禄相诱，网罗天下知识分子，以此来巩固清朝统治。在这种封建文化专制主义下，相当一批知识分子致力于研究学习理学和八股文，以求出仕以维持生计，走上了读书、考试、做官的道路。康乾间因书画篆刻的成就而登科第得官的就有毛奇龄、毛际可、高层云、王原祁、蒋廷锡、沈宗敬、张鹏翀、邹一桂、张照、郑燮、董邦达、张镠、钱载、张若霭、钱维城、梁同书、王文治、桂馥、余集、潘奕隽、黄钺、孙星衍、伊秉绶、张问陶、关槐、阮元、梅庚、李鱓、陆飞、王宸、汪承需、张敔、钱维乔、缪炳泰、龚有融、王学浩等数十人。

　　这真是一个风云变幻的时代。严峻的社会现实面前，知识分子大致又可分为三类：一类是歌功颂德、粉饰太平、俯首乞怜的巴儿狗。比如康熙年间的李光地，当时官位很大，却是俯首帖耳的小人一个，全祖望《鲒埼亭集》中对他的行为进行揭露，认为没有什么人能比他坏。赵执信《饴山文集·送晋二生归应乡试序》云："今之学者，巧饰步趋，深设城府，貌柔而行乖，心烦而言寡，阳倚程朱为祖，阴奉张孔为宗，乃可以擅大名，久高位。"这几句话概括了康、雍、乾时代士大夫以理学为幌子而圆自己的仕途之梦的丑恶面目。

　　清王朝的两手政策，压制了政治、学术思想的发展，却造成了考据学的兴盛。这样，另一类人不问政治，不问现实，情愿将自己有限的岁月，埋头于故纸

堆中，投入烦琐的训诂考证工作中去。当然，他们也有他们的难处。康、雍、乾三朝，大兴文字狱，刑罚残酷。读书人因此人人自危，甚至有"终身不必读书，似我今日"之悔。他们不仅不敢多写诗文怕招惹祸端，甚至为避免触犯忌讳也不敢研究明末史事。于是，只好集中精力研究经学，从事校勘、笺注与名物考证工作，学者们既利用这种烦琐考证之风来远离是非，统治者也利用它来分裂知识分子同社会的斗争以巩固政权。清初以来的汉学和金石考据之学空前发展，产生了群星灿烂的"乾嘉学派"，这与当时精神上、思想上严密的控制不无关系。

这种政治状况也导致美术创作脱离社会现实，摹古思潮泛滥。在清初统治阶级扶持下的"四王"（王时敏、王鉴、王原祁、王翚）摹古画派处于"正统"地位。到了清中叶，势力最大的是以学王原祁的娄东派和学王翚的虞山派，他们的根据地在北京、苏州、太仓、常熟等地。清代中晚期画坛一直为这两派统治，山水画以黄公望为远祖，以董其昌为近宗，陈陈相因，造成一种因循守旧，无所变通的僵死局面。

尽管清王朝十分严格地钳制文化思想的发展，仍旧有一些进步的思想家和具有民主思想色彩的知识分子涌现了出来。这一类特殊的人物大部分都胸怀韬略且抱负远大，但出于强烈的民族意识，对清王朝的黑暗有深刻的感触，再就是由于个人不得志，陷入了无所作为的境地，这就使他们或混杂在芸芸众生中，或托身寺庙，经常陷于精神苦闷之中。由于当时文禁森严，所以他们只能在笔墨之外寄托他们不满现实的满腹牢骚，创造了带有政治批判色彩的"狂怪"的文艺作品。在哲学界这样的特殊人物有颜元、戴震，文学家曹雪芹、蒲松龄、吴敬梓。这些在清中叶生活的思想家和知识分子虽分属不同文化领域却殊途同归——全部有个性解放的要求，无情地揭露与抨击腐朽的封建专制主义制度。

总之，战士、刽子手、奴才、市侩、狂生、理学家、考据迷等人物组成了"康乾盛世"的社会众生相。他们相互交织，清初的文明就是这样创造的。

说到当时的文明，最为人称颂的当数扬州地区了，那儿确实是人才辈出的好地方。清王朝由东北入主中原的几十年间，由于清廷在武力镇压农民起义的同时采取了一系列缓和政策，逐渐恢复了被严重破坏的社会生产力，以商业和手工业为中心的资本主义萌芽的城市经济发展迅速；同时，同西方资本主义国家的通商活动也日益频繁。扬州就是得风气之先的地区之一。地处大运河与长江汇合处的扬州，历来是南北交通的枢纽，隋唐以来，"江淮之间，广陵大镇，富甲天下"。有人对扬州的描绘甚至夸张为："维扬右都，东南奥壤。包淮海之形胜，当吴越之要冲，阛阓星繁，舟车露委。"当时流传有"扬一益二"的谚语，意思是说，全国之盛扬州当推为第一，益州（成都）为第二。清初的扬州，既有大运河航运，又是全国最大的盐业集散地，经济非常繁荣。雍乾年间，在扬州设立了全国盐务最高行政管理机构——两淮盐运使衙门。盐商、官绅相互显摆奢华富贵，在这里建造了许多优美精巧的园林。扬州的繁荣还有乾隆帝一大功劳，他六次南巡均在扬州停留，对扬州经济有很大刺激作用。当时的扬州手工业十分发达，核刻、玉刻、瓷刻、木刻、竹刻、漆刻、牙刻、砖刻名目繁多，还盛产各种工艺品。现在故宫珍宝馆珍藏着的最大的玉雕《大禹治水》，就是由清代扬州的玉工精雕细刻出来的。这种新兴的商业经济的繁荣，必然促使市民对物质生活和文化生活有更高的追求；尤其对于文化方面，他们要求用一种生动活泼的精神享受来替代原有的老一套。另一方面，盐商富贾生活上穷奢极侈，广筑园林，他们有的为美化环境，有的是为附庸风雅，而提倡书画，研究戏曲，这样，艺术也就成了商品之一。孔尚任曾打过这样的比方："广陵为天下之大逆旅，凡怀方抱艺者莫不寓寄广陵，盖如百工之居肆焉。"瘦西湖畔汇集了大量的艺术家，鬻字卖画，发展了自己的艺术。如盐商推崇金农，黄慎从福建到扬州以卖画谋生，等等。如此一来便形成了扬州"人文鼎盛"的局面。江都人薛寿在《学诂斋文集》卷下《读书舫录书后》中曾自豪地说：

> 吾乡素称沃壤。国朝以来，翠华六幸。江淮繁富，为天下冠。士有负宏才硕学者，不远千里百里，往来于其间。巨商大族，每以宾客争至为宠荣。兼有师儒之爱才，提倡风雅。以故人文荟萃，甲于他郡。

乾隆时代扬州的经学确实是天下独一无二的。这不光由于当时文人辈出，如焦循研究《易经》，黄承吉研究文字，王念孙父子研究训诂，阮元研究名物制度，汪中辩明学术源流，都是自创新例。而且由于先前的经学研究过于烦琐，全然没有 17 世纪学术思想界恢宏活泼的气象，扬州学者在这样的状况下，能对伦理方面的问题大胆披露自己的看法，继皖学戴震之后，严厉地批判了宋明唯心主义的理学。

二、石涛与扬州八怪

在严峻、高压的政治压力下保持人格独立的大有人在，仅在文艺方面，如果要说起康、雍、乾时期与扬州有关的人物，这个名单将会很长。诗人王士祯，戏剧家洪昇、孔尚任，小说家吴敬梓、沈复等在扬州都曾留下了自己的足迹。吴敬梓甚至死前几天与友人开怀畅饮时，还高诵唐张祜的"人生只合扬州死"的诗句。程晋芳在《哭敏轩》中云："生耽白下残烟景，死恋扬州好墓田。"说的就是这件事情。扬州地区的文士，如诗人吴嘉纪、史学家谈迁等在当时也名扬天下。清初，大画家石涛和尚多次来到扬州，从康熙三十二年起便在扬州定居，进行了不懈的创作，在这期间完成了很多优秀作品。石涛的画一反仿古旧习，意境苍莽，笔墨恣肆，在奇险中有秀润之气。有人说："石涛带动了扬州画派。"这是不无道理的。

石涛是在他50岁左右来到扬州的，那一年是康熙二十六年，那时候，他已是闻名天下的画僧。

至于他的身世，"西来君莫问，托迹住人寰"，和尚向来守口如瓶，他的密友也劝人不必打听。当时人只知道他叫"苦瓜和尚"。什么叫"苦瓜"？稍稍有些佛学知识的人，都知道茫茫人世，充满痛苦。佛家认为，人的一张脸，眉毛是草字头，眼鼻合成一个十字，嘴是一张口，人脸合成一个"苦"字。"三界无安，犹如火宅"，人的一生，就是在苦难中经受煎熬。和尚以苦瓜称呼自己，可能出于专心修佛的心理，希望可以挣脱苦海，到达涅槃之彼岸吧。士民官府都这么认为，觉得这和尚也没有多少特别之处。但是，也有少数几位，即知道和尚底细的，在"苦瓜"两个字的背后，也看到了和尚内心的深沉的痛苦，明白和尚的命名实在是大有深意。

他直到晚年，才把自己的身世透露了一点儿。他给另一位画僧八大山人写过一首诗。这首诗写的是八大山人，也是写的他自己：

金枝玉叶老遗民，笔砚精良迥出尘。
兴到写花如戏彩，眼空兜率是前身。

怎么理解这首诗是一语双关呢？因为他自己同八大山人有太多的相似之处：都是前朝的遗民，都出身于朱明皇族，都是出家当了和尚，而且都是当时著名的画僧。还有一点相同的，两人都以苦为号：八大山人原名朱耷，所以称"八大山人"，因为"八大山人"的签名极像一个"苦"字。至于石涛自号苦瓜和尚，便很容易理解了。知道他的出身，就很容易明白亡国毁家的和尚当时内心埋藏着的痛苦。

石涛出生在桂林靖江王府。同朱元璋的重孙即第一代靖江王关系亲密。石涛的父亲朱亨嘉属"亨"字辈，是世袭的第十一代桂藩；石涛属"若"字辈，叫朱若极。明廷如果可以再统治一个世纪，那么石涛便有可能成为第十二代靖江王。可是，历史不容假设。和尚生不逢时，在他童年时期，就国破君亡。清军入关，号召明藩"识时知命，削号来归"，石涛的父王无重兵在手，却自称监国，自然招惹了祸端。结果，不等清军入桂，同宗唐王便很轻易地囚杀了他。这样一来，石涛这位"胜国天潢"，在幼稚蒙昧状态，就成了逆臣子嗣，按明律或清律都是死罪不赦。于是，一颗又嫩又小的"甜瓜"，转眼之间成了"苦瓜"。

据说唐王的军队是在深夜入宫搜捕逆臣亲族。其他的要犯都处置了，却唯独小王爷不见了，一个未知世事的娃娃能躲到哪里去呢？点着火把的将士四处寻找，最后听到独秀峰的刘海洞内有孩子说话的声音。那些将士都堵在岩洞前，想夺头功。千钧一发之际，洞内跳出一只蟾蜍，越过众人的头顶蹿进了洞外的月牙池。眼尖的发现，蟾蜍背上，正驮着一个孩子。搜捕的将军大怒，命令把月牙池的池水戽干，把蟾蜍和孩子一起抓捕回来。将士们设法戽水，可池水边戽边涨，三日以后，水深如故。有人说，这是神泉。还有人注意到洞壁上"刘海戏金蟾"的石刻上，那只蟾蜍已不知去向。

石刻是第八代靖江王朱邦苎主持建造的。这回是祖宗显灵，上演了一幕神蟾救主的故事。据说，约半年后，蟾蜍的图像又出现在了壁上，大概是神蟾已把小王爷转移到安全地带，复归了神位吧。

后来人们去太平岩看洞壁刘海戏蟾的，终年络绎不绝。人们特别注意的是这只金蟾。后来又有人说，当时是位内官救了小王爷而非蟾蜍。不管是谁，反正朱若极被救了。被救出的朱若极，有人说见到他流落在桂林北边湘水一带。后来石涛作画，常常署名清湘老人、清湘陈人、清湘遗人，或者叫湘源济山僧，都是源于这段历史。石涛幼年的遭遇，很容易使人联想到杜甫的《哀王孙》。"腰下宝玦青珊瑚，可怜王孙泣路隅。问之不肯道姓名，但道困苦乞为奴。"当时的石涛，其境遇或许比中唐时破国的王孙还要悲惨。因为明廷是恢复不了的了，即使他愿意卖身为奴，试想，又有哪一家主人敢冒风险收留他呢？于是，这位小王爷在命运的迫使下出家当了和尚。

"兵尘不上七条衣"，出家的和尚勿用担忧安全问题，但是，这只是形式上的保证。对于诛杀朱明皇族孑遗的态度，明朝的一批降将甚至比新皇帝还恶毒、坚决。吴三桂就提出过"剿尽根诛，一劳永逸"，即使是逃出国界到了缅甸的朱姓子孙，也要诱回来捕杀。这样，石涛的前半生仍然过得心惊胆寒。所以，他的行踪不定，长时期又避居深山，石涛因此对自己的身世绝口不提，害得今人还不能准确地弄清他的来龙去脉。石涛作画用的名字极多，待在南京一枝寺，就叫枝下僧；待在山里，就叫济山僧；问亦可不问亦可的事不问，就叫瞎尊者；佛经念多

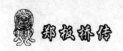
了，又称小乘客；到了内心积郁了过多的忧愤之事时，则称苦瓜和尚了。

和尚用他的画作来表现自己的忧愤之情。几十年来，别人忙于饮食男女，这个时间他则用于领略名山大川了；几十年来，别人在名利场上争名逐利，这个时间他用于潜心作画了；几十年来，别人用于参禅悟道，这个时间，他应付一点，却运用禅理来揣摩他的画理了。他的画作一旦流传于世，与流俗迥然不同的风格惹得南北震动；他的画理一旦问世，一时人们纷纷争着传颂。在50岁左右年纪，他应友人之邀，沿漕河北上京师。路过扬州时，被这座运河之滨日益繁盛起来的淮左名都吸引了，便在天宁寺暂时安顿下来。

扬州有八大名刹，其中最著名的当数拱宸门外的天宁禅院。传说这座寺院原是晋代谢安守扬州时的住宅，后来舍宅为寺了。暂不提寺中伽蓝七堂的宏大规模，就说大雄宝殿两侧的东西耳房也一望无际。游方僧侣、文人墨客到了寺里，大都在耳房下榻。住持知道石涛的画名，便问石涛："扬州景物，法师以为有何特色？"石涛说："唐人云：园林多是宅，车马少于船。果然如此。"老和尚说："扬州尚缺一景，不知法师可曾注意？"石涛说了一个字："山。"老和尚笑了："真是慧眼慧心。法师能不能为寒寺留点墨宝，也算是补偿扬州的无山之憾。"石涛点头同意了。老和尚看看石涛："不敢多劳。殿侧耳房，一房一幅。"石涛稍稍皱了一下眉头，但还是同意了。待他走到屋外，数数东西两边：东边36间，西边也是36间。

扬州也有善于画山的画家。可是要画72座山峰，展现72种面貌，这样的画别说扬州没有，全国也鲜有。再说，石涛在宣城、南京经常嘲笑当今皇室的山水画家，自称"我用我法"，那么，而今倒要看看你如何来画72座山峰，既要峰峰各异，又要能峰峰都区别于皇室画家。如果72峰中有若干雷同，如果72峰中有几幅用上了画院画家的笔法，那么，南来的画僧便给扬州留下讥笑的把柄了，流传的一本《画语录》不过是夸夸其谈。天宁寺的老和尚虽说是出家人，但受歧视石涛的官家画人的指使，可谓机关算尽了。

石涛和老和尚约定，要画72天，他一日一幅。他约天宁寺僧和扬州画坛诸家到第73天的清晨来看画。待到第73天，一大早就有一大批人聚在一起要看他的笑话。可是众人才出拱宸门，只觉晨雾迷漫，河上、城边、寺外、寺内处处都是白茫茫一片。越是靠近寺院，那雾气越浓，连对面僧侣都隐隐约约。闻闻气味，在西南住过的人说，仿佛是山岚，这种现象从来没有在扬州出现过，真是奇怪。更奇怪的是诸人过了天王殿，只闻飞瀑之声阵阵传来，可是四处寻觅，大雄宝殿前的佛院内只有几株银杏而已。人们后来才发现，这一切均来自耳房。因为每一间耳房里都挂了一张石涛的画。72峰，峰峰各异，那山峰间有一股氤氲之气，从画面透出，汇成一片晨雾；那峰间的溪水流动，又汇为与晨钟相间的哗哗的水声。看画的人，一个个目瞪口呆，个个在心里佩服这位大和尚的神笔。

这是传说，却也是有据可查。石涛画山水，善于用墨，重视表现氤氲之气，赋予山林以生命。他在黄山观察多年，为朋友画过 72 峰，"搜尽奇峰打草稿"，胸中有千山万水。他的挚友梅清曾经这样形容他的画：

> 天都之奇奇莫纪，我公收拾奚囊里。掷将幻笔落人间，遂使轩辕曾
> 不死。我写泰山云，云向石涛飞；公写黄山云，云染翟硎衣。白云满眼
> 无时尽，云根冉冉归灵境。

他到扬州来初试身手，就带来了氤氲之气，为扬州沉闷的画坛带来了新鲜气息。

"扬州八怪"正是对石涛的传统的继承，突破了当时形式主义画风的束缚，巧妙结合诗、书、画、印，抒发思想感情，追求个性解放，其强烈的叛逆性从中可见一斑，极具清傲的风骨美。

"扬州八怪"是哪八怪呢？

一般都依照李玉棻《瓯钵罗室书画过目考》中所说的八人：金农、高翔、汪士慎、黄慎、李鱓、李方膺、郑燮、罗聘。秦岭云《扬州八家丛话》（1986 年上海人民美术出版社出版）也都沿袭了这种说法。

俞剑华则认为扬州当时虽有八怪之名，而其实人数不止于八人。他把金农、罗聘、郑燮、李鱓、汪士慎、李方膺、高翔、高凤翰、黄慎、闵贞十人称为"扬州八怪"。

王伯敏对"扬州八怪"有自己的独到见解："'八怪'就是奇奇怪怪，与'八'的数字关系不大。所以'扬州八怪'，八人也好，九人也好，即便是十五人也好，反正指的是这些'怪'画家，或称之为'扬州画派'。"

其实，"扬州八怪"并非承袭了一个师傅，他们风格迥异，未必能成一派。但又由于他们绝大部分是有共同点的很有成就的文人画家：反对因循守旧，以水墨写意花鸟梅竹为主，不受拘束，潇洒奔放，诗书画结合，追求个性解放，强调感情的抒发，具有独创精神，当时"四王"摹古画派对他们排斥、诋毁，把他们看成怪胎一般。清汪鋆《扬州画苑录》说：

> 所惜同时并举，另出偏师。怪以八名，如李复堂、啸村之类。画非
> 一体。似苏、张之掉阖，侔徐、黄之遗规。率汰三笔五笔，覆酱嫌麤；

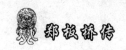

胡诌五言七言，打油自喜。非无异趣，适赴歧途。示崭新于一时，只盛行乎百里。

显然汪鋆是以封建正统思想的卫道士身份来对"扬州八怪"加以批评的，虽然措辞激烈，但也由不得他不认为这确实是一种"崭新于一时"的绘画艺术，所谓"适赴歧途"，当然不同于"四王"的摹古风格。显然这在当时若想博得封建社会上层阶层的士大夫与正统文人的喜爱是不可能的。他们的作品更不会为清廷收藏。但为什么在百里方圆的扬州一带盛行呢？原因汪氏并未说明，但我们却应当去注意一个情况，就是在"扬州八怪"的十五家中，只有高翔、罗聘（祖籍安徽）是扬州人，而其他都不是扬州人，如金农、陈撰是浙江人，华嵒、黄慎是福建人，闵贞是江西人，汪士慎、李葂是安徽人，高凤翰是山东人，杨法是南京人，李鱓、郑燮是兴化人，李方膺是南通人。为什么他们全都汇聚在扬州从事艺术活动呢？这与扬州当时繁荣发展的商业经济关系很大。

扬州，在江苏省的中部，东依运河，南临长江，北踞蜀岗，自唐宋开始便一直为江苏地区的经济中心、交通枢纽，著名大城市之一，是南北经济贸易往来的必经地。仅从扬州关一处关税看，每年就要征到税银四万四千八百多万两。漕米北运，也一定要经过扬州。手工业也极发达，以漆器镶嵌等闻名全国。所经商的行业主要是盐、典、茶、木、粮食与布匹等。其中最重要的应该是盐业了，两淮盐的产额占全国第一位，盐税占全国商业总税收的1/2，所以管理盐务的最高行政机构——两淮盐运使衙门就设在扬州，盐官盐商因此麇集扬州。盐商很多是来自安徽徽州、歙县以及山西、陕西等地，其中徽州商人（简称徽商）人数最多。据统计，由明嘉靖到清乾隆时移居扬州的客籍商人八十名，其中徽商就有60人，他们因而成为扬州盐商的主要代表，是我国明清时期一大商人集团。陈去病《五石脂》云："扬州之盛，实徽商开之。"扬州的政治、经济、文化、社会风尚受其影响深远。

扬州的盐商在明末清初发展迅速，至乾隆年间大小盐商多至二百余家，其中集中了天下最富裕的人家。李澄《淮鹾备要》卷七云："淮商资本之充实者，以千万计，其次亦以数百万计。"乾嘉年间，扬州盐商豪侈之风尽人皆知，有百万财产的仅是小商而已，此际以千万计的盐商已为数不少，《扬州画舫录》卷十五记述徽州出身的汪廷璋云："汪廷璋，字令闻，号敬亭，歙县稠墅人。自其先世大千迁扬州，以盐筴起家，甲第为淮南之冠。……父交如，……守财帛，富至千万。"这般暴富的还有张四可等人，其他安、亢、江、黄、程、方、郑等大姓盐商，其财产最少也有几百万。徽州出身的江春，也是此时的一位豪商。《（光绪）

两淮盐法志》卷十四载道："江春，字颖长，歙人，江演孙也。……父承瑜卒，遂嗣为商总。……乾隆中，每遇灾赈、河工、军需，百万之费，指顾立办，以此受知高宗纯皇帝。……由侯铨道特加布政使衔。"这位扬州盐商商总，曾奉旨借给皇帝帑三十万，他又在赈灾、河工、军需的当中，捐献白银百万两，由于他的慷慨大度，从而受乾隆皇帝赏识，并赐予布政使衔。《清朝野史大观》卷十一记载，在乾隆帝南巡至扬州时，江春承办了所有的供应，一日乾隆游大虹园（即今之瘦西湖），到了某个地方，环顾四周围说："此处颇似南海之琼岛春阴，惜无喇嘛塔耳。"这话传进江春耳朵了，"亟以万金贿帝左右，请图塔状"，"既得图，乃鸠工庀材"，一夜之间，就建成了白塔。乾隆皇帝在次日再一次游览大虹园时，大为惊异，询知其故，叹曰："盐商之财力伟哉！"

扬州城市经济的繁荣兴盛离不开巨额盐业资本的巨大的推动作用。商业、手工业的发展也因之被带动起来，扬州城市面貌也大有改观。为了迎接清帝"南巡"，盐商们在康乾时建筑了塔湾行宫与天宁门行宫及许多风景点，如虹桥览胜、长堤春柳等二十四景。盐商们还公议修浚了扬州许多的街道。其中徽商马曰琯自己出钱修建了由广储至便益门街道，其余十四段由其他商人共同出资修筑。同时还修浚了官井。徽商汪应庚兴复平山堂、杨灵寺，建五烈祠、万松岭。除此，盐商还纷纷在城中修建各式园林，竞相媲美，争奇斗艳，正如孔尚任所描绘的那样：

名园十里斗繁华，咫尺仙源闲在家；
转入亭中千曲路，不知篱外几重花。

杭州之所以出名是由于其湖山，苏州是因肆市有名，扬州则以园亭而出名，这三个城市因各自特点而势均力衡，无所谓谁比谁更好。当时的扬州，最有名的十几处园亭多数都集中在城北。最有名的私家园林多位于瘦西湖两岸，如江春之净香园、程梦星之篆园、郑侠如之林园、马曰琯兄弟之小玲珑山馆等，是众盐商接客待朋的当然之选。

盐业的发展，还使得扬州同外地之间加强了经济交往。比如，盐商用船运送大量的盐到湖广等地交易，再返回时运回来大米以及其他的货物。

盐商之中的徽商对扬州地区的文化事业的发展所起的促进作用很大。

这些富商大贾之所以可以不惜耗巨资来兴办文化事业，一方面是为了享乐，另一方面则出于附庸风雅的心理。这一行为也得到地方盐官的大力支持。他们邀请当时有名的文人来自己的园亭，吟诗作对，举办诗文大会，刊刻贮藏书籍；修建书院、学校；扶助贫穷文士；收买书画；对戏曲事业大力提倡与支持等。扬州亦因此吸引了全国各地的许多文学家、艺术家。据清李斗《扬州画舫录》的粗略统计，从清初至乾隆末，来扬州的外籍知名书画家连同本地的就有 100 余人之多。而"扬州八怪"便是这 100 余人的代表人物。

从历史的发展来看，要想使书画能繁荣发展有两个十分不可缺少的因素：一个是政治方面的，绘画作为工具为最高统治者所利用，以此来宣传宗教、礼教，目的是服务于宫廷、粉饰太平。他们设立画院（如南唐、西蜀、两宋画院），吸引大批画家来到书院，以官职以及优越的创作条件来授予他们，使宫廷绘画日益繁荣发展；另一个是经济方面的，凡是著名的大都市，交通便利，在商业经济繁荣的形势下，必然刺激和影响绘画演变为手工业商品。如明代中后期的苏州、松江及清代中叶的扬州。书画家自己制造、出售自己的作品，使其作品具有了商品性。卖字卖画，始于汉唐，在元以前，许多职业画家以卖画为生，他们被称为行家、画工；文人画家多出身富贵，业余作画以自娱或赠友人，一般是不卖画的，被称为利家、戾家。由于"无商不奸"的思想根深蒂固，一开始在文人画家心中商人的形象并不怎么好，他们往往把商人与奸诈者等同起来。到了元代，情况发生了变化，一些文人画家生活并无保障，也只好以卖画为生。李方膺题墨梅诗云："偶想元章换米时，五都市上亦矜奇"，可见王冕卖画是为了等米下锅的。不过这些文人画家仍保持了自己的文雅品格，董其昌《容台别集》中有一段记述："吴仲圭与盛子昭比门而居，四方以帛求子昭画者甚众，而仲圭之门阒然，妻子颇笑之。"

仲圭曰："二十年后不复尔。果如其言。盛虽工，实有笔墨蹊径，若非仲圭之苍苍莽莽有林下风气，所谓气韵非耶。"吴镇自信，人穷但却不拿自己的作品去讨好世俗，这正是文人画家卖画与专业画家卖画的区别。到了明清，文人画家队伍比以前扩大多了，但是大量的是家庭穷困的人。商品经济的繁荣发展，书画商品化的进一步加剧，极大地推动了绘画的发展。许多文人画家为了展示自身价值，将自己的诗文书画公开出卖。唐寅诗云："闲来写笔丹青卖，不使人间造孽钱。"文徵明到了晚年，声望日高，求他作画的络绎不绝。《明画录》卷三中记载他卖画有"三不肯应"：宗藩（藩王贵族）、中贵（宦官）、外国（洋人），可见除了一般文人士大夫外，买主之中商人居多。这时期，一些文人画家卖画并非出于生活所迫，如沈周、陈继儒、董其昌诸家，他们的画在市场上需求超过了供给，便出现了大量伪作。有人造沈周的假画请沈题字，他居然还答应了；董其昌还常请赵左、沈士充等人代笔，这种欺骗行为，本是一些唯利是图的商人干的，画家却也沾染上了这种商人习气。

再说到清代"扬州八怪"，他们有的因为功名不就，"以布衣雄世"；有的退出官场，"两袖清风"；有的由于清苦，终生不仕。他们都将书画家、商人身份集于一身，但不同于一般商人的是，他们主要是靠自己创作的诗文书画来维持生活。郑板桥就是他们中的一个。

第二章 教馆生涯

一、幼年板桥

从扬州乘船向北约两百里处，即到了兴化县。这里地处苏北里下河腹部，地势低洼，四面环水，交通不便，人口才约十万，是个贫瘠的地方。板桥四十岁前的绝大部分时间是生活在兴化县城的。这里可以说是他思想和艺术的摇篮。

传说春秋时期兴化属吴管辖，战国时划归楚国，为楚将昭阳食邑，故又名"楚水""昭阳"。五代吴杨溥武义二年（公元920年），由海陵析地置"招远场"，改名叫作兴化县，富兴盛教化之意。南宋绍兴元年（1131年），抗金农民领袖、渔民出身的张荣、贾虎等四义士，从山东梁山一带率义军战斗到了兴化县，在城东二十余里的得胜湖建立水寨，大破金兵，"得胜湖"由此得名。元末，封建政权一天比一天腐朽，蒙汉统治集团更深地压迫剥削人民，泰州人张士诚领导农民、盐民在兴化起义。他阻止了元军的进攻之后，以高邮为都城，国号大周，将苏、杭等大片地区作为自己的势力范围。后来，逐渐蜕变为封建割据势力，迁都平江，称吴王，还向元朝称臣。元败，张士诚与朱元璋争斗，张士诚覆灭。

在元末的民族歧视和阶级压迫的政策下，出于民族和阶级的仇恨，几乎所有的兴化人民参加或者很同情这支反抗起义军。张士诚战败后，朱元璋当上了皇帝。曾经支持过张士诚的人，对朱元璋政权必然抱着敌对或畏惧心理；而在朱元璋这一方来讲也将兴化视为张士诚的"老案"，对兴化人很不放心。于是，明廷在洪武年间推行移民政策；将当地兴化居民迁到天津郊区，又将苏州阊门一带居民迁到兴化。郑板桥的祖先就是这时由苏州移民兴化的。

康熙三十二年十月二十五日夜，在兴化县城东头郑之本（字立庵）家的小院子里，灯火通明，人们忙碌不止。坐在书房里的郑之本，神情紧张，喜忧参半。

三十多岁了，至今无子，郑氏一门香火谁继？这是朋友们、族亲们常常提起的，也是他的一块心病。夫人汪氏，人品极好，但由于多年辛勤劳苦，操持家务，身体很是虚弱。今年春天怀孕后，身体日见憔悴，虽经多方调理，胎儿是保住了，身体却没有好起来。如今，马上临盆了，是福是祸？他陷入了沉思之中……突然，"哇"地传来一声孩子的啼哭。

"老爷！老爷！大喜啊！大喜！"侍婢费嫂在汪氏卧房里欣喜地喊道。

"孩子出世了？"立庵急不可耐地问道。

"是男的！大人孩子都平安！"费氏大声说。立庵喜极而泣。

立庵马上走进卧室，汪氏蜡黄的脸上满是豆大汗珠，极端疲惫，喘着粗气。她见立庵来到面前，脸上勉强挤出一丝微笑，虚弱得连话都讲不出来，只轻轻地朝褟褓中的孩子点点头。

孩子号哭着，仿佛在向世界宣告他的诞生。

康熙三十二年十月二十五日子时，正当"小雪"。在兴化，以"小雪"前后的十月二十五日为"雪婆婆生日"。瑞雪兆丰年，这个日子相当好。对于与雪婆婆同时降临人间，板桥终身快慰，他曾刻印"雪婆婆同日生"，对这一祥兆作了记录。

费氏不停地来回奔忙，手脚麻利。立庵对她感激地点了点头。他乘人们忙乱的时候，悄悄地走到院子中。几丛黄菊，在寒冷的夜风中顽强地抖动着，幽香阵阵。立庵长长地出了口气，仰望星空，天幕上缀着稀稀落落的寒星，瑟瑟地在这子夜的霜风中抖动着。突然，东南方的一颗亮星吸引了其注意力。这颗星个头虽不大，却很有光彩，挂在天穹上，似乎并不觉得有什么寒冷，仿佛要借助自己的光和热来温暖人间似的。立庵心头凛然一震，他想到了孩子，于是立即又转回卧室。

郑家出生的这个孩子，就是板桥。这一年，恰是康熙帝登基的第三十二个年头。

板桥祖籍苏州。明朝洪武年间迁居到兴化城内的汪头，后来分化成三支，一支叫"糖郑"，一支叫"铁郑"，还有一支就是"板桥郑"。板桥这一支就属"板桥郑"。小板桥家东面距护城河很近，护城河上面架着一座木板桥，当地人称古板桥。"板桥郑"一支便得名于此。小板桥一到这儿，都要伏在栏杆上朝护城河里看上几眼，然后扶着栏杆问个不休。后来，他便以板桥作为自己的号，这就是他名字的由来。

其曾祖父郑新万，字长卿，库生。祖父郑湜，字清之，作过小儒官。郑湜有两个儿子，长子郑之本，也就是板桥的父亲，字立庵，号梦阳。次子郑之标，字省庵，即板桥之叔。立庵是一位廪生，没取得什么功名，只在家教几个学生，养家糊口。板桥母亲汪氏，是大丰县小海镇饱学之士汪翊文的独生女，端庄正直而且聪明贤惠，是一位难得的贤妻良母。板桥出生的时候，祖父已经故去，老祖母健在，叔叔之标尚未成家，与哥嫂生活在一起。老祖母蔡氏的侍婢费氏，是一位勤劳善良的农家妇女，个头不高，脸盘方方正正，总是憨厚地笑着，一道道皱纹中透露出几分坚毅。她多年来包揽下了板桥全家的粗重活计，汪氏尊敬地称呼她"费嫂"，相处了好多年，从来没有发生过争执。

郑家原本殷实富足，到了立庵这一代，家道已渐没落下去。板桥的出世，给这个家庭带来了新的希望和生机。老祖母念叨着："俺郑家有老天爷庇佑，不该断香火。"费嫂整天快乐地忙碌着。之标几乎时时刻刻逗侄儿玩。全家充满了欢乐。

不幸的是，汪氏本就虚弱的身体，经过产期的折腾，更虚弱不堪了。生下板桥之后，没有奶水。"真作孽啊！"汪氏的眼泪夺眶而出，看儿子哇哇哭叫着没有奶水吃，她特别心疼。

"哎！"老祖母无计可施地叹着气。

费嫂听见了跑进来一看，心里全明白了。她笑了笑说："看把您急的！若不介意，就让我来照顾小主人好了。"

"您！"汪氏一惊，她知道费嫂的奶喂自己的孩子也不宽裕，她怎忍心让她的孩子受委屈呢？

汪氏的心思被费嫂看出来了，大声笑道："您放心好了，我那孩子都两三岁了，可以断奶了，把小主人交给我，您放心好了。"说着将孩子从汪氏怀中接过来喂起来。小板桥伏在费嫂怀中甜甜地吮咂着，平静了下来。"阿弥陀佛！"老祖母咧嘴笑了。汪氏对费嫂充满了感激之情。

命运仿佛总同人开着什么玩笑，板桥来到人间，头上就罩着一层阴影。他的父母不能理解，幼小的板桥更不会理解。

立庵是一个忠厚文人，品格学术都很优秀，在乡里很有名望。很多人仰慕他的人品学识，把孩子送来让他教授。他更是对孩子精心培养，使一批批的幼苗成长起来。自己中年得子，当然也希望自己的孩子将来能有作为。

一天晚饭后，立庵看着汪氏摇着摇篮，深情地说："得给孩子取个好名字，你看叫什么好呢？"

"你这个做父亲的看呗。"汪氏笑笑说。

立庵公思索了一下说："要治家，需要和顺，治国也必须和顺，《书·洪范》里说'燮友柔克'。燮和也，世和顺，以柔能治亡。我看儿子就单名个燮，字克柔，你看如何？"

"到底是有文化的人，肠子也比人家多转几圈，好呗。"夫人笑着说道。

不过，板桥的性格恰恰与"燮"字的原意相反。板桥诞生的地方，也不是繁华都市，而是穷乡僻壤，具体地说，是个周围约二三百步的小岛——夏甸。兴化城东与得胜湖之间，方圆几十里中，一万多个小洲立于水上，大的有二三亩大，小的只十来步大小，人称"万岛之乡"，当地人又叫"垛子"。在较大的垛子中，夏甸就是其中之一。

郑家原有两间茅屋。所谓"郑家大堂屋"包括的三间瓦屋、一间厢房、一间厨房，是板桥做官后才修建的。郑家的房子在兴化城外的古板桥西面。护城河水蜿蜒流淌，人们用木板架在护城河上，做了座桥，称板桥。板桥经常会经过这座桥，也经常会在桥头伫立观景，故而以后他即以"板桥""板桥道人"自号。

有趣的是，板桥小时叫"麻丫头"。因为兴化的民俗是：生了儿子怕夭折，往往起个"丫头"的小名，并且为了"贵子"不致引起阎王爷的注意而引来灾难，往往经常起非常低贱鄙俗的名字，如"瘌丫头"之类。板桥脸上有几颗淡淡的麻子，所以立庵先生就叫他"麻丫头"。板桥一直很珍爱父母贻赐的"令名"，他在书画作品上常钤上"麻丫头针线"的闲章。丫头是假的，针线自然就是书画了。

立庵先生是个品学兼优的廪生，在家先后教过几百名生徒。他见板桥聪慧过人，十分高兴，打小就注意培养他。立庵先生在板桥三岁时就教他识字；五六岁时教他读诗背诵；六岁以后教他读四书五经，要求抄写熟记；八九岁时教他作文联对。幼年的板桥除了在父亲指导下学习，还常去聆听外祖父汪翊文的教导。汪翊文奇才博学，隐居不仕，大概是个很狂放的人。板桥自称"文学性分得外家气居多"，他的性格、气质很大程度上受其外祖父影响。

板桥的叔父之标很爱板桥。叔父仅生一子，名墨，字五桥。板桥二十五岁那年郑墨才出生。板桥无同胞兄弟，只有这个堂弟，他们常在一块玩耍，手足情深。以后，板桥到山东做官，郑墨在兴化料理家务，他俩经常书信往来，讨论学问，商议家事。

冬去春来，转眼板桥已长到三岁。

家人对板桥尽管百般呵护，他仍长得很瘦弱。汪氏的身体日益衰弱。她拖着

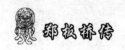

病弱的身子，抚养着板桥。板桥小时有夜啼的毛病，半夜里常会吵醒母亲。汪氏不停地咳着抚哄着板桥入睡。这年入冬，汪夫人的病情恶化，请遍了附近的医生，多方调治也不见好转。父亲看着躺在床上的母亲那日见凹陷的眼眶，在一旁偷偷抹眼泪，祖母多次让人搀扶着去庙上烧香许愿，为儿媳妇祈祷。费氏则急得像热锅上的蚂蚁一般，一边更辛勤地照顾这个大家庭，一边到处打听丹方验方，希望能医治汪氏的病。

不幸的事还是发生了。一天下午，汪氏不停地咳着喘着，渐渐背过气去。

母亲的去世，大大地刺激了小板桥幼小的心灵。他常常半夜从梦中哭醒。

板桥三十岁在《七歌》之二中写道：

> 我生三岁我母无，叮咛难割襁中孤。登床索乳抱母卧，不知母殁还相呼！儿昔夜啼啼不已，阿母扶病随啼起；婉转噢抚儿熟眠，灯昏母咳寒窗里。呜呼二歌兮夜欲半，鸦栖不稳庭槐断！

"登床索乳抱母卧，不知母殁还相呼"，只有亲自经历的人才能写出这样惨痛的细节。"灯昏母咳寒窗里"，也是作者儿时睡意蒙眬中常见的情景。最后两句通过描述庭院中的槐枝折断，鸦鸟也难于栖身，借此隐喻失母的孩子无所依托。三岁丧母，这是板桥心中很大的惨痛，在他的诗文中常常会提到，如《得南闱捷音》"何处宁亲惟哭墓"即是。

汪氏逝世后，立庵先生又娶了继室郝氏。郝氏是个善良的女子，在郑家十载也在尽心尽力操持这个家庭。板桥在《七歌》之三缅怀继母，回忆儿时因为少吃了点饭，便躺倒在地不依不饶的哭闹，弄得满脸污垢，郝氏替他换衣洗衣的情景。可惜大约在板桥十四岁时，郝氏又病逝了。"无端涕泗横阑干，思我后母心悲酸"，板桥又一次失去了母爱。

乳母费氏一直在给予板桥母亲般的爱心。费氏原是板桥祖母蔡氏的侍女，一直在郑家作女佣。她是个很善良、勤劳的传统中国劳动妇女。板桥生母死后，抚育板桥的责任便落在了她的肩上，在板桥的生活、感情方面支持着他。康熙三十五年，板桥四岁时，兴化发生水灾，全县闹饥荒。郑家养不起婢仆，但由于平日待他们甚好，出于感情原因，几个奴仆甘愿继续为这个家操劳。同时，他们又必须自己想办法维持生活。费氏每天三顿回家吃饭，仍旧来郑家操持家务，照顾板桥祖母蔡氏和板桥的生活起居。早晨，费氏给板桥穿戴完毕，就背着板桥出门，穿过一条两百步长的竹巷，到东城门口，给他买个一文钱的烧饼吃了再做些别的事情。费氏如果弄到一点鱼肉之类的好菜，也是先济着板桥吃，再叫自己的儿子吃。康熙三十七年和三十九年，兴化又两次发大水，日子更加艰难了。费氏的丈夫要带妻子到远处谋生，费氏不敢对郑家讲明，又舍不得离开板桥，一连几天自个儿独自伤心落泪。她把蔡氏的旧衣服拿出来洗净补好，买了十几捆柴草预备下，又给水缸里挑满了水。一天凌晨，她做好饭菜放在锅里，就悄悄走掉了。板桥早晨起来，没见到以往站在床边帮他穿衣的乳母，便急忙到费氏房里去，却也根本没有她的影子。当他揭开锅盖，发现为他做好的一碟菜一碗饭时，八岁的板桥痛哭起来。他所依靠的乳母，也和他的亲生母亲一样，突然被命运之神攫走了。在儿童的心目中，走与死一样，都是消失了。

三年以后，费氏又回来了，继续在郑家作女佣。费氏的儿子费俊在第二年做了八品提塘官，多次要把母亲接过去供养。但费氏不忍扔下无人照看的板桥，便宁愿在郑家做工，也不去儿子那里享福。费氏与板桥共同生活了三十四年，七十六岁病故。她病故后，板桥被深深的回忆和哀悼包围着，写了一首《乳母诗》：

> 平生所负恩，不独一乳母。长恨富贵迟，遂令惭恧久。黄泉路迂阔，白发人老丑。食禄千万钟，不如饼在手。

费氏对失母幼儿的爱抚，表现出善良、高尚的情操，在板桥的成长中这位普通劳动妇女的美德深深地影响着他。板桥后来具有强烈人道主义精神，为官清正，能体恤百姓，以致请求赈济灾民而罢官，与费氏的教诲和影响密不可分。

从个人遭遇上说，也许板桥的童年生活是不幸的，生离死别与饥饿，交织成一面网，笼罩了他整个的童年，给他留下的回忆是惨痛的，但从另一个侧面来讲，这种经历也给了他很多积极的、有利的影响，培养了他吃苦耐劳的品质，坚毅的性格和体恤民生的思想。

二、与竹结缘

六七岁的板桥，在父亲的要求下就去读私塾了。老师就是立庵公。一方面可以把儿子带在身边方便照顾，一方面也可以让儿子尽早接受启蒙教育。

幼年的板桥许是因为过早失去母亲，也许是独生子的溺爱，性格很倔强。进入教馆后，就不太循规蹈矩，老是爱动。有时父亲正在诵读诗文，他却偷偷跑出门去，有时别的学生正在专心背诵，他却胡乱作起画来。父亲在这种时候总是既疼爱又严肃地批评他几句。

背书，读书，这样单调乏味的教馆生活板桥实在受不了，他开始反抗了。

一天上午，立庵公让学生背书，当点到板桥时，才发现他早已不知跑到哪里去了，周围的另两位学生也不见了。他真的有点生气了。出去找了一圈，也不见人影。中午回家也没见儿子回来。

之标听说板桥逃学，看到哥哥气得脸都发青了，便径直跑出去找板桥。

之标知道板桥喜欢去什么地方，便一口气跑到城东边一片竹林旁，这片地方满是滚着绿浪的农田。中间是一片水塘，塘里翠荷如盖，绽放着一朵朵灿烂的荷花，微风吹来，阵阵清香沁人心脾。塘边竹林茂密，万竿插天，风摆竹叶，发出十分悦耳的沙沙的声音。

之标拨开翠竹，往竹林里走了几步，见板桥趴在竹林深处一块空地上，正在用竹枝画着什么，嘴里还不停地哼着什么。

之标看见地上被他用竹枝画满了荷花、荷叶、竹子，还有青蛙、小鸟等。

之标心里当然明白，板桥正在成长，为了将来着想，也该认真读点书了。但孩子天性好动，得想法慢慢帮他改正。晚上，在立庵公的书房里，兄弟二人为此事一直谈到很晚才散。

之标很理解哥哥，就提出让孩子多出去跑跑，他也可以带他出去玩玩，一来可使板桥见见世面，满足他的好奇心；二来还能锻炼身体，以增强体质。立庵公同意了。

在假期中之标也经常带着板桥去郝家庄表叔家玩。这里的农村，虽然离县城不远，却跟城里差别很大。茅屋土舍，斑斑驳驳，有的多年失修，已经东倒西歪。只有少数富人家的房子白墙乌瓦，十分整齐干净，对照十分鲜明。小板桥对农村的事物总感觉很新鲜。

农村的风光是美的。稻田纵横交织，菜畦平整修齐，瓜圃硕果累累，池塘锦鳞潜游；远处成片的竹林似烟雾般迷茫一片，近处路旁的野花如火霞般灿烂夺目。

板桥来到农村，无拘无束，自由自在。

他爱农村的风光，也爱农村的风土人情，更爱农村的小伙伴。那里的人对他都是那么友好、热情。

当金秋季节来到时，打谷场上满是丰收的欢乐景象，农民们忙着脱粒、扬簸、堆垛。板桥则跟小伙伴们在禾秸上竖蜻蜓，叠罗汉，摆牯牛阵，捉迷藏，玩得可开心了。

板桥似乎天生与农村有缘。他喜爱农村的花草树木，尤其是田野里芬芳的泥土味，他更是不住地闻了又闻。每次回城，总包上一包泥土带回去，一天总要嗅几次。

童年的记忆是这般的美好。农村的土香气、炊烟味，农民的勤劳朴实，小伙伴的热情憨厚，板桥把这一切都深深地刻在了脑海里。他脑子中渐渐形成了一些模糊的认识，随着时间的推移，逐步清晰、深化起来。板桥的少年时代正处于康熙中朝，此时正是清朝统治下的"盛世"。清政府通过镇压各族人民，尤其是汉族人民，其统治逐渐趋于稳定，从而经济繁荣，社会安定。但是，民族矛盾和阶级矛盾并没有改善多少，只是被一些虚假现象暂时掩盖住罢了。这个时期，清朝统治者近乎疯狂地对人民的思想加以控制。他们拜孔庙，祭孔陵，追封两千多年前死掉的孔丘为"大成至圣先师"，大力提倡和表彰唯心主义的程朱理学将其推为官方的正统哲学。康熙帝曾说，孔孟以后，"朱子之功，最为弘巨"，朱熹的牌位被由孔庙的东庑抬入正殿，尊为"十哲之列"，使之成为继孔孟之后的最大封建权威。又亲自主持编辑《朱子全书》和《性理精义》，把朱熹的《四书集注》重新定为科举考试及八股文的写作依据。还树立和培植了一大批所谓理学名臣，使之服务于自己的思想统治。

板桥崇奉儒家"修身、齐家、治国、平天下"的信条，希望可以为国为民做些益举，加之康熙时推行的"怀柔"政策，士子多从科举中寻求谋生之道；因而，在他少年时代主要仍是读四书五经，做八股试帖。

四书，是指《大学》《中庸》《论语》《孟子》。五经，即《诗》《书》《礼》《易》《春秋》。四书五经乃儒家经典。治经是中国儒生的传统，但根据不同的时代内容又有所不同。两汉诸儒注重训诂，宋元学者注重义理，到了明代则继承宋元时的做法，脱离书本，高谈心性。这样空洞的学风在康熙时曾一度盛行。读书人不读书，不懂装懂，于是从经书中拣选几句话，便连篇累牍，写起文章来。

所谓"文章"，在明清时代指八股文试帖诗。这是封建科考的必修课。明清时取士以八股为主。所谓"八股文"就是每篇文章由破题、承题、起讲、入手、起股、中股、后股、束股八部分组成。其题目主要从四书摘选，甚至把四书中本来有固定内容的句子肢解成全无道理的题目，再根据朱熹的《四书集注》等书在内容上加以发挥，完全不能各抒己见。试帖诗即五言排律八韵，只要切题、合平仄、不走韵就行了，根本不注重内容。要做好八股和试帖，就要熟读四书五经。这些形式死板的文体，当然是束缚人们思想、维护封建统治的工具。

如果希望借科举考试当上官，首先就要使自己的八股、试帖中试。县考被录取时称生员，社会上又叫秀才。获取了秀才资格，才可以参加乡试（省考）。乡试合格，称举人。举人可上京会试。只有中了会试成了贡士才能参加殿试。殿试及第称进士，前三名通常称状元、榜眼、探花。封建社会知识分子做梦都想能做到这三名。板桥是很专注于参加科举的。这只要看他中进士后作的《秋葵石笋图》诗"我亦终葵称进士，相随丹桂状元郎"，神气极了；只要看他书画常钤的印章"康熙秀才雍正举人乾隆进士"，是多么的自负自傲便很明了了。此外，仅明中叶后，就有三个宰相出于兴化：高谷、李春芳、吴牲，其中李春芳还是状元宰相。"这些人的事迹都深深刺激了板桥的功名欲望。正因此，四书五经八股试帖才成了少年板桥的主要功课。

不过郑板桥没有成为《儒林外史》中的范进一流"禄蠹"，而是成为了扬州八怪之一，这同他的生活环境及成长道路不无关系。我们还可以通过研究他的生活环境和成长道路，进一步理解其思想性格的形成。

板桥的家乡兴化是个风光旖旎的水乡，他在《贺新郎·食瓜》中对兴化这样进行描述的："吾家家在烟波里，绕秋城藕花芦叶，渺然无际。"这片神奇的土地景色优美，在民间还流传着许多传说和神话。传说中兴化是块"真龙宝地"，东城是龙头，西城是龙尾。板桥的出生地夏甸，民间传说那便是当年夏禹王治水往东海置放镇海神针时留下的马蹄脚印。郑宅西边的烟波浩森的得胜湖，据传在那儿张士诚曾大摆水上八卦阵。这里的人也极为浪漫，富有想象力。明初的施耐庵著有《水浒传》，写了梁山英雄月黑风高劫富济贫的传奇故事。明嘉靖二十六年（1547 年）状元李春芳（1511—1585 年，自号"华阳洞天主人"）积极配合吴承恩，撰写《西游记》。在那部书里，牛魔猪怪，升天入地，孙猴子一个筋斗能翻一万八千里。相传陆西星（1520—1601 年）是小说《封神演义》的作者。在那部书里，哪吒闹海，子牙擒妖，结尾则把中国道教中的各路大小神仙全部加封。这一切使得人们打破思想枷锁，增长浪漫想象，在思想上突破，在艺术上创新。

艺术家们还为大自然的诗情画意所陶醉。兴化是旖旎的水乡，尤其郑宅所在的东门一带，环境更是幽美。明代宰辅高谷所点"昭阳八景"，就有六景在这儿：龙舌春云、胜湖秋月、东皋雨霁、两厢瓜圃、木塔晴云、十里莲塘。高谷曾写有

《龙舌春》，是这样描述龙舌津的："龙舌津头龙雾生，飐风垂碧挂春城。漫丛巫峡朝为雨，忽傍吴山晚弄晴。"东城有东岳庙、天后宫等名胜，还有纪念范仲淹、韩贞的范公祠、景范书院、韩公祠等古迹。在东门外沿着城墙由南往西拐弯处的护城河上搭着那座古板桥，哗哗的护城河水流入郑宅前的车路河。河对岸，文峰古塔高高的直冲云霄。明代"后七子"之一宗臣读书及墓葬所在的百花洲距离古板桥仅有三四百步。历代文人写了很多有关此地的文章，板桥也写过《宗子相墓》一诗纪胜："寥落百花州，老屋破还在。远水如带环，东风吹野菜。"传说他还曾在郑宅门口写有一副楹联："东邻文峰古塔，西近才子花洲。"十分自豪的陶醉之情跃然纸上。

板桥这时开始喜爱竹子，它后来成了板桥最熟悉、最亲切的终生之友。从它那儿板桥得到慰藉，板桥亦因此成名。兴化县的竹子并不多，但古板桥一带却是例外，郑宅的周围长满了青青翠竹。从古板桥向北进城，必须经过一条两百步长的竹巷。巷内，每家都靠种竹谋生，所以就叫竹巷。当板桥十分幼小时，每天早晨，乳母费氏就背着他，穿过竹巷，到城门口去买烧饼吃。从童稚到少年，日日夜夜见惯了竹林的芳姿，听惯了竹林的低语，心中早已对此印象深刻，他在《题画·竹》中曾记叙说："余家有茅屋二间，南面种竹。夏日新篁初放，绿荫照人，置一小榻其中，甚凉适也。秋冬之际，取围屏骨子，断去两头，横安以为窗棂，用匀薄洁白之纸糊之。风和日暖，冻蝇触窗纸上，咚咚作小鼓声。于时一片竹影零乱，岂非天然图画乎！凡吾画竹，无所师承，多得于纸窗粉壁日光月影中耳！"这段文字写得声情并茂，情趣盎然，写出了竹对这位艺术家的陶冶，任何转述翻译都是完全不必要的。由此不难发现，确实是古板桥的竹子启发了板桥的绘画灵感。

古板桥多竹，毛家桥也多竹。板桥受青青绿竹的启发，豪情满天。《题画·为马秋玉画扇》云：

> 余少时读书真州之毛家桥，日在竹中闲步。潮去则湿泥软沙，潮来则溶溶漾漾，水浅沙明，绿荫澄鲜可爱。时有鲦鱼数十头自池中溢出，游戏于竹根短草之间，与余乐也。未赋一诗，心常痒痒。今乃补之曰：风晴日午千林竹，野水穿林入林腹。绝无波浪自生纹，时有轻鲦戏相逐。日影天光暂一开，青枝碧叶还遮覆。老夫爱此饮一掬，心肺寒僵变成缘。展纸挥毫为巨幅，十丈长笺三斗墨。日短夜长继以烛，夜半如闻风声、竹声、水声秋肃肃。

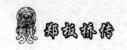

板桥为什么爱画竹呢？因为竹子历来被人看作是具有虚心劲节、坚贞不屈、生命力强和平易近人的性格，恰恰是这种性格可以激起板桥思想深处的共鸣。从少年时代起，板桥就开始了画竹。我们完全可以想象，晦涩黯淡的八股试帖，画笔下的青竹带给他年少的心灵的是清雅新鲜的感觉。

三、板桥拜师

板桥愈发长大，他父亲对他的学业也要求得更加严格了。而板桥也在按照自己的个性塑造着自己。

板桥好书，他十分勤奋地看各种类型的书。除私塾里的经书外，其余各方面的书籍对他也具有巨大的吸引力。曹操、李白、杜甫、陆游、苏轼、辛弃疾等，几乎成了他的偶像。他喜欢传奇、杂剧、戏曲，他把但凡可以找来的书都仔细阅读。他得到一部《四声猿》木刻本后，便迷上了徐渭，乃至读了袁宏道的《徐文长传》，徐渭便成了他的榜样，他发誓终身以徐渭为师。

他要当一名文学家，做着美好的文学之梦。

还有令板桥高兴的一件事就是去外祖父家。

外祖父汪翊文，虽有博学奇才却选择隐居在乡里，宁为布衣，不愿做官。很多高人骚客常集聚在他家共同讨论诗文。幼时去外祖父家，每遇这种雅聚，小板桥总喜欢伏在祖父的膝盖上，瞪着大眼睛，听客人们的高谈阔论和激烈的争辩。他虽然不明白他们在说什么，却很喜欢这份热闹。读书后，懂事了，便盼望遇到这种场合，他虽然并不能完全听懂他们讲的，但听他们的议论比在教馆里听他父亲讲课精彩有趣得多，总有一种满足感。

到底是小孩，其模仿性令人称奇。从外祖父家回来后，板桥也常模仿外祖父们，邀上一群小伙伴一起论辩。有时还把各人写的"作品"带来，当众吟诵，相互评判。得意忘形的时候，这帮孩子会纷纷骑在石狮子背上，跳到大佛身上，指手画脚，学作诸葛孔明的样子，眉飞色舞，慷慨激昂，纵论天下大事。

板桥是这群小伙伴中的领头人。

立庵公大概是觉察了这些，觉得孩子渐渐大了，老是放在身边教馆里，别再耽误了孩子，于是，打算给孩子再找个好老师，使孩子得以深造。

一天晚上，立庵公把板桥叫到身边，对他深情地说："你也快长大了，不可能总在我身边待着，我想再给你找个好老师，送你去深造，你看如何？"

板桥看了看两鬓斑白的父亲，一道道深深的皱纹爬满了父亲那瘦削的脸，板桥突然发现，父亲真的衰老了。

"是哪位先生呢？"板桥问。

"咱兴化城当今有三位先生，一是徐白斋先生，一是陆种园先生，还有一位是李约社先生。三位先生的人品、学识都堪称楷模。至于三人的文章学问，各有其优点。李公专治诗，陆公除诗外又擅长词学，徐公治诗又兼攻制艺。各人的风格嘛，也不相同，徐公诗颖秀，陆公诗词皆疏荡，李公诗沉着。"

之前，板桥也大致听说过这几位先生的一些事迹。听父亲这么详细的一介绍，他在这几人中似乎对陆种园兴趣更大些，他试探着说：

"我想学词，如何呢？"

立庵公听出了板桥的意思，点头说："也好。我想把你托付给陆先生，从他学填词，你可要努力呀！"

立庵为了给板桥选老师可没少动脑子。

陆震，字仲子，一字种园。他的远祖陆容曾是明朝一任外交官，兴化城中央四牌楼上有"辽城汉节"一匾以表明其功绩。《兴化县志·文苑》云，陆种园"少负才气，傲睨狂放，不为龊龊小谨"。陆种园虽很清贫，但"淡于名利，厌制艺，攻古文辞及行草书"。他甘于淡泊而又富于幽默感，具有一种真正的隐士风度。他喜欢喝酒，有时没钱买酒，就把写字的那支大笔抵押在酒店赊酒来喝，有人要请他写字了才替他赎回去。

他这个人傲睨狂放，自负才气，向来淡泊功名利禄，讨厌八股时文，反对蝇营狗苟。当年吏部尚书宋荦奉旨巡抚江南，发现了他，见他很有才华，想起用他，这该是做官的好机会吧，他却对此付之一笑，甘愿同酒、诗词、书法为伴。他擅长草书，狂放飘逸，没有一点媚俗的流习，往往醉后作书。他，就是这样一位狂放傲岸，又不谨小慎微的人物。

种园先生是乡闲之中人品学问都较突出的一个。但就是有些不守正统绳墨，性格狂放孤傲，视仕途如草芥，终身平民布衣一个。立庵对种园先生的人品和学识十分放心，觉得在这些方面是绝没有问题的，唯有一点担心的，是孩子的仕途问题。当然，他也相信，种园不至于对弟子们灌输过多的反对入仕的思想。

几天之后，立庵公草草备了点礼物便带板桥去找种园拜师了。

种园先生，差不多有五十几岁了。面部清癯，额头宽大，两只大眼炯炯有

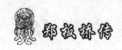
神。虽然腰有点儿弯了，但身架仍很硬朗。说话声音洪亮，富有韵律。

陆种园不同于一般村学腐儒。他懂得人，懂得人的价值。更明白该如何去培养人。

种园先生对于观、国栋、板桥这几位学生分外照顾，他似乎觉得自己的精神有了寄托。他每次授课都会很留意他们，觉得他们就是年少时的自己。他也暗下决心，要传授给他们自己的真才实学，使他们成才。他很宽慰，觉得虽然自己已届晚年，也没有子女，但毕竟盼到了自己的得意门生，他们如果成才，自己这一生也就很踏实了。

似乎是心有灵犀，对于板桥来说，先生仿佛是一块巨大的磁石，有着莫大的吸引力。他入先生门下，仿佛如鱼得水，纵横驰骋，万事皆如意。碰上疑难或者是心事，都愿意和先生说上一说，当先生是自己的知己。

板桥和顾于观、王国栋一见如故，三人志同道合，他们像三只初生牛犊，睁着大眼，顶着尖角，以求一逞。平时除倾听先生讲授外，他们还常一块切磋技艺，吟诗作词。

在板桥师从陆种园学词时，恰值可塑性很大的少年时代，无疑，种园先生的性格对他造成的影响巨大。

陆种园"诗工截句，诗余妙绝等伦"。板桥跟他学词是很幸运的。种园先生先教他学婉约派柳永、秦观的词，接着又要他读豪放派苏轼、辛弃疾的词。板桥在领略了这么多不同艺术风格的词之后，觉得苏轼像舞台上的"大净"，而秦、柳是"小旦"，各有千秋，他要使自己的词既豪放又不失瑰丽。

板桥是很尊敬陆种园先生的。他三十岁时，写了《七歌》诗，前六首咏叹父、母、叔、妻子、女的不幸，在这最后的一首中他对老师陆种园先生是充满深情地在描写：

> 种园先生是吾师，竹楼桐峰文字奇。十载乡园共游憩，壮心磊落无不为。二子辞家弄笔墨，片语干人气先塞；先生贫病老无儿，闭门僵卧桐阴北，呜呼七歌兮浩纵横，青天万古终无情！

诗中除了对他们师生及同学间的情谊做了记叙，还在结尾慨叹当时封建统治下，人才遭埋没的现象。《兴化县志·文苑》记载说，方竹楼有"书宗王内史，画近李将军"的自负，顾桐峰"居乡唯与李鱓、郑燮友，目无余子"。方、顾二人确是一时之英才。板桥在他年过半百之时，还特别在自刻的《词钞·自序》

里，提到陆种园先生，并且还附刻了陆的词作为纪念。

陆种园对板桥以后在诗词及品学上的成就影响颇深。他多次在《板桥集》中提到他的这位老师。如《板桥诗钞·七歌》云：

> 种园先生是吾师，竹楼桐峰文字奇；
> 十载乡园共游憩，壮心磊落无不为。

《板桥词钞·自序》云：

> 陆种园先生讳震，邑中前辈，燮幼从之学词，故刊刻二首，以见一斑。

《板桥集·题画·竹》云：

> 小院茅堂近郭门，科头竟日拥山尊；夜来叶上萧萧雨，窗外新栽竹数根。燮常以此题画，而非我诗也。吾师陆种园先生好写此诗，而亦非先生之作也。想前贤有此，未考厥姓名耳。特注明于此，以为吾曹攘善之戒。

陆震的诗词也在他的书法作品之中出现了很多次，如《行书陆种园满江红词》轴（中国历史博物馆藏墨迹）、《行书陆种园江南春词十首》卷（北京裴济民藏墨迹）、《行书陆种园七言绝句十二首》卷（南京宋文治藏墨迹）、《行书陆种园忆江南词十六首》卷（美国休林卡藏墨迹）、《行书陆种园满江红词》轴（黄氏白云堂藏墨迹）等，陆之诗词清新舒畅，十分富有生活气息及乡土风味，板桥再三书写，表现了对老师的钦慕之情。陆震老师的诗词没怎么向外公布，由于板桥的附刻于《词钞》和书写，使得陆的部分诗词和板桥《词钞》、书法流传下来，用此法来纪念老师对自己的教导，颇具意义。

板桥的书画创作始于他二十二岁左右，从乾隆二十八年，他自题《墨竹图》（横幅，沈阳故宫博物院藏墨迹）"今年七十有一，不学他技，不宗一家，学之五十年不辍"，我们推算出了他的创作开始年龄。当然，在此之前，他已经在学习绘画了，到底谁是他的启蒙老师，直到如今也无人知晓。

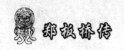

四、仕途梦想

板桥在清王朝怀柔政策的影响下，从小就苦读经史，打算走科举考试、成就仕途之路。

板桥的读书生活，大约持续到二十一二岁。板桥在二十三岁时第一次踏上去燕京的路途。那时读书人都想在仕途上有所作为，板桥当时正是青春韶光，当然也不想放过这样的机会。

他第一次独自去京城人生地不熟，无人可以依靠。这次去京，恰值秋天，霜风凄厉，万木凋谢。板桥住在西山佛寺，晨钟暮鼓，孤月寥星，与山僧为伴，同野坟结邻，无依无缘，有如飘零的枫叶般，遭受风吹雨打，甚是凄惨。

困守禅院，唯有作书遣闷。他把欧阳修《秋声赋》写了一遍又一遍，当他写完了最后一遍，百感交集，想到远方的家乡，想到家乡的父老师友，想到自己前途渺茫，禁不住悲痛起来，顿时一股寒意袭击全身，不是滋味，提笔在《秋声赋》后面缀下小跋几行，以抒发当时心境：

> 乙未九秋，山中寻菊，感黄叶之半零，望孤云而不返，残阳水面，渺渺寒涛；古寺山腰，凄凄晚磬。栖鸦欲定而犹惊，凉月虽升而未明。偶翻欧赋，钞录是篇，吟咏未终，百端交集。村醪数盏，任凉露之侵衣；清梦半床，听山鸡之送晓。聊书所历，有愧前贤。板桥郑燮写于甏山之碧云轩。

当他写完这些把笔扔在地上，禁不住仰天长叹：

"郑燮呀郑燮，难道我生不逢时，连天也不相佑。"

对面山坡上一群寒鸦似被什么惊动了一下，瑟缩着、哀鸣着向空中逃去。

燕京之行后，板桥回至家乡，老父催促板桥完婚。

板桥曾在婚姻问题上做过温馨的梦，因为他有过一段念念不忘的初恋。

当他还在孩提时代，立庵公曾去真州毛家桥设塾课徒，十来岁的小板桥当然跟着同去。毛家桥距真州三十多里地，这儿有大片大片的竹林，青翠凉爽，水流潺潺，菱藕飘香，风景极为秀丽。板桥从小很少远离家乡，乍一来这儿，对什么都觉得新鲜，日日嬉游不倦，也很用心读书。更使他高兴的是，在此他找到了知心的小伙伴——王一姐。

王一姐仅比板桥大个把月，同板桥是表姊弟，生得俊俏，而且聪明伶俐。板桥和他父亲的到来，使她喜出望外。她和板桥初一见面，便似曾相识，极为亲热，整日待在一起。

有时，他们到竹林中折取青竹当马，在竹林内外和庭院之中戏耍游玩，玩得连吃饭和睡觉都顾不上。

有时，板桥让王一姐以竹当马在前骑着，他则用竹枝当马鞭在后面赶着马，学小两口串亲的样子，两人高兴地笑着、闹着。

有时，板桥放学回来，搁下书包就跑去找王一姐，一起玩耍。王一姐高兴起来，便向板桥讨笔以作画眉之用。板桥会欢快地跑到楼下去取笔相赠。

他俩两小无猜，耳鬓厮磨，天真可爱，一双童心连在一起，大人看着也感到高兴。

当他俩渐渐长大，心中产生出一种很朦胧的感情。板桥一日不见王一姐，就觉得十分惆怅，见面又觉得心怦怦直跳；王一姐也是如此，不见板桥，失魂落魄，见了板桥害羞得又想躲避。这种初恋之情，在两人心中慢慢地生长起来。

对青年人来说，初恋是人生道路上的春花初绽，有一种说不清楚的美。然而，也和春花似的，有的可以结果成实，有的则露出花朵就会凋零。在封建宗法制的社会里，男女自由恋爱是不允许的。父母之命，媒妁之言，似乎是雷打不动的金科玉律，必须遵守。那初绽的春花，很多都是因此而凋零的。

板桥和王一姐的初恋，也很快被风霜摧打，凋零枯萎了。

他们被生生地拆散了。是什么原因？是门户不当，是两家大人反目，还有别的原因？总之，他们的初恋之花凋零了！

"中表姻亲，诗文情愫，十年幼小娇相护。不必燕子引人行，画堂得到重重户。颠倒思量，朦胧劫数，藕丝不断莲心苦。分明一见怕销魂，却愁不到销魂处。"板桥在此词中描写了当时他们的真挚情感以及被拆开后的痛苦心情。

"颠倒思量，朦胧劫数，藕丝不断莲心苦。"对情人刻骨铭心的相思，藕虽断丝犹连，此情绵绵难以斩断。在这种似断还连，似连还断，断断连连之中，其痛苦根本无法言喻得清。这"劫数"真是太不近人情了！

板桥深深陷入了这种痛苦之中。

他经常会一个人跑到池塘边的竹林里，蓬头跣足，在潮湿的沙地上盲目地走动。青青的竹叶，笔直的竹竿，裸露的竹根，碧绿的水草，在竹根水草间的水

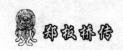

中，偶尔可见几条鲦鱼游动，它们是那般悠然自得，无拘无束。板桥一见到这些，便十分伤感落寞。有时他大呼狂奔，有时则折竹为笔，在沙地上大书狂草，画起狂风中摇曳的竹枝，直到把竹林的地面写完画完为止，似乎只有这样，他才能释放胸中的郁闷！

私奔的念头曾在他脑海中闪现过。历史上司马相如、卓文君都可以如此，为何我们不能呢？可他仍是个孩子，脱离家庭后，又如何栖身呢？

他只有献身艺术才可寻求解脱。他爱上了怀素的狂草，他觉得，那样才能够无拘无束、无滞无碍地抒发情怀。他大画兰竹，他把自己的幽思、自己的情操寄托于此。

两人的感情实在太深了，当他们十年之后，有幸碰面，板桥还心猿意马，欣喜之情无以掩饰，挥笔写下了《贺新郎·赠王一姐》一词，以记当时之心痕：

> 竹马相过日，还记汝云鬟复颈，胭脂点额。阿母扶携翁负背，幻作儿郎妆饰，小则小寸心怜惜。放学归来犹未晚，向红楼存问春消息，问我索，画眉笔。
>
> 廿年湖海长为客，都付与风吹梦杳，雨荒云隔。今日重逢深院里，一种温存犹昔，添多少周旋形迹！回首当年娇小态，但片言微忤容颜赤，只此意，最难得。

板桥中秀才之后，理应马上为参加乡试作准备，即康熙五十六年丁酉、五十九年庚子，雍正元年癸卯、四年丙午、七年己酉，就是说一直到他雍正十年壬子中举人之前，有五次参加乡试的机会，是没有参加，还是屡试未中，或者说是有其他原因？在《刘柳村册子》中板桥透露了这一消息：

> 板桥貌寝，既不见重于时，又为忌者所阻，不得入试。愈愤怒，愈迫窘，愈敛厉，愈微细，遂作《渔父》一首，倍其调为双叠，亦自立门户之意也。

这首《渔父·本意》词，载入其《板桥集·词钞》中：

> 宿雨新晴江气凉，湿烟初破柳丝黄。才上巳，又清明，桃花村店酒瓶香。漠漠海云微漏日，茫茫春水渐盈塘。波潋荡，燕低昂，小舟丝网

晒鱼梁。

他一开始踏上仕途，就遭受了这么重的打击，因而他十分矛盾，借以过着世外桃源般的渔父生活，来调整一下心态。其实，对这种生活，他并不甘心留恋。

康熙五十四年，二十三岁的郑板桥与徐氏结了婚，婚后生养了一男两女。稚儿绕膝，琴瑟和谐，夫妻共度危困生活。但是，由于经济上十分窘迫，板桥只好辍学谋生。

靠什么谋生呢？板桥这时候画兰、竹、石已经十分出色，扬州更是闻名全国的艺术品销售市场。开始，板桥也卖过画。但是，他的画立意高雅，与世俗相悖，他又一点名气也没有，当然卖不出去。即便有时卖出一两幅，收入也很不稳定。他于是决定进教馆以维持生计。

板桥考虑了两个因素才作出了这样的决定：一是按清朝的规定，进教馆要首先取得秀才的资格。板桥在这之前已经取得了秀才的"文凭"；二是板桥父亲就是靠在教馆教书持家，板桥可算"教馆世家"，起手不难。

其实教馆就是我们平时所称的私塾。这种教育方式有塾师自己投资设立的学馆，有地主、商人设的家塾，也有属于以祠堂、庙宇的地租收入或私人捐款举办的义塾（这一种免缴学费）。板桥的教馆则属于第一类型。很多读书人在未入仕途之前，往往一边教书糊口，一边读书，准备科举考试。起初，板桥在兴化东门宝塔湾开馆。大概在康熙五十六七年，板桥二十五六岁时，来到真州的江村教馆。清时真州改称仪征，也是一个繁华的地方。按《仪征志·舆地》引旧志说："（江村）在游击署前，里人张均阳筑，今废。"注道："兴化郑板桥燮尝寓此，与吕凉州辈唱和，有联云：'山光扑面因新雨，江水回头为晚潮'。"江村可能是富商的别墅或园林所在之地，从《郑板桥集》及集外佚文中，看不出他与张均阳有过什么接触，板桥当时可能只是暂时住在江村吧。

其实板桥是十分不愿过教馆生活的，那是令他痛苦和羞辱的事情。他步入仕途以后，经常想起这段生活，曾根据当时流行的《教馆诗》略加改动，写那时的生活情形：

> 教馆本来是下流，傍人门户渡春秋。
> 半饥半饱清闲客，无锁无枷自在囚。
> 课少父兄嫌懒惰，功多子弟结冤仇。
> 而今幸得青云步，遮却当年一半羞。

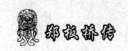

此诗十分生动细致地描写了教馆生活，反映了作者当时的窘境。他有寄人篱下的感觉，又像是作客又像是坐牢。当时，在一首七律中他向学生们坦率地表明心迹："萧骚易惹穷途恨，放荡深渐学俸钱。欲买扁舟从钓叟，一竿春雨一蓑烟。"有时候他真想甩手不干了。

当然，板桥产生这种感情，一个原因是经济所迫，但更重要的原因却在其思想深处潜藏着。首先，由于他抱有"修齐治平"之志，不甘心就此沦落下去。他认为读书——科举——做官是一条"光明大道"。明末清初顾炎武、黄宗羲认为八股文的危害甚至比焚书的影响还大，主张治学要"经世致用"，引导人们正视现实，关注民生政治。板桥却始终是个"科举迷"。他认为，"明清两朝，以制艺取士具奇才异能者，也只有通过这条途径获得提拔，乃为正途。"他还赞叹说："圣天子以制艺取士，士以此应之。明清两朝人士，精神聚会，正在此处。"他做官后给堂弟写信还鼓励他要努力读书，说："信此言，则富贵；不信，则贫贱。"他还写过一首《赠高邮傅明府并示王君廷㮕》的诗，开篇即说："出牧当明世，铭心慕古贤；安人龚渤海，执法况青天。"从中很迫切地表现了他的抱负。有这样的思想基础，对于教馆，他当然痛苦难堪，当然"欲买扁舟从钓叟"了。其次，艺术家竭力在作品中表现一种独立的不受束缚的个性和人格，而教馆先生却完全不能这般自在，既要考虑和家长的关系，又要顾及和学生的关系，他的气质、追求与这样的生活、地位充满了矛盾。这就使板桥陷入了深深的矛盾、痛苦之中。

五、贫士生活

板桥于康熙五十八年作的《村塾示诸徒》写道：

飘蓬几载困青毡，忽忽村居又一年；
得句喜拈花叶写，看书倦当枕头眠。
萧骚易惹穷途恨，放荡深惭学俸钱；
欲买扁舟从钓叟，一竿春雨一蓑烟。

在他看来，教馆的"清闲生活"仿佛牢狱般，这种困顿失意之感，使他的隐逸思想在当时占了上风。空闲时，他便将兴趣集中到研究诗书画上：

> 江馆清秋，晨起看竹，烟光日影露气，皆浮动于疏枝密叶之间，胸中勃勃，遂有画意。……

此时，他流连于江村的山光水色，风土人情。雍正十三年，板桥重返江村，写给郑墨一封信，信中对江村景物作了简练而又生动的描写："江雨初晴，宿烟收尽，林花碧柳，皆洗沐以待朝暾；而又娇鸟唤人，微风叠浪，吴楚诸山，青葱明秀，几欲渡江而来。"这里的生活比他老家兴化稍好一些。早晨，板桥伴着在田间辛勤耕耘的农夫，开始了教读。黄昏，他喜欢在高阁独坐，看那江面上移动的点点风帆，听那旷野里隐约传来的狗吠，为这神秘、空阔的江村暮霭所陶醉。夜晚，他常常走过灯火通明的渔市，到河桥酒店去独酌。板桥深爱江村，和这里的文士、老农、酒家、道士等结下了深厚的情谊。我们虽没有文字资料记载他在这儿的交游情况，但是，当时和以后，他记录这段生活的诗词是很多的，板桥和江村民众融洽的关系可见一斑。

> 河桥尚欠年时酒，店壁还留醉后诗。（《客扬州不得之西村之作》）
> 送花邻女看都嫁，卖酒村翁兴不违。（《再到西村》）
> 分付河桥多酿酒，须留待，故人赊。（《唐多令·寄怀刘道士并示酒家徐郎》）
> 最是江村读书处，流水板桥篱落，绕一带烟波杜若。密树连云藤盖瓦，穿绿阴折入闲庭阁，一静坐，思量着。（《贺新郎·西村感旧》）

板桥写给他在江村教馆时的学生许樗存的《寄许生雪江三首》，是其中写得最亲切感人的，其中第三首写道：

> 不舍江干趣，年来卧水村。云揉山欲活，潮横雨如奔。稻蟹乘秋熟，豚蹄佐酒浑。野人欢笑罢，买棹会相存。

江村景色新鲜活跃。云推挤着山峰，山峰仿佛要活动起来；急雨中的潮水汹涌澎湃。板桥向往秋熟后的新稻、螃蟹、豚蹄、浑酒等江村风味，向往同学生欢

聚一堂。这首诗艺术成就较高，亲切随和，一往情深。"何日向，江村躲；何日上，江楼卧"，以后，在板桥坎坷的人生道路上，他甚至表示要到江村来度过晚年。

有趣的是，江村也多竹，这位艺术家可继续享受它高妙的内蕴。"江馆清秋，晨起看竹，烟光日影露气，皆浮动于疏枝密叶之间。胸中勃勃遂有画意。"除了教课，板桥常会写竹。这段时期，他能有机会更细致地观察竹子了。他觉得"眼中之竹"与"胸中之竹""手中之竹"是既有联系又有区别的。他赞叹道："意在笔先者，定则也。趣在法外者，化机也。"有时，他画的兰、竹、石，也托人带到扬州去卖，以此来补贴一下家用。扬州是个商业城市，很多大富的盐商在那里建造了很多精致的园林。为了美化环境，他们往往故作优雅，购置一些书画点缀其间。这期间板桥作画，可能是纯商业性的。由于卖画，板桥对一些市场行情、渠道，也了解一些，为日后逐步进入"以画代耕"的生涯创造了条件。

这段时期，板桥仍在读四书五经之类的书。他的书法也是练习正楷，为科举考试作着准备。清代前期的科举考试，主考人特别注重书法，字写得好坏成了能否录取的重要标准之一。他们对书法提出"乌""光""方"的要求，即字要写得方整划一，墨要运用得浓，而且发亮般黑。这种模式化的书法，人称"馆阁体"。练好馆阁体是入仕的首要条件。《清代名人轶事》中写道："彭刚直不能作楷书，试卷誊正，往往出格，几经童试，皆坐是被斥。"有个考官以后帮了他的忙，他才被录取了，可见是否会写馆阁体对于仕途是至关重要的。于是，一些聪明人，便将馆阁体当作敲门砖。一旦金榜题名，就如敝屣弃之。板桥就是这样。《清史列传·郑燮传》说他"少工楷书"。可见在江村教馆时，他主要练习的是小楷。

这期间，由于儿女增多，郑板桥家越来越穷困。"贫贱夫妻百事哀"，夫人徐氏与丈夫共同分担着生活的重担。板桥有时满怀希望出门借钱去，"出门气颇壮，半道神已微。相遇作冷语，吞话还来归"，总是空手而回。徐氏却宽慰他，拿出自己旧日的钗簪衣物，拿去当铺当了，勉强混口饭吃，暂时解决全家人的温饱。板桥在一首题为《贫士》的五言古诗中，真实地记载了这段凄苦的生活，诗中的"贫士"就是板桥自己的写照。

更不幸的是，在板桥家境最窘困时，他最疼爱的儿子犉儿夭折。这个突如其来的打击使板桥一蹶不振。他写有《哭犉儿》五首，倾诉了他的悲哀：

天荒食粥竟为长，惭对吾儿泪数行。今日一匙浇汝饭，可能呼起更重尝？

　　歪角鬏儿好戴花，也随诸姊要盘鸦。于今宝镜无颜色，一任朝光满碧纱。

　　坟草青青白水寒，孤魂小胆怯风湍。荒涂野鬼诛求惯，为诉家贫楮锭难。

　　可有森严十地开，儿魂一去几时回？啼号莫倚娇怜态，逻刹非而父母来。

　　蜡烛烧残尚有灰，纸钱飘去作尘埃。浮图似有三生说，未了前因好再来。

　　他们贫穷得只能以稀饭来祭祀儿子，板桥甚觉不安。他回忆起犉儿天真活泼的娇态，想到现在他孤单单一个人睡在荒野孤坟里，风吼兽叫，野鬼欺凌，痛心万分！他明知犉儿去世了，无法复生，却依旧在期待能够出现奇迹。这首诗有很多设想的成分，我们从他设想犉儿在阴间受欺凌，大致可想象出板桥全家在现实中的状况。

　　父亲立庵先生在板桥三十岁的时候去世了。家中生活越发穷困，几乎无米下炊；而讨债的人不断敲门索还。唐代杜甫作有《寓居同谷县作歌七首》，自述遭遇，长歌当哭，简称《七歌》。七首歌在结构上相同：首二句点出主题，中间叙事，末二句感叹。板桥套用了这一形式，对自己三十岁以前的艰苦生活做了总结性记叙，语言朴素，感情真挚。

　　　　郑生三十无一营，学书学剑皆不成。
　　　　市楼饮酒拉年少，终日击鼓吹竽笙。
　　　　今年父殁遗书卖，剩卷残编看不快。
　　　　爨下荒凉告绝薪，门前剥啄来催债。
　　　　呜呼！一歌兮歌逼侧，皇遽读书读不得。
　　　　·············
　　　　我生二女复一儿，寒无絮络饥无糜；
　　　　啼号触怒事鞭朴，心怜手软翻成悲。
　　　　萧萧夜雨盈阶咫，空床破帐寒秋水。
　　　　清晨那得饼饵持，诱以贪眠罢早起。
　　　　呜呼！眼前儿女兮休呼爷，六歌未阕思离家。

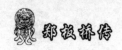

这便是板桥一家悲惨贫困的生活写照。

这首诗展现出了空床、破帐、漏屋、裂墙，一副穷寒困厄的场景。对可怜的小儿女的哭闹，既怒又怜，直至悲哀，一波三折，真挚的父爱充盈其中。"思离家"指出外谋生。是的，他在此之前曾本本分分地读书，考秀才，教私塾，没有走出方圆一两百里的圈子，但仍然养不活一家老小。他"背人独自问真宰"，但"青天万古终无情"。对于在这块土地上生活的家乡父老，他作着冷静的观察：冻死、饿死、病死，一代一代无声无息地出生，又屈辱辛酸地死去。

对人生来说，三十岁是一个关键时期。孔子说："三十而立。"三十岁能否立业，在人生的旅程中，往往是被看作标杆的。板桥很清楚，历史上有很多人是早慧的。李白"五岁诵六甲，十岁观百家"，王勃、李贺三十岁以前，已是名垂青史的大诗人。然而，自己呢？他也可以找些晚达的例子来给自己解嘲，"八七西来钓渭滨"的姜尚，年近半百方名惊京师的苏洵，等等。然而，生性要强的板桥，可不同于他人。三十岁，像沉甸甸的枷锁，死死地把他的心事缚住，摆脱不掉。父死、家衰、困顿、失意，犹如一座巨大的冰山，劈头盖脸地朝他压了下来。他决心反抗命运。他要外出谋生，靠自己的聪明才智，改变这穷寒的局面。

第三章　扬州画师

一、古城掠影

扬州，这座充满神奇色彩的古城，板桥曾为之魂牵梦萦，他不知为它做了多少温馨甜蜜的梦。而今，他背井离乡，抛妻别子，投到它的怀抱中来，他不知道他所面对的是桃花源还是噩梦一场。

扬州是座历史文化名城，为春秋时期吴王夫差所筑，已有两千多年的历史。它的兴衰荣枯，同整个中华古国息息相关。它迭经战乱、历尽沧桑，在它的每一寸土地上，都浸透着中华文明的汁水，埋葬着古国历史的残骸。

六朝烟花，畸形繁华，早已有"腰缠十万贯，骑鹤下扬州"的鼓噪。

弑父上台的隋炀帝，京都长安、东都洛阳的宫苑、美女大概都玩腻了，心血来潮做起扬州梦来。他倾慕扬州的琼花是假，迷恋那里的美女是真。为了让龙舟畅行无阻，炫耀君王的宏大气势，动用百万民工开凿起大运河来。他在这里建行宫，修迷楼，造亭苑甚至将杨姓赐给柳树，大做起风流梦来。而在这个当口，瓦岗军的造反吼声让皇宫震撼，隋朝大势已去，禁内火起，炀帝被宇文化及杀死。这大概是上天对他的"奖赏"、赐给他在扬州长眠的福气吧！这样他就可以永远做他那做不完的扬州梦了。

唐朝皇帝没有学隋炀帝，尽管盛唐时期扬州达到极盛，也没有一个皇帝那么痴迷扬州。倒是那批文人们，无论如何他们也抹不掉隋炀帝那么动听的琼花梦的记忆，是出于好奇呢，还是出于对扬州的仰慕呢？他们都不约而同地做起一些扬州梦来。

说来也怪，盛唐诗人虽迷恋扬州，但程度还不至于那么深。李白可以说是好奇心极强，但他似乎对扬州并未表现出特别的兴趣，他只是站在黄鹤楼头，遥望重山阻隔的扬州，高举酒杯给好友钱行，吟出了"烟花三月下扬州"的名句。

而杜甫或许是因为以往挨饿的教训而更为保守，他首先"为问淮南米贵贱，

老夫乘兴欲东游"，并没有马上贸然去那里寻梦。

中唐，两位一再被贬谪的诗人，刘禹锡和白居易，在罢官和免官后的回京途中，两位好友不期而遇，然后也结伴去扬州游览。不过，他们的扬州梦瘾不大，登栖灵寺塔后，各人只留下一首诗，待了半个月就匆匆离去了。

可能是盛唐之音渐弱，社会越发没落吧，诗人们已无黄钟大吕可撞，只有来点靡靡之声了。晚唐诗人又重新忆念起扬州来，他们的扬州迷梦超过历代文人，几乎到了痴心、死心的程度。如徐凝在《忆扬州》写道：

> 萧娘脸上难胜泪，桃叶眉头易得愁。
> 天下三分明月夜，二分无赖是扬州。

而杜牧则扎扎实实、热热闹闹地在扬州做了几年艳梦。据史料记载："扬州，胜地也，每重城向夕，娼楼之上，常有绛纱灯万数，辉罗耀列空中，九里三十步街中，珠翠填咽，邈若仙境。牧常出没驰逐其间，无虚夕……而牧自有得计，人不知之，所至成欢，无不会意。如是且数年。"这位在扬州，"供职之外，惟以宴游为事"的风流诗人，写下了很多吟咏扬州的作品，如：

> 青山隐隐水迢迢，秋尽江南草未凋。
> 二十四桥明月夜，玉人何处教吹箫。

> 娉娉袅袅十三余，豆蔻梢头二月初。
> 春风十里扬州路，卷上珠帘总不如。

幸而杜牧只是一个平凡人，他的扬州梦并没有酿成家亡身丧的结局，反倒被召到长安，升了个监察御史的官。

对于文人画士来说，扬州是被五颜六色的理想光环笼罩着的。唐代诗人张祜的《纵游淮南》写道："十里长街市井连，月明桥上看神仙。人生只合扬州死，禅智山交好墓田。"在热热闹闹的扬州，死也要在这里葬身。明末具有独特风格的散文家、史学家张岱的《陶庵梦忆》说，扬州清明日"惟西湖春、秦淮夏、虎丘秋，差足比拟"。而那些地方"然彼皆团簇一块，如画家之横披"，唯有扬州"鱼贯雁比，舒且长三十里焉，则画家之手卷矣"。纵横的河道，为这写意长卷增加了曲线之美。小秦淮从新城西南角的"埂子"开始，流过扬州旧城小东门和大东门外的两座钓桥，流过沿河栉比的青楼乐户，水声似弦管般悦耳动听，一直沿墙北去。经过水关外的红色板桥，蜿蜒转入西郊。这时，画舫、花影、月光相映在波光粼粼的水面上。曲折的河岸上，各种奇形怪状的太湖石仿佛是彩带上镶嵌的绳边，更增添了她的韵致。在旧城西北角，小秦淮与北向的西市河及花山涧水合流，进入瘦西湖中。

瘦西湖是扬州的中心。它本身就是一件世上罕见的艺术珍品。从梅花岭向西，沿湖有吹台、月观、凫庄、小金山、红桥、平山堂等名胜。王士禛《冶春绝句》中有这么一句："红桥飞跨水当中，一字阑干九曲红。日午画船桥下过，衣香人影太匆匆。"画艇穿花柳，鬓影杂粉香，瘦西湖就是这样，极富浪漫气息。

扬州的自然风光绮丽优美，人工园林也十分精巧。清时有人曾这样评论过江南名城："杭州以湖山胜，苏州以市肆胜，扬州以园亭胜，三者鼎峙，不可轩轾。"扬州园林具有很久远的历史。汉高祖刘邦的侄子刘濞在这里做吴王时，曾把钓台建在留塘岸边，后来刘宋时的鲍照在《芜城赋》中写过钓台的规模气势。隋炀帝来过扬州很多次，在此大造离宫别馆，著名的有江都宫、显福宫、临江宫等。这些宫馆既有崇殿峻阁、复道重楼，又有风轩水榭、曲径芳林，奢侈豪华，闻名世界。清初，板桥卖画时，扬州有王洗马园、卞园、员园、贺园、冶春园、南园、郑御史园和筱园等八大名园，还有上百个其他的园林，从北郊到平山堂，就有"两堤花柳全依水，一路楼台直到山"的美誉。

并非人人都做得起扬州梦的。唐代之后，国家经济状况落后，如一个病汉，在一摇一摆地挪动脚步，而扬州也随着这个病汉在俯仰。

转眼到了康熙年间。随着国势的强盛，扬州似乎又焕发了青春。扬州地理位置优越，长江与大运河贯通而成了当时的漕运中心，也变成了中部各省的食盐的集散基地。在这个城市里出现了商品经济的萌芽，它虽然不那么强大，但却生机勃勃。虽然周围的广大农村仍然很贫困，而这里却一派繁荣的景象。它的繁荣在广大农村的贫困映衬下，未免显示出一种畸形来，但它终究是繁荣的。

盐商聚集扬州，有些商人富可敌国。若是拿一辆华丽的马车来比喻扬州，那么盐商则是踞坐其上的意气风发的主人。

为了美化精巧的园亭，附庸风雅，这些盐商们也就肯花高价购买字画，扬州因而成为了当时国内最大的字画市场。这里聚集了各类艺术家们。他们或在名园游艇中流连，或在青楼酒肆中买醉；或沉思，或狂放，寻求着艺术的灵感。

板桥刚来扬州的时候，心中充满着种种幻想、憧憬，勾画着美好的未来。现在他已清醒地感觉到、看得见昔日的梦想了，这梦境与现实对应得上吗？

他满怀希望地想跻进这文人荟萃的都市生活圈子，寻找到自己的一席之地，

在这里显露自己的才华，检验自己的价值。

刚开始的时候，他贪婪地观赏、游览扬州的名胜古迹。隋炀帝陵凄清冷落地蹲在北雷塘的漫天衰草中，当然已没有了当年骄横淫侈的样子。玉钩斜荒冢点点，芳魂狞鬼都无从觅到，一阵冷风吹来，把人的脊背都穿透了，使人有些毛骨悚然。大明寺晨钟暮鼓，即使不能够和唐代的兴盛相比，倒也还肃穆清净，不失为佛界净地。来到此地，使人不禁想起当年那位做异国梦做得发了狂的高僧鉴真，十余年间，经历了千难万险，五次失败，双目失明，仍初衷不改，终于感天动地，第六次东渡成功，到达了日本，弘扬了大唐文化，最终连梦带人均圆寂异邦，为梦境和现实而献身。

板桥早已名闻平山堂，那位北宋文学革新旗手、文坛泰斗，走到哪里都留下他的文学烙印。当着太守，也不忘吟咏。他亲手建造了平山堂，政文不繁忙的时候，便在此宴客，赏景，谈诗论文，虽不如眼下有万贯家财的盐商巨贾那样富有金钱，不过还是有相当宽裕的文学创作的活动经费。

史可法可没这般清闲了。清军入关，大明社稷危在旦夕，清军逼近扬州，史可法身为兵部尚书，困死扬州孤城，誓死不降。清军最终攻破扬州，对全城烧杀抢掠无恶不作，史可法和他的人民写下了一曲壮烈的悲歌。而今他的遗体在哪里？留下的，只是一座衣冠冢。和平山堂相比，甚是凄惨，似乎也有些不公平。

步入瘦西湖，板桥顿时心境开朗起来，这里杨柳轻舞，鸟声啼啭，水波粼粼，扁舟飘戈。水亭上歌喉婉转，花圃中笛声悠扬，曲径上红绿慢步，假山傍稚童躲藏，大有天上人间之感。

板桥看到在湖上横贯两端的红桥，不禁吟起大诗人王渔洋的诗来：

"红桥飞跨水当中，一字栏杆九曲红，
日午画船桥下过，衣香人影太匆匆。"

虽然诗写得没什么特色，但却透露出一股韵味来。何况作者是当时诗坛泰斗，又和扬州有过关系呢！

他不停地到处奔波，造访名人，探亲访友，了解世情，熟悉生活。因为他打算在这里争取立足之地，幸运的话，或许还能做场好梦。

这里不同于兴化，对他而言，一切都是新鲜、陌生的，那中世纪的宁静的田园生活在这里已不复存在，取而代之的是热闹喧嚣，充满了商品竞争气息的都市生活。大街小巷摆满了各种摊子，陈列着五光十色的杂货，吆喝声，叫卖声接连不断。来自五湖四海的各色人物，以及来自边疆和外国的商人散布在川流不息的人群之中。他多角度、多侧面、多层次地接触各个阶层的人物，尤其是下层人物，得出这样的印象：扬州的繁荣无与伦比，这里是商人的天地。精瘦如猴的，大腹便便的，处处都是他们的福窝，不管钱来自什么渠道；这里又是冒险家的乐园。江湖术士，串脚郎中，大力丸加河图洛书，麻衣神相加易经、太极，卖嘴的，玩命的，还有小偷们，总之，想方设法弄到钱就成。

他，一个小县城出生的土人儿，初来这花里胡哨的浪荡世界，真有些眼花缭乱了。这期间，他写下了一组扬州诗，其中两首十分能表达他当时的心境：

> 画舫乘春破晓烟，满城丝管拂榆钱。
> 千家养女先教曲，十里栽花算种田。
> 雨过隋堤原不湿，风吹红袖欲登仙。
> 词人久已伤头白，酒暖香温倍悄然。
>
> 廿四桥边草径荒，新开小港透雷塘。
> 画楼隐隐烟霞远，铁板铮铮树木凉。
> 文字岂能传太守，风流原不碍隋皇。
> 量今酌古情何限，愿借东风作小狂。

他似乎有些陶醉了，但实际上他仍旧十分清醒，他已清楚地看到，此时的他，已开始由梦境转入现实，他必须接受的现实。

二、寄居天宁寺

很快，板桥所面对的残酷的现实将其温馨迷人的梦击得粉碎。

板桥发现，这繁华的扬州仿佛是一架天平，倾斜得让人心惊肉跳。一头达官、贵族、盐商、巨贾，他们十分富有，整天过着花天酒地、纸醉金迷的生活。他们占领并享受着花园亭树，歌舞楼台。他们在饮甘餍肥之后，又来附庸风雅，舞文弄墨，甚至聚集一帮帮闲文人，貌似高雅般下棋、弹琴、吟诗作对。

他厌恶那帮满身俗气又带有铜臭味的商人，不愿流俗于他们。当然，那帮商人也看不起这位貌不惊人，通身穷酸气，又自命不凡，翻着白眼的乡巴佬。

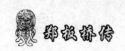

他瞧不起那些讨好权贵和商人而又自视清高的才子们。他认为他们既无真才实学又无做人的骨气，是一批无用之徒。

在十八世纪的扬州，板桥的鄙视商人的性格恰恰犯了一个历史性的大错误。他没有看到经济发展对文化艺术的巨大作用，更是忽视了在商品经济发展中商人的地位。当然，他更缺乏的，是一种历史的自觉，这也是这个世纪中国知识分子的通病。他们精神苦闷，追求自我抒发，拼命想寻回自我；他们对现实不满，却又无法去改变它。他们不明白也不会明白，他们追求的那些东西，是以商品经济为基础的。由于海天阻隔以及中国的封闭，他们看不到，也不可能看到，地球的西半部，此时商品经济正迅速发展。那里的知识分子表现出一种历史自觉，是他们首先站出来呼吁发展商品经济的，甚至容忍了它带来的种种恶作剧。

可怜的中国知识分子！

可怜的郑板桥！

板桥在城北的天宁寺借住。据传，这寺庙早先为晋太傅谢安别墅，后改建谢司空寺。晋义熙年间，佛昌东土，尼泊尔名僧佛驮跋陀罗曾住在这儿编译华严经卷。唐宋年间在这寺庙里也发生过很多事情。明洪武年间重建。至清康熙年间，皇帝让两淮盐运史曹寅，这位通文墨又懂经商的官吏，主持刊刻起《全唐诗》和篡修起《佩文韵府》来。在此佛缘、文缘携手结成连理。

天宁寺居扬州八大刹之首，规模宏大，气势壮观。第二层大殿的中间供着大佛，两旁摆放着梵像，雕塑精美，姿态各异：或倚竹杖，衣云衲，横梵书贝帙；或抱膝耸肩，状若鬼王；或闭目在万山中枯坐；或长眉拂地，侧膝跪足；或面目羸瘦，神清气足；或着水田衣趺坐，意思萧适；或芒鞋竹杖，佝偻如老人形；或四体毛生，仪貌间别；或轩鼻口，手捻数珠，坐娑罗树下；或亢眉瞪目；或挥扇坐搓桠树下，丰骨清峭；或鸡皮骍背，两手有所事，如抓蚤扪虱；或披袈裟执经，宛然僧相；或合掌而坐；或披衣挥扇；或髯而长；或陋且怪，而焚香捧经。这十八罗汉几乎汇集了人间百态，生动逼真。

板桥每次看完这些，心中总升腾起一种莫可名状的感觉。

西院便是枝上村，是天宁寺下院，老僧文思上人在这儿居住。这是一位慧眼独具的诗僧，乐于与文人交友往来，所以这里虽为佛门清静之地，但经常有文人在此雅聚，很是热闹。

文思上人很看重板桥。他觉得这个青年人虽有些怪僻傲慢，但不轻浮很有内在学识。他经常和板桥交谈而且介绍了很多扬州的故事给板桥。近一段时期，他感到板桥有些郁郁寡欢，很少去西院找自己谈论，且每天见他很早就匆匆忙忙挟着纸笔出去，直到天晚了才又无精打采返回来，一回来就关起门来不露头。阿弥陀佛！但愿他不会出什么事，老僧在心中默默祈祷。

板桥当时正为谋生而苦恼着。

他起初觉得这么大个扬州城，自己找个工作应该不会很困难。他通过一些关系到处打听，中间也有一些眉目，如某盐商缺少一个文笔师爷，某盐商家打算聘请个家庭老师，但是板桥却觉得这些工作是对自己人格的污辱，一一拒绝了。后来，有人向他介绍，要他去某商人家做一名清客，为主人作作画，代笔写些应酬诗，气得板桥转身就走。最终，一些熟人觉得他好高骛远，性格怪僻，再也不管他这茬了。他囊中空空，又没找到工作，不得不拿起笔来作画写字，打算靠这个混口饭吃。他没搞明白，像他那样一个无名无分的乡下来的穷书生，有谁肯欣赏你呢？当时的社会，世俗的偏见，人们重名气而不重实学，尽管他的书法和画事不比那些名流差，如果没有大富大贵的人捧他的场，是无论如何也打不开局面、找不到销路的。

倔强的板桥，不相信这一切，他很自信地觉得自己的艺术比一些名流那鄙俗不堪的东西好得多。夜晚他在油灯下不停地创作着，看到一件件完成的作品他会觉得有种快乐的感觉。他想，我要靠我的艺术在扬州立定脚跟，来抗衡那些所谓的名流们。

事实上是作品一摆到市面上，板桥心里就凉了半截。一大堆人只是围着看看热闹，又来了一些乱七八糟的人对着画指手画脚，有的甚至用最刻薄的语言讽刺。板桥强压怒火看了一天，一张也没有卖出去。这样一连几天，他早晨饿着肚子出去，晚上又饥肠辘辘地回来。他换了几个地方都不行，他绝望了。

一天，一个干瘦的商人看了板桥的画后，指着一幅尖声尖气地问板桥卖多少钱，板桥随口答三两银子，岂料这商人竟大声嘲笑说："似这等画，三两就可买到一担，你一幅要三两，哈哈！哈哈！"

板桥望着那副嘲笑的嘴脸，再也无法忍受，他一下子把那张画撕得粉碎，愤怒地抛到那商人面前，然后收起摊子怒气冲冲转身离去。丧子之痛一直隐藏在他的内心深处，如今被这个人一激，可以说他是内外交困，对许多问题的看法在短时间内有了巨大的变化。从此，他在书法上开始改变字体了，不再是欧体那种自我束缚、小心翼翼、过分严谨的面目，而爱上了怀素那"寒猿饮水撼枯藤，壮士拔山伸劲铁"的气势磅礴、奔放帅气的狂草。他的画，也更加恣肆，喜欢上徐渭、八大山人的大写意。在他看来，此时的艺术表现，要体现他此时的心境，而此时的心境，又必须借助相应的笔墨来表现。

或许是历史的巧合，雍正元年，板桥到扬州时，黄慎也刚由福建老家赶来这里，而偏偏在这时金农离开扬州到山东蓬莱去了。三人失之交臂，实在惋惜。郑、黄则当时在扬州都困顿不堪，也没有机会见面。历史如果不开这样的小玩笑，板桥能亲眼看见金农如何成为盐商的座上客，或许就不会那样厌恶盐商而使自己如此落拓。

郑与黄不同的是，黄到扬州时，已有十多年闯荡江湖、卖画谋生的经历，他的应变和适应能力都比板桥强很多。况他已绝意仕途，决心做一个职业画家。他一发现自己谨严的画风不符合扬州时髦的开放画风，便立即闭门琢磨，决心改变自己。在书法上，变楷为行，舍钟繇而师二王，最后直夺怀素之席，形成泼辣的狂草；在绘画方面不再沿袭上官周而学习师法石恪、梁楷，以意笔取代工笔，直至泼墨大写意，奋苦进击，刻意创造，终于自成一个风格。扬州人开始惊愕，继而轰动，他扎实地立于扬州画坛。雍正五年，他有了足够经费回福建宁化奉老母来扬州长居。

而板桥仅把卖画当作了谋生手段，一旦条件允许，他还是要寻求仕途之路的，由潦倒而至于放荡，这恐怕是身不由衷的。

天宁寺的文思上人见板桥回来后，突然变成了另外一个人。看他天天喝得醉醺醺的，衣冠不整的样子十分吃惊。

一天晚上，直到天交三更，文思上人才等到归来的板桥。二人略坐片刻，便叙谈起来。令板桥疑惑的是，文思上人一直同他谈诗谈禅而丝毫不提他的行为。越是如此，板桥愈加感到忐忑不安。文思上人是一位佛学、诗学修养颇深的人，他将佛学、诗学融会贯通，高谈阔论，历史、人生、皈依、顿悟，时而如娓娓琴声，时而如潺潺流水，时而如松风震谷，时而如朝花滴露。听他的谈话，板桥流下激动的泪水，几年来，虽有家庭的温暖，朋友的爱抚，却无人可以如此透彻地洞察他的内心世界，也没有人能如此居高临下地为他剖析人生、指点光明。

直到雄鸡乱啼，东方破晓，文思上人才告辞离去。

板桥和衣躺卧床上，两眼望着透进窗棂的晨曦，陷入深深的思考之中。

人是需要反思的。由于数千年传统文化的心理积淀，知识分子在认识上似乎都使用一种一成不变的定式。哲学的、历史的、伦理的框架，束缚着你的思虑，往往只能皈依、认同，跳不出这个框架，进行超越时空地反思，便难于给自己选择什么。而只有这种选择，才能使一个知识分子获得新的突破，获得新的认识生命，更成功地培养塑造自己的能力。

板桥也慢慢咀嚼这些话，也没命地画画作书。他有时疾声大呼，率意走笔，一行行狂草流于腕下；有时又屏息敛气，细心落墨，一丛丛兰竹跃然纸上。得意忘形之处，便挥毫在壁上横涂竖抹，整个墙都让他给涂抹满了。一连几天，他足不出户，目不窥牖，埋头于画案之上。文思上人在这中间过来看了他几回，又悄然离去。他知道，此时板桥的心里，正在翻滚着波澜，他说什么都没有必要。

一日，文思上人陪一位客人来到了板桥的下榻处，此人十分惊奇于板桥作品的狂放恣肆。经文思上人介绍，方知来者是扬州小有名气的马曰琯。板桥认为其出自盐商之家，起初心里面有些出乎本能的反感，通过交谈，觉得此人谈吐不俗，不像自己以前接触的一些盐商那样粗俗不堪，令人生厌。对他的反感没有了，便放胆纵论起来。从诗文、书法到绘画，无所不谈，甚是投缘。

这位马曰琯，字秋玉，号嶰谷，系安徽祁门诸生，生于富足的盐商家庭，又好学博古，工诗文，通史传，旁及金石文字。其弟马曰璐，字佩兮，号半查，在诗文方面成就很大。弟兄二人被时人尊为"扬州二马"。他们家建有藏书楼，收藏宏富，藏书甲东南。又筑有小玲珑山馆，招揽四方名流，结诗社，主诗坛，呼乐天都吟诗觞咏。一时间名士们都与他们交好。更有那些失意文人，穷困潦倒的寒士，亦常得到马家慷慨赠金，予以周济。马家时常门庭若市，东关街也亦因此增色不少。

在交谈中，板桥得知金农来扬州后，已成为他家的座上客，听说金农去了山东漫游，两人没机会见面了，不觉心中怅然。

马曰琯觉察出了板桥不快，便急忙相询。文思上人误以为板桥又在为潦倒发愁，就把板桥的窘况婉转告诉了马曰琯，马氏心领神会。又谈了一回书法，马氏便拜辞而去，相约有机会去小玲珑山馆小叙，板桥答应了。

次日，板桥起床不多久，正在研墨，准备作画。忽见一人自称马曰琯管家，从袋中取出二百两银子，说是主人让他送来的，板桥坚决不要，来人哪肯答应，放下银子便匆匆离去。板桥急忙去找文思上人。文思上人早已明白怎么回事了，调侃了板桥几句，使得他推托不掉，板桥便约文思上人改日去马家登门道谢。

板桥回到房中，心潮起伏，久久无法平静。人世间就是这样一本看似乱七八糟，又非杂乱无章的星相图，你喜欢的那颗星，会突然蹿出来放寒气，把你冰得够呛；你厌恶的那颗星，却偏偏给予和煦的春风。哪颗星值得爱，而哪颗星又值得你恨呢？

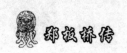

三、狂客京官梦

1. 扬州十载

郑板桥在扬州十年，认识了很多的画友，李鱓、金农、黄慎等都同他往来密切，对他的创作、思想乃至性格都有极大的影响。这期间，板桥从统治阶级领受的只有冷眼和诽谤。他所感到温暖的，就是与这些在贫困中的艺术家们"相濡以沫"的友谊。

李鱓和金农都比板桥大七八岁，这时期都很出名了。他们常常和板桥一起饮酒游玩，探讨交流书道画艺。李鱓号复堂，又号懊道人、衣白山人、墨磨人、苦李、中洋化、木头老子、滕薛大夫等，与板桥是兴化同乡。

他俩都以诗画闻名，又都当过县令，且先后去官南归，卖画扬州，一生的生活经历很相似，乃志同道合的知己。

板桥视复堂是介乎师友之间的，因为无论在功名上，还是在画作上，李鱓成名都早得多。《板桥自叙》写道："（与）同邑李鱓复堂相友善。复堂起家孝廉，以画事为内廷供奉。康熙朝，名噪京师及江淮湖海，无不望慕叹羡，是时板桥方应童子试，无所知名。后二十年，以诗词文字与之比并齐声。索画者，必曰复堂；索诗字文者，必曰板桥。且愧且幸，得与前贤埒也。"板桥虽也很推崇金农、汪士慎等，但是还没有以"前贤"称之。

李鱓随著名的宫廷画师蒋廷锡学习花鸟画，他承袭了明代孙隆和清初恽南田用彩色作写意花卉的传统；后来又拜高其佩为老师，学习泼墨及指墨的技巧；又从家乡石涛、八大山人的破笔泼墨中受益，成就了"纯乎天趣"的"一辈高品"。板桥十分佩服李鱓的画。

李鱓衣着讲究，气度恢宏，他的人生经历十分具有传奇色彩。他家境殷实，少年时即受到了良好的教育，加上天资聪慧，康熙五十年中了举人。

李鱓曾得康熙赏识，任职于大内启祥宫南的画院。画中所画乃李鱓祖籍浙江之东的蕉竹，板桥的题作除了羡慕李鱓的经历外，而且自己希望报效国家的理想也表现了出来。同年十一月，李鱓补成《菊石图》轴，写道：

> 此幅不知作于何时，雍正甲寅十一月十日，同板桥居士、莲若上人
> 过登李世兄宅，乃泚笔足成之。懊道人记。

不过，和板桥交往密切的时候，他已被逐出了宫廷，天天喝酒画画，有时烦闷起来，会把作好的画撕裂。他的花鸟画得很惟妙惟肖，诗也写得好。贺园凝翠楼是他与板桥、冬心等常常流连的地方，他撰写了楹联"出郭此间堪歇脚，登楼一望已开怀"。

在书画同人中，板桥除了与李鱓是同乡、紧邻，关系非常密切外，再就是金农了。金农，字寿门，号冬心，浙江杭州人，生于康熙二十六年，卒于乾隆二十九年。别号特多，有稽留山民、曲江外史、昔耶居士、龙梭仙客、百二砚田富翁、心出家庵粥饭僧、苏伐罗吉伐罗等二十几个，有《金冬心集》传世。满脸胡须，个子敦实不高，具有十分旺盛的生命活力。他有一双深蓝色的眼睛，衣上满是灰尘，又爱好收罗古董，朋友都戏称他是唐人传奇中的"胡商"。他曾在大学问家何义门下学习，学问很好。据说有次有个盐商请他吃饭，席间以古人诗句"飞红"为酒令。那个盐商说了句"柳絮飞来片片红"，一座哗然。金农为之解围，说这是古人诗句，又信口拈来了几句诗："廿四桥边廿四风，凭栏犹忆旧江东。夕阳返照桃花渡，柳絮飞来片片红。"大家对金农的博闻强记，佩服得五体投地，那个盐商十分感激他。金农五十岁才学画，一出手就不同凡响。乾隆元年荐举博学鸿词，金农严词拒绝，以布衣终老。所以又有人这么说他："百年大布衣，三朝老名士，疏髯雪萧萧，生气长不死。"他不仅在品行上高人一等，而且也具有十分突出的个性。蒋宝龄《墨林今话》卷二中写道："冬心性情峭峭，世多以迂怪目之。"金农养了一只乌龟，铜钱一样大小，龟甲上绿毛斑斓，就像一枚古铜钱，金农拿这只小龟当宝贝一般。他还喂了一条洋狗，叫阿鹊。每天，金农总弄点肉类喂它，后来阿鹊死了，金农还写了悼诗，哭得十分伤心，其实，这些怪癖都是他愤世嫉俗的一面。由于金农不仅才华横溢，而且有强烈的民族意识和安贫乐道的气节，板桥因此十分倾慕他。

康熙五十九年至雍正二年金农来扬州，雍正三年起云游各地，十二年在扬州住下来，开始留髯，人称髯金。板桥知道金农是在乾隆元年之前，《冬心画竹题记》中写道："兴化郑进士板桥，风流雅谑，极有书名，……十年前予与先后游广陵，相亲相洽，若鸥鹭之在汀渚也。又善画竹，雨梢风箨，不学而能。……今试吏于齐东潍县矣。吾素性爱竹，近颇画此，亦不学而能，恨板桥不见我也。"板桥极为敬佩金农，乾隆初年，板桥未仕寓扬州时，作有《赠金农》诗，对他的书法、诗歌进行赞美。

乱发团成字，深山凿出诗；

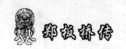

不须论骨髓，谁得学其皮。

在《冬心画竹题记》中金农充满深情地回忆起从前和板桥流连维扬，亲密无间，形影不离。他自认为与板桥属同一流派，而板桥的画作要胜自己一筹，其在《冬心先生杂画题记》中写道：

> 吾友兴化郑板桥进士，擅写疏篁瘦，颇得萧爽之趣。予间写此，亦其流派也。没有人相较吾两人画品，终逊其有林下风度耳！

多么难得的谦逊态度啊。

黄慎，字恭寿。这位来自福建的画家曾拜上官周为画画老师，他昼思夜想突破老师的画风开创自己的风格一派，这样痛苦地思索了几个月，后来，他见到了怀素的草书真迹，那飞动的笔势和连绵的线条，令他惊叹。一次，他在街上行走时，忽然产生点灵感，急忙向街旁的店铺借来纸笔作画。果然画面体现了怀素的笔致和墨色，和先前的画境迥异。黄慎不禁拍案大笑："吾得之矣！吾得之矣！"街上的人还以为他疯了呢。

板桥经常和这些不同凡俗的朋友在茶楼酒馆聚集，吟诗作画。扬州有"茶肆甲天下"之称，当时的茶馆，很多都在北门一带集聚。酒楼多集中于红桥附近，供应有通州雪酒、泰州枯酒、陈老枯酒、高邮木瓜酒、五加皮酒、宝应乔家白酒、绍兴老酒、高粱烧酒等南北名酒。郑板桥和朋友们最喜欢的聚会地点是六安山僧茶叶馆。那馆是六安山的和尚们开的，喝的茶是自己亲手种的。板桥曾写了一副对联给这个茶馆：从来名士能评水，自古高僧爱斗茶。

这些狂客，便是十几年后在江苏扬州地区活跃的一支新兴的绘画流派——扬州八怪。清初，"四王"摹古画派居于"正统"地位，因循抄袭，造成"人人大痴，个个一峰"的局面。无疑，板桥和他朋友们是迥然不同的，他们的画作使画坛拥有了清新的空气。

俗话说："腰缠十万贯，骑鹤下扬州。"现在我们已无法查证这话出于哪里了。王十朋注苏轼《于潜僧绿筠轩》"世间哪有扬州鹤"句引李厚注的话写道："有客相从，各言所志。或愿为扬州刺史，或愿多货财，或愿骑鹤上升。其一人曰：'腰缠十万贯，骑鹤下扬州。'盖欲兼三人者之所欲也。"郑板桥一没权势，二没金钱和升仙术，在扬州他能得到什么，他又会有什么样的感受呢？他曾写有《扬州》七律四首，记叙了他当时的一些感想，摘取如下：

画舫乘春破晓烟，满城丝管拂榆钱。千家养女先教曲，十里栽花算种田。雨过隋堤原不湿，风吹红袖欲登仙。词人久已伤头白，酒暖香温倍悄然。

廿四桥边草径荒，新开小港透雷塘。画楼隐隐烟霞远，铁板铮铮树木凉。文字岂能传太守，风流原不碍隋皇。量今酌古情何限，愿借东风作小狂。

西风又到洗妆楼，衰草连天落日愁。瓦砾数堆樵唱晚，凉云几片燕惊秋。繁华一刻人偏恋，呜咽千年水不流。借问累累荒冢畔，几人耕出玉搔头？

江上澄鲜秋水新，邗沟几日雪迷津。千年战伐百余次，一岁变更何限人。尽把黄金通显要，惟余白眼到清贫。可怜道上饥寒子，昨日华堂卧锦茵。

诗中对扬州畸形的繁华作了描述，在外似客观的叙述中，带有主观的批判色彩，尤其是"尽把黄金通显要，惟余白眼到清贫"两句，抒发了其愤懑和不平之情，这也是这位贫穷的青年画家在炎凉世界的亲身的痛苦体验。

我们浏览板桥在扬州十年期间所写的诗文，发现在思想上他比以前更有了深度。

首先，他诗文中表现出对国家兴亡的感叹。扬州的古迹很多，如隋堤、廿四桥、雷塘、竹西亭、平堂等，板桥都亲临凭吊。隋大业十四年（公元607年）三月，隋炀帝在江都被缢。唐武德五年（公元622年），被埋葬在了雷塘北面。罗隐写诗道："君王忍把平陈业，只换雷塘数亩田"，就是指的这个地方。后来，炀帝陵渐渐地被人忘记了。连这样的地方，板桥也"携手玉勾斜畔去"，唱一曲动人的挽歌。他在亲眼观察这些荒凉角落的同时也在想象着昔日它们是何等繁荣。历史的尘烟、人事的变更在脑海中翻滚，他有了新的发现：

任凭他铁铸铜镌，终成画饼。（《瑞鹤仙·官宦家》）
待他一片宫墙瓦砾，荷叶乱翻秋水，剩野人破舫斜阳，闲收菰米。
（《瑞鹤仙·帝王家》）

这应该是板桥思想认识的升华。

其次是他厌恶为富不仁者，对落拓人才很是同情。板桥当时是"落拓扬州一敝裘"，他很反感扬州这个"有钱能使鬼推磨"的世界。他最看不起那些一心向

"钱"看的小人。"尽把黄金通显要，惟余白眼到清贫"就是这种愤慨心情的流露。在他几十年后，写信给乡友时还颇为感触，借题发挥："学者当自树其帜。凡米盐船算之事，听气候于商人，未闻文章学问，亦听气候于商人者也。吾扬之士，奔走蹙踏于其门，以其一言之是非为欣戚，其损士品而丧士气，真不可复述矣！"就是由于这样的感情，他十分同情那些落拓的才士，为他们鸣不平。新昌人潘西凤，字桐冈，精于刻竹，但是处境窘困。板桥《赠潘桐冈》中说：

> ……天公曲意来缚絷，困倒扬州如束湿。空将花鸟媚屠沽，独遣愁魔陷英特。志亦不能为之抑，气亦不能为之塞。十千沽酒醉平山，便拉欧苏共歌泣。……

其实，这也是板桥对自己的真实记录。他没有什么名气，也没有势力依傍；画的画又寄托遥深，品格甚高，俗人根本无法了解其深意；加之笔墨恣肆狂诞，一反"四王"规矩，这就更招人非议了。总之，在这段时期，没有人重视板桥的字画。正如他后来所承认的："十载扬州作画师，长将赭墨代胭脂。写来竹柏无颜色，卖与东风不合时。"是个很不幸的青年画家。

这一时期，板桥除了经常在兴化、扬州两地之间卖画，还常常到外地去游览。从前，由于生活所绊，他在兴化、扬州、真州转来转去，天地狭窄。对此，他颇感苦闷和凄凉。雍正元年，板桥三十一岁时，友人顾万峰赴山东常使君幕，他写了两阕《贺新郎》送行。在词中，除对好友酬报知己、为民勤职的勉励外，还表示了自己不安于里的情怀。比如在第一部分的前半阕写道：

> 掷帽悲歌起，叹当年父母生我，悬弧射矢。半世消沉儿女态，羁绊难逾乡里。健羡尔萧然揽辔。首路春风冰冻释，泊马头浩渺黄河水，望不尽，汹汹势。

从三十二岁到三十五岁，板桥游历了庐山、长安、洛阳、邺城、乌江，还在北京住了好长一段时间，后来又客居通州。他选择这样的漫游，理由有两个：其一，为了打通仕途之路。在封建社会要想当官，首先要获得一定的社会声望，最好有大人物作依靠。这样再通过科举，获得官位的路途会顺利一些。板桥在《送都转运卢公》中写道："吹嘘更不劳前辈，从此江南一梗顽"，说明他还是知道"吹嘘"之妙的。他后来能入仕，也是离不开慎郡王的帮助。其二，游历是他的一大癖好。《板桥自叙》中说："板桥非闭户读书者，长游于古松、荒寺、平沙、远水、峭壁、墟墓之间。"当然这也和他从事艺术、师法造化有关。

雍正二年初秋，郑板桥第一次出远门游览的地方，是江西庐山。行前写七律《感怀》：

> 新霜昨夜落梧楸，疲马萧萧赋远游。半世文章鸡肋味，一灯风雨雁声秋。乘槎东海涛方壮，射虎南山气更道。颜白衰亲阙甘旨，为儿犹补旧羊裘。

这首诗三、四句取自杨万里的《晓过皂口岭》："半世功名一鸡肋，平生道路九羊肠。"板桥把功名以文章替换，明显是写于入仕前。鸡肋者，指走科举的道路，若想被录取十分不容易，又不能半途而废。五、六句语气突变，用"乘槎东海"和"射虎南山"的故事，缀以"涛方壮""气更道"六字来抒发自己羡慕和赞颂这两种人物的感情。末两句是说自己没有"甘旨"奉养白发衰亲，反而连累她为自己补衣，深情含蓄地结束。

庐山，在江西九江之南。飞峙长江边，紧挨鄱阳湖。相传周朝有匡氏七兄弟上山修道，住在草庐，所以又得名匡山，或匡庐。庐山多险绝胜景，更有名扬天下的瀑布。其中仙人洞石松横空，五老峰昂首天外，含鄱口有吞沧海之势，大天池霞落云飞，白鹿洞四山回合，玉渊潭惊波奔流，有"匡庐奇秀甲天下"之称。苏东坡曾写诗道："横看成岭侧成峰，远近高低各不同。不识庐山真面目，只缘身在此山中。"板桥来到这儿也不禁挥毫泼墨将一切景物尽收笔下。现存的板桥画卷中，除《双松图》《甘菊谷泉图》《南山松寿图》等少数的几幅外，大多是兰、竹、石。但是，仅有的这些图卷中，我们也能明显看出板桥在山水画上的素养和功力也十分了得。这当然受益于早年壮游的"搜尽奇峰打草稿"了。

庐山不仅奇岩绮丽，云烟变幻，而且还布满了大大小小的寺庙。东汉明帝时，就是中国佛教中心之一，有三大名寺（西林、东林、大林），五大丛林（海会、秀峰、万杉、栖贤、归宗）。历代有许多的道人曾来叩拜过。板桥在这里结识了无方上人。无方，江西人，后来北游燕赵，曾在燕京西郊的瓮山寺住锡。他对任何俗世之事都无牵无挂，心胸十分开阔淡泊。他的品德也很高尚，平常穿着补丁衣，说话充满了禅机。"初识上人在西江，庐山细瀑鸣秋窗。"板桥与无方上人相逢于"飞流直下三千尺，疑是银河落九天"这样的人间仙境。他们之间的交情很深。板桥曾经画竹画兰相赠与他。十年后，即乾隆元年，板桥还写过《赠瓮山无方上人二首》《瓮山示无方上人》《怀无方上人》等诗歌，在其中抒发他的倾慕怀念之情。他们当时遇到一位笔帖士（掌握翻译满、汉文书的小官）保禄。保禄赠联道："西江马大士，南国郑都官。"用马祖禅师（唐僧道一）比喻无方，板桥则被比喻成唐代都官郎中郑谷。郑谷是唐末诗人，以《鹧鸪诗》得名，人称"郑鹧鸪"。唐末诗僧齐己称赞他是"高名喧省闼，雅颂出吾唐"。因为板桥与之同姓，而且风格有相似之处，所以，他很满意保禄的比喻，以后就刻了"鹧鸪""都官"两印，常加钤书画。

板桥游完庐山，又去游览了长安、洛阳、邺城、乌江、易水。长安城的旧城墙，西风的陵墓，铜雀荒台，乌江浊浪……对他的心灵都很有震撼。在旅途中，板桥不仅饱览了大好河山，心中积郁得以排遣，而且吊古抒怀，沉浸在历史的惊涛骇浪之中。这些怀古之作，多数有感而发，寓意深远。有些诗如《铜雀台》还闪耀着人道主义的光芒。这次旅程的最后一站是燕京。当时是雍正三年，板桥三十三岁。

2. 落拓京师

此次京师之行仍是为求取功名。板桥未能超越当时读书人共同追求的目标——走仕途之路。他偏要走走这条道路的。有的人在这条路上，自有贵人相助，直步青云；有的人则一往直前，义无反顾，最后抑郁不得志；而有的人则急流勇退，虽碰得头破血流，然而则自此醒悟，另辟蹊径。这已形成一个人生必然的大旋涡，读书人神不知鬼不觉都将被旋进来，旋得不深，还往往终身遗憾。

板桥进取心极强。他表面狂怪，而内心醇谨。他的自尊心被踏上社会之后所遭受到的一切深深刺伤，他想寻求抱负，最终还是选择了仕途。尽管他嘴上说什么"拟买清风兼皓月，对歌儿舞女闲消闷，再休说，清华省"。其实，那只不过是科举碰壁之后的愤激罢了。"'四书'、'五经'自家又未尝时刻记心而稍忘。"此乃他内心的真实想法。

燕京，清朝政治、经济、文化的中心，这里街上蒙古人、旗人、回人、藏人和洋人到处都可见。扬州的景色若以绮丽来概括，那么燕京的景色可用"壮阔"来概括。卢沟晓月、金台夕照、琼岛春阴、太液秋风、蓟门烟树、紫禁巍峨、居庸叠翠、西山晴雪……所有这一切都显得十分的庄重典雅，伟大开阔。这是锦绣中华的中心啊！板桥的用世雄心更被激发起来。他热切地向往着自己将来能做一个"京官"。

雍正三年的燕京，充满着恐怖的气氛。

康熙大帝共有三十五个皇子，皇子间为了争夺帝位，很多都勾结串联，树立朋党，相互残害。康熙六十一年十一月，这位叱咤一时的大帝，也无法逃脱大自然的劫数，驾崩归天。他征服了汉民族，征服了边疆，对他的亲生骨肉却无能为力。在他尸骨未寒的时候，皇四子胤禛，就阴谋篡权了，改年号为雍正。他为了使自己的统治稳固，上台后，便大杀异党，实行极权专制。仅雍正三年这一年，就杀了大将军年羹尧及其子年富，文字狱案又杀了汪景祺。康熙皇子中胤禔、胤禩、胤禵、胤禟等被夺职或削爵，还有数不清的大臣及亲王被削爵降官。

这个皇帝不仅靠杀人起家，又用相同的手段来排除异己，借以巩固自己的统治。他不但不具备上届皇帝的魄力和胸怀，更缺乏驾驭臣民和国家的自信。游牧民族那充满活力、奋发向上的精神被暴戾和残忍所取代。这无限延续下来的社会，到了他这一代，在自觉不自觉地开始充当掘墓人。

在这样的环境氛围中，板桥进入燕京，能有什么样的结果呢？

又是一次阴差阳错，金农也在京都，但却与板桥无缘相见。他在京华欣赏那恶鬼冤魂满纸的《地狱变相》。而板桥呢，偏跑去清馨似水的方外慈仁寺投宿。这真是命运对人才的捉弄！

慈仁寺位于广安门内，建于辽代，明初倒塌。明成化年间周太后之弟吉祥在此出家，又重新修建该寺。清初大学者、思想家顾炎武也在这儿住过，著书立说。板桥住在这儿，一方面可以缅怀先贤，追寻先贤游踪，另一方面，寄住寺院，食宿无忧。寺僧选择了一处干净的僧房供他下榻。他便以此为归宿之地，开始四处活动了。

上次的京师之行让他长了不少经验，这次他自如了很多。

板桥在燕京交友广泛。原因大致有以下几个：一是好友李鱓的推荐，二是扬州同乡的传扬，三是他本身不同于流俗的气质以及具有鲜明个性特征的字画所散发出的魅力。

为了寻找晋升的门路，他首先接触的是那批身世高贵的子弟，即所谓的"期门、羽林"诸子弟。这批人地位很高，又受过较高层次的教育，他们了解京师及大内不少秘闻，这对板桥或许有益。

说来这批官宦子弟也很可怜，身居京师，生活优裕，但由于受到思想的禁锢，几乎不了解京师之外的事情。可怕的保守势力，可怕的惰性传统，几乎窒息了这批高贵血统的子弟。他们听着板桥介绍江南开放的风气，那新的思想，新的事物，仿佛发生在一个他们不曾生活的世界，不禁惊叹起来。板桥很快成了他们获取奇闻趣事的教科书，郑板桥很快便征服了他们。

燕京是整个清朝的缩影，一帮利禄之徒，庸俗之辈汇聚于此，板桥的朋友杭世骏曾说："自吾来京都，遍交贤豪长者，得以纵览天下之士，大都稀章绘句，顺以取宠，趾相错关，其肯措意于当世之务、从容而度康济之略者，盖百不得一焉。"这是杭世骏对燕京的观感。板桥同他可以说是"英雄所见略同"。但是，他没有杭世骏那样的涵养，性子急躁就发而为"使酒骂座，目无卿相"了。此外，燕京是院画的中心，"四王"画风居于画坛的主导地位，板桥那种歪脖子跷腿的狂怪笔墨在这里是站不住脚的；另外又由于与板桥一起游玩的那些禁卫军官的子弟，因父兄出入宫廷、官场，了解上层的黑暗，包括那些头面人物的丑闻秽行，大家都风华正茂，携手同游时，每当交谈阔论时，激浊扬清，臧否人物。这样，板桥就招致了"狂名"，阻塞了干谒的门径。

本来打算一起出去游玩的迅即作罢；原本打算谈话的，就撤销了。那批公子哥儿们大多离开板桥，又去寻找别的刺激了。

幸而板桥还结识了允禧。他是康熙第二十一子，生于康熙五十年，十岁时，随康熙巡幸边疆，康熙很是喜爱他。此人早慧，聪明过人，喜诗，爱书画，很有文采，和板桥第一次见面的时候才十五岁。他很佩服板桥的才气，没有被他的狂妄所吓倒。虽然此次初会，两人交往不深，但心中对彼此都有很深印象。他在板桥后来的仕途生涯中，作用很大。

板桥失望了，他探索晋升的途径没有成功，反而落了一个狂名。他非常恼怒，仿佛被人耍弄了一场。天子脚下的京都，远没他想象的那般纯净，皇家标榜的爱惜人才，到头来也是一句空话。灯红酒绿，人海茫茫，自己何时才能出人头地？板桥感到迷茫了。他思念家乡，思念朋友，感到扬州格外亲切。

他望着寒风中摇曳的黄菊，看到地上一丛丛被寒霜冻死的曾经妖娆一时的花卉，一丝怜花、自怜的情感交织在心头。他回头看看案头上手抄的《花品》，本来是随便抄抄消遣的，现在却别具一番滋味。大概是文人的积习，每当此时，便会借笔来抒发自己心中的愤懑之情。板桥坐在案边，理纸抓笔，满怀激情地写下《花品跋》：

> 仆江南逋客，塞北羁人。满目风尘，何知花月；连宵梦寐，似越关河。金樽檀板，入疏篱密竹之间；画轲银筝，在绿箬红菓之外。痴迷特甚，惆怅绝多。偶得乌丝，遂抄《花品》。行间字里，一片乡情，墨际毫端，几多愁思。书非绝妙，赠之须得其人；意有堪传，藏者须防其蠹。

> 雍正三年十月十九日板桥郑燮书于燕京之忆花轩

令板桥最难以忍受的是庸俗的社会风气要把人的真性情磨砺干净。他在《自遣》中愤激地抗议："啬彼丰兹信不移，我已困顿已无辞。束狂入世犹嫌放，学拙论文尚厌奇。"诗中说，我约束自己清狂的性格来对待世事，还被人嫌恶为"放荡"；我假装愚笨，不露聪明地评论文章，却被人称为"新奇"。这权当作是还击那些诬蔑之词了。阮元《广陵诗事》载板桥曾借韩愈解嘲的话，刻一方印："动而得谤，名亦随之"，亦可参证。

板桥原有的寻求事业的雄心和热情，在北京连连碰壁。他这时对仕途显出了灰心厌倦之情。写下了著名的《燕京杂诗》：

> 不烧铅汞不逃禅，不爱乌纱不要钱。但愿清秋长夏日，江湖常放米家船。
>
> 偶因烦热便思家，千里江南道路赊。门外绿杨三十顷，西风吹满白莲花。
>
> 碧纱窗外绿芭蕉，书破繁阴坐寂寥。小妇最怜消渴疾，玉盘红颗进冰桃。

当然，板桥虽愤激，仕进之心仍没有绝断。但是，他在这组诗中清楚地表示了他的鄙弃和追求，表示了他对家乡的思念，对闲居的向往。正由于他不奉道，不信佛，不爱官，不要钱，因而对高雅的精神生活追求不懈。全诗写得很潇洒，又带有点自负。诗中出现的"小妇"，当是板桥在京的相好。这只是我们的猜测而已。

板桥第一次到燕京时，四处碰壁。他既不善于"朝扣富儿门，暮随肥马尘"，讨人家的残羹剩炙，又不甘心就这么默默一生，布衣紧食，但却被人骂作"轻狂"。他因而思念水道弯弯的江南，思念荷红藕碧的家乡，思念倚门而望的妻儿。这时他写的《花品跋》就反映出他的这种情绪。

"衣裳检点不如归"，板桥终于南下回返。板桥承认自己这一趟旅游是"落拓而归"。

雍正五年，板桥客于通州。通州所辖地域相当现今的江苏长江以北泰兴、如皋以东地区，俗称南通州。据《刘柳村册子》，知板桥与通州李瞻云及其父亲交往较多。

从雍正二年到雍正五年，板桥在淮北江南，秦陇赵燕一带游览。远游丰富了他的艺术创作，获得了社会的接受；远游使他结交了新的朋友，也使他增长了见识。所见所闻再加上结合学习经史的心得，他愈发深刻地认识现实。这一时期，他写出了《悍吏》《私刑恶》这样针砭时弊的力作。《私刑恶》揭露了胥吏用私刑逼"盗"追赃，使很多不幸者受牵连的残酷行为，"本因冻馁迫为非，又值奸刁取自肥"，客观、真实地叙述了百姓被逼为"盗"的原因。作者对此深表同情。但他对封建制度又有所回护，认为"官长或不知也"，显露出思想

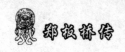

深处的矛盾。

如果说《私刑恶》还是借对历史上的魏忠贤进行谴责而针砭官吏私设公堂、迫害良民的罪行，《悍吏》则是直接描写现实，写出了阶级对立的情况，具有深刻的思想意义：

> 县官编丁著图甲，悍吏入村捉鹅鸭。县官养老赐帛肉，悍吏沿村括稻谷。豺狼到处无虚过，不断人喉抉人目。长官好善民已愁，况以不善司民牧。山田苦旱生草菅，水田浪阔声潺潺。圣主深仁发天庚，悍吏贪勒为刁奸。索逋汹汹虎而翼，叫呼楚挞无宁刻。村中杀鸡忙作食，前村后村已屏息。呜呼长吏定不知，知而故纵非人为！

板桥通过刻画悍吏下乡搜刮的情景，揭露了悍吏残酷压迫剥削百姓的罪恶，对县官的伪善加以抨击，代老百姓呼喊了痛苦，爱憎分明。尤其是他提出了"长官好善民已愁，况以不善司民牧"的观点。他认识到在当时的社会制度下，不管官吏是清还是贪，都不会让老百姓安宁。显然作者继承了杜甫和白居易批判现实主义的优良传统，这是十分宝贵的。但是，板桥对"圣主"还抱有幻想，有意回护，又反映了时代和阶级的局限性。

3. 闭门苦读

燕京之行，板桥苦恼透了。仕途上未找到发迹之路，灵魂上，也未找到西方净土。他又突然觉得燕京那般陌生，那般狰狞，他满目悲凉中透露出愤懑，决然南归。

没人知道或者算得明白人生的旅途之中到底有多少厄运、不幸。顺利中往往是一顺再顺，厄运也不来捣乱；如果是在逆境中，这可恶的厄运则毫不留情，往往是再三光临，甚至守在你的门前不走，非叫你吃尽苦头不可。

板桥大约便是没有走后门给厄运送礼的缘故，这厄运一直附着他。使他拼尽全力也无法摆脱它。

科举，这个怪圈，人们知道一旦陷进去必然会被其捉弄，但还是自愿上钩。有的人本来十分痛恨它，但曾几何时，还是兜了一个大圈子，又一头扎了进去。它似乎有股魔力，当年的士子，有几个不翻着筋斗随着它转来转去？

板桥经过几年的闯荡，探索了各种各样的人生道路，最终，也没有摆脱这个怪圈设下的劫数，又乖乖地转了回来，重新钻了进去。是受儒家思想的支撑还是由于现实生活的影响呢？

这真是个人奋斗失败的悲哀，也是追求个性解放失败的结局。

不过当年的板桥却不这么看待。多年来，他一直因为功名仕途而悬着一颗心。他认为大丈夫应当立功天地，字养生民，处而正心诚意，出而致君泽民，唯有如此，才堪称得上大丈夫。他反对那种只指望中举人、中进士做个小官，弄几个钱养活妻儿的庸夫之见。然而，他徒有那么高的见识和伟大抱负，却不能如愿。科举的门偏偏将其拒之门外。他曾试图偏师侧攻，但两次京师之行均以失败告终，探路扬州，也几乎灭顶，眼看已近不惑，不立地恐怕难以成佛，便下定决心重新读书应对了。

板桥自离开洞庭回来之后，于雍正五年春天又去了一次南通州，游了白狼山。书画家丁有煜，号称个道人，还有如皋画家姜文载以及仓园的主人汪之珩等是他在那儿结识的。板桥对南通州印象特别好，每次来都要留住一段时间，直到晚年仍然这样。

雍正六年，是板桥一生中很有纪念意义的年份。年届三十六岁又重新开始了他的读书生活，当时板桥的心情，是难以简单用悲、喜等字来形容的。

板桥把读书地点选在兴化天宁寺。

他之所以选择来这里读书，可以从这么几个原因考虑：其一，天宁寺环境安静，能摆脱家庭琐务，专心读书。其二，寺庙的斋饭较便宜，对这个穷秀才来讲，负担得起。其三，板桥一生爱与和尚交朋友，天宁寺中有他亲密的朋友。

读书是为了集中精力攻读经书，研习制艺，以参加乡试。清统治者采取"恩威并用"的政策，注重科举制度，笼络知识分子，于是当时社会上颇以考中进士、举人为荣。前面已分析过，板桥是自始至终热衷于科举的。他在这个时候，寄寓天宁寺攻读经书，就不会觉得不可理解了。

不过，板桥对八股文的态度颇出人意料。八股文格式严谨拘板，内容限制狭窄，束缚着人的个性、感情的抒发以及形象的思维，因此，往往为一些古文学家所不齿。明末清初思想家、学者顾炎武觉得焚书之害都不如八股文的危害之大。他与黄宗羲等人痛矫时文之陋，主张治学"经世致用"，当摒弃虚伪方面、追求实实在在的东西，改变这种风气。板桥生性豪迈狂放，对古文如《左传》《史记》又极热爱。而且都研究得甚是仔细，按理说他应该拥护顾、黄的主张，反对八股。然而事实上他爱好八股文。《板桥自叙》中说："明清两朝，以制艺取士，虽有奇才异能，必从此出，乃为正途，其理愈求而愈精，其法愈求而愈密，鞭心入微，才力与学力俱无可恃，庶几弹丸脱手时乎？"简直是拿着鸡毛当令箭一般。在板桥的行囊中，有两本书是他必备的，一本是徐渭的《四声猿》，一本就是方百川的制艺文。方百川是清代成就最高的八股文学家，郑板桥从青年时期就把他作为崇拜对象了。天宁寺读书时期，除了读经书外，板桥很多时间都用来练习八

股文了。

苦读中的板桥不知道，南沙蒋廷锡，这位宫廷大画家，正被加官晋爵，封为大学士，而他的同乡李鳝被排挤出了宫廷画院，游荡江湖，此时正要进入扬州。

高凤翰似乎还不认识李鳝，对他的遭遇当然更不知晓，此时正满怀希望走向宫廷，于圆明园朝见雍正，被授修职郎去歙县当县丞。他岂知灾难就在眼前。

黄慎于去年把老母接至扬州，此时正以一名名画师的身份悠然自得地征服扬州人。

春天，板桥邀幼时同窗好友陆宗于、徐白义等，来到扬州天宁寺一起读书。

这个地方，环境幽静，气候宜人，很适合人集中精神看书。

三人结伴而读，可以相互提问、议论、驳难，过得有滋有味。读得烦了，便坐下来聊天，甚或写字、作画，或作几句打油诗开心一下。

经书的背诵本来就乏味枯燥，而且他们都不是很年轻了，记忆力不似以前了，往往读上几遍，还是记不住。板桥情急之中，出了个竞赛的点子来提高大家的背书效果。他们从市坊上买来印格纸，每天在上面抄默经书，日默三五张，有时会写到十来张，有时兴致所至，甚至可以默抄二三十张。这样可谓一举三得，书也背了，记忆力也得到锻炼，而且还练习了书法。况且，也可以读书之余换换脑子。三人悠然自得地坚持了下去，不到两个月的工夫，便胜利完成目标计划。最后的完成者出钱请酒，三人在大笑中互相庆贺，互相祝愿，个个都似几岁的小孩一般开心。

板桥默写的："语句之间，实无毫厘错谬。"这足以说明他的诵读的辛勤而且十分流畅。

板桥不仅能默写经书，而且看经书也自有自己的见解。他认为"讲理学者，推极于毫厘分寸，而卒无救时济变之才。"雍正年间，南京孔庙的围墙曾经让风雨摧倒了很大一片，板桥借题发挥，说是因为"金陵城中龌龊秀才满坑满谷"，"辱被圣门"，孔子才"毁墙以示驱逐之意"。

另外，在读经书的时候，板桥还有一个十分特殊之处，就是他不但钻研经义，而且学习经书就跟学习文学作品似的。《板桥自叙》中说："有时说经，亦爱其斑驳陆离，五色灿烂，以文章之法论经，非《六经》本根也。"这同南朝刘勰《文心雕龙》宗经之旨有了相似点了。

再次进入扬州后的最大收获，还是在艺术上取得的，他的狂怪个性很适应扬州那里开放的风气、先进的观念。尽管统治者拼命提倡、推行董其昌和赵孟頫的书法，但他不欣赏。他觉得，天下的士子都学董、赵的书法，这是扼杀人的个性的做法。他本人虽写得一手漂亮的欧阳询体，但他不满足，觉得他的个性并不能完全发挥出来。他对历史上的书法家进行筛选后，觉得怀素、黄山谷的书法最合他的心思。他两年前就开始学习怀素狂草了，现在开始学黄山谷的书法了。山谷书融有禅意，潇洒透脱，纵横裕如，结构上中宫紧敛，撇捺外放，状如辐射，似竹枝横斜，似兰叶摇曳，似船翁荡桨，变化多端，令人称奇。他广泛搜集黄书碑帖，《松风阁》《诸上座》《李白忆旧游》《范滂传》等，这些成了他的必备的字帖。他试着把怀素和山谷二家书法糅合一起进行创作，开始虽然并没有很快成功，却在慢慢改观。

绘画，他已不满足郑所南、陈元素二家了。他喜欢上了徐渭、石涛和八大山人。

他十分佩服这几个人的身世经历及艺术造诣。扬州是石涛的长居之地，他的履迹处处。他留下的真迹也很多。在扬州，凡有声望、地位之家，若没有收藏石涛的画作那是很令人遗憾的。当然，板桥爱他们三家，主要是佩服他们的创新精神。他早已不满当今画坛的正统派如"四王"等。对那种一味摹古、陈陈相因，不敢越传统一步的画奴思想，他曾痛骂过。而今，他觉得，光骂是无济于事的，重要的是以创作来树起旗帜，这种反叛最实际也最有效。

从《四子书真迹序》看，此时已把真、隶杂合起来另有行草之风，初步具有了"六分半书"的面目。

什么叫"六分半书"呢？傅抱石先生在《郑板桥集序》中说："大体说来，他的字，是把真、草、隶、篆四种书体而以真、隶为主的综合起来的一种新的书体，而且又用作画的方法去写。"此话最得正解。"分书"，即隶书，又称"八分书"。顾名思义，"六分半"即是使书体介于隶、楷之间，而且隶的成分重于楷，这样就不足八分。这当然是"无古无今独逞"的了。艺术最可贵的是有个人风格，而要达成这种境界，是需要痛苦的创作过程的。相传板桥一度苦于自己不能创新书法，夜里睡了还在琢磨笔法，用手指不知不觉地在妻子的背上乱画。他的妻子惊醒后埋怨道："我有我的体，你有你的体，人各有一体，你尽在我的体上画上什么？"妻子无意中讲的话，对于板桥来说，无异蕴含禅机的当头棒喝。就这样，他坚持"郑为东道主"，创造了"六分半书"。这样的传说显然很不可靠，但是板桥在书法上创立个人的风格，摒弃旧的习俗，是经历了痛苦的"脱胎换骨"的过程，这一点是不用怀疑的。

这种"脱胎换骨"，发生在天宁寺读书期间。

板桥变体，乍看，仿佛出于盲目性和偶然性，其实，这存在着必然性。首先，这种变，是以扎实的功力作为基础的。板桥的学识，人品修养，笔墨技法水平都很高了，这样就有了求变的基础。其次，求变，这是板桥的一贯思想。他的

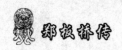

性格是属于创造性的，常规总要被不停地改来变去。尤其是变乱动荡的生活，坎坷不平的人生，促成了他那不守常规、标新立异的个性，他不乐意追寻古人因循守旧。因此，他的变体又是必然的。

在中国艺术史上，出现了独树一帜的崭新的书体——板桥体！

板桥体的书体仿佛是作为了改变复古守旧之风的旗帜，在碑学、帖学方生未生、方死未死之际，超前诞生了，在书法这门古老艺术中刮起了一股清新活泼之风。

四、乾旋坤转

1. 内忧外患

雍正六年，板桥与李鱓、黄慎终于相会了，相会的地点不是在官家的艺术殿堂，而是在方外佛地——扬州天宁寺，此时，李鱓已四十三岁，黄慎四十二岁，板桥小于他们，却也有三十六岁了。

李鱓这位二十六岁中举早达的士子，可谓幸运。在二十八岁那年，于古北口献诗给康熙大帝，得到赏识，让他在宫中担任职务，被命向宫廷画家蒋廷锡学徐熙、黄筌一派花卉。李鱓聪明有悟性，而且少年得志，可谓一帆风顺。然而，人生犹如梦幻，变化无常，才高遭嫉，不几年，李鱓由于生性耿介，不随流俗，遂由宫廷排挤出来，堕入了现实。康熙末年，他带着满腔悲愤，单枪匹马离京，卖画为生，纵情声色，落拓江湖，以此来驱遣他心中的巨大苦闷。

不过在逆境中往往造就成人才。李鱓离京转入逆境，政治上当然是一大失败，却极大地促进了他在艺术上的发展。江湖风雨，人世百态，对李鱓来说，可谓是重新补上的人生一课。对他来说这一课是那么的重要。他的艺术，一下子从宫廷画风中脱离出来，具有了江湖的野味，泼辣恣肆，简直是宫廷画风的反动。试想，他的经历和思想如果不发生变化，他在艺术上的成就可能就平平了。

而今，像有一样什么东西在召唤，李鱓来到了古城扬州，与昔日老友欢聚一堂。

乾旋坤转，历史撮合，有多少机会被错过，而今总算走到一起来了。

这三个人可能在当时没人会想到，他们日后成了搅翻扬州画坛乃至抗衡整个神州画坛的艺术怪人。

夜间，文思上人在方丈内摆上画案、文具，焚上香，泡了名茶，几个画友高谈阔论起来。

这几位来自天南地北，生性不同，道路各不相同的艺术家受命运、历史的影响拉到一起来了。命运既捉弄他们又成全他们，历史既试探他们又抚育他们，这可真是奇怪啊！

天宁寺聚会后，板桥将复堂的话铭记心中，除了读书便专心于创作兰竹。他觉得，黄慎的人物画，非同寻常，很难去和他抗衡；复堂花卉奇笔异思，偏师独出，且题材广阔。本人在山水人物上都不精，只习花卉一道。但复堂已很有成就了，只己苦想成功比较费劲。他想，自己作画，没有专门拜过名师，更未经过科班训练，画路宽了，乃超出自己能力范围了。与其博而不精，不如精而不博，从自身条件出发，走专精的路子，或可能有所成就。他因而下定决心，专攻兰竹，画不惊人死不休！

社会稳定还没几天就又变了样了。康熙大帝死后不久，皇权就被雍正帝控制在手了。社会又把它推上了独裁专制的战车。雍正七年，他在朝中设立军机处，使之成为处理全国军政大事的常设核心机构。皇帝拥有军机处的裁决权，皇帝加强了其独裁统治。

雍正时期广兴文字狱。他觉得，这样一来，人们就不再乱讲话了，他的思想统治将会加强。雍正七年，又制造了一场骇人听闻的惨案。因湖南人张熙书中涉及时政，被审后供出系由其师曾静所使。便将曾、张解京，九卿会审。曾静则招供说自己观点的形成是因为读了老师吕留良的书。这还得了！吕留良系清初著名思想家，明亡后，誓不为清效力，郡守曾以隐逸之士上荐，他居然以出家来对抗。在康熙二十二年，他已去世，至此时已四十余年，他的书的威力竟然如此强大！雍正帝发怒了。他下令开棺戮尸，诛灭其族！朽骨何辜，遭此巨创？后人何辜，被这般残害？

这位嗜杀皇帝公然诌出一篇《大义觉迷录》，并颁之天下，妄图以此来圈囿国人思想，因为他也明白思想的传播不会在屠刀威胁下完全杜绝的。又下诏谕宣布："天无二日，民无二主，乃天经地义。"他以为这样一来天下的人会乖乖听他的话了。历史的时空转换，闹得连皇帝的头脑也蜕化得如此厉害，简直不可思议！

全国的政治文化到这种地步，仍有一些科举士子，在做着好梦。

高凤翰此时正走在去皖江赴任的道上，并时而拿起画笔画上几幅，兴趣

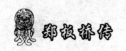

益然。

李方膺则随着父亲来到燕京，诚惶诚恐地去朝拜雍正帝，皇帝赐予他个乐安知县的头衔。

命运就是这样的神秘莫测，它在不知不觉中把你带进旋涡，而你却仍以为在做着什么美梦一般。

板桥此时呢，并不十分清醒，但他对社会的失态，似乎有一种主观预感，尽管有时只是出于直觉，但已预感到未来的风雨。

燕京之行，沿途所见，燕市所闻，江西之游，人间疾苦，民间生活的艰辛，这一切让板桥直接认识了这个悲惨世界。他本人日见成熟，思路开阔，恐怕一些复杂的政治宣传也不易抹去这些活生生的印象。况且，他也时刻为他的怨，他的恨，他的苦，他的悲，受着煎熬，使他必须要看清楚这个世界。思想深处的矛盾又时时困扰着他，使他不得不认真思考着社会、人生的诸多问题。在他脑子中，经常翻江倒海闹腾得最凶的，是对于人的命运的思考。老农夫、老渔翁、老樵夫、老头陀、老道士、老书生、小乞儿、老妓女……他们也是有血有肉的人哪，他们也有喜怒哀乐、七情六欲，然而，他们的命运……

来到天宁寺读书，本来是为科考作准备而发愤苦读的。谁知一静下心来，越读书，越接触古人，头脑思路越清晰，就越能集中思考现实的人的命运的问题。他有时想摆脱它，但结果却适得其反，最后，索性将它都整理个头绪出来。到这时，他的创作冲动达到高潮。他迫不及待地用民间曲艺形式来表现世间小人物的悲欢，写下了这一段开场白，当作小序：

> 暑往寒来春复秋，夕阳西下水东流。将军战马今何在？野草闲花满地愁。列位晓得这四句诗是哪里的？是秦王苻坚墓碑上的。那碑阴还有《敕勒布歌》。无非慨往古之兴亡，叹人生之奄忽，凄凄切切，悲楚动人。那秦王苻坚也是一条好汉，只因不听先臣王猛之言，南来伐晋，哪晓得八公山草木皆兵，一败而还，身死国灭，岂不可怜！岂不可叹！昨日板桥道人授我《道情十首》，倒也踢倒乾坤，掀翻世界，唤醒多少痴聋，打破几场春梦。今日闲暇无事，不免将来歌唱一番，有何不可。

他作完序不禁笑起来。自己有什么力量去"踢倒乾坤，掀翻世界"？就说打破春梦吧，自己却还陷于春梦之中呢？嗨！人们往往是不能挽救自己，却偏去救别人，去唤醒别人，自己呢，往往正在梦中。想到这，他脑子里陡然出现了老渔翁、老樵夫、老头陀、老道人的形象，他们那才叫做超然，不问世间事，不追求功名利禄，靠自己的双手，来讨生活，它仿佛一剂清凉散为世间名利之人而开。

由此他想到了一生淡泊的老师陆种园。这是一个十分鲜明的对照。老书生在教馆教课，学生们有的高中，跻身仕途，而老书生仍蓬门僻巷授几个蒙童。等到那些贵极一时的学生由喜转悲，被降职贬位时，老书生仍是老书生，却无此失落之痛。他觉得人生以不变应万变，自甘淡泊，宠辱不惊，那样人间的许多麻烦都不会存在了。他提笔写下了"老书生"一首。

板桥就这样一边思考一边创作。他从古至今在历史的故纸堆中挑剔着、爬摸着，总觉得有一股荒淫灭亡之气从书缝中透射出来，历史越发展，这味道就越浓烈，直到他所处的社会，他觉得气味都是断续相连的。他对这种现象没有办法完全解释清楚，但他隐隐感到，在冥冥中历史似乎向他昭示：孔明枉作那英雄汉，早知道茅庐高卧，省多少六出祁山。历史人物的最终结局终究是挡不住历史前进的车轮：一个个王朝垮台了，一顶顶王冠飘落了，而现在，又会如何发展呢？他不敢再想下去，也不能再写下去了。便干脆写下了一段结尾：

> 玉笛金萧良夜，红楼翠馆佳人，花枝鸟语漫争春，转眼西风一阵。滚滚大江东去，滔滔红日西沉。世间多少梦和醒，惹得黄粱饭冷。你看前面山头上隐隐吹笛之声，想是板桥道人来也。乘此月明风细，不免从他唱和追随，不得久留谈话，列位请了。

写完之后板桥觉得十分超然轻松。

然而，这位聪明透顶的板桥，又怎会超脱了呢？

当他在读书时，江都瓜州一带闹起蝗灾，蝗虫漫天飞舞，黄雾蒙蒙，太阳都快被遮住了。蝗虫过后，一片劫后惨象，田里没有一点青色，连野草都被扫荡干净。农民们呼天号地，悲痛欲绝，扬州四周充斥着哭声、祈祷声。与农民有着深厚感情的板桥，心头涌起了酸苦的波澜，他已不能再在天宁寺安静地待下去了。他几次拉着朋友前去灾区踏戡，他也清楚地知道，他的廉价的安慰对农民无济于事，但他又有何能力去解民倒悬之苦呢？他担心农民的命运，更气愤官府的无动于衷。仅此而已，他又能起何实际作用呢？

沉痛之下，他拿起笔来，他要用手中的笔，记下农民的苦乐，揭示农民的命运，也许可以打动世人，引起当权者的注意，至少自己的良心也可以得到一些

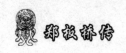

慰藉。

在《田家四时苦乐歌》中，他把多年来对农民命运的探索，对农民苦乐的感受尽情地加以表露。灾荒，劳累，他觉得这还不足以表现农家之苦，官家的欺诈才是最痛苦的。因而在歌中他对之作了无情揭露：

> 霜穗未储终岁食，县符已索逃租户。更爪牙常例急于官，田家苦。

封建社会中，一位正直的有良心的知识分子，所能为农民做的也只有如此而已：拿起笔来为民呼喊几声。尽管它很微弱，但它毕竟是一种声音。

板桥毕竟是板桥，一方面飘然出尘，一方面两眼紧盯泥土，在这相互矛盾的心理下他的生命在燃烧，踏着这种不协调的节拍跳舞。他一边弹奏着他的诗词，一边又对着泥土在讴歌。

大千世界，万物生生不息，物种繁衍，新陈代谢，世界才得以存在发展。然而，生物界的生存竞争，也是激烈的。自然界如此，人类也没什么区别。死死生生乃一自然规律，没有人可以改变。古之达人，生不喜，死不悲，可谓无比超脱。果真如此吗？庄子妻死，鼓盆而歌，可谓放达，但他在自己文章中对社会仍在无情地加以批判，还是说明他还没能跳出人类情感的圈子，故而有人怀疑他同妻子的情感并不那么好。倒是陶潜，他才是真真正正超然面对生死，他说："亲戚或余悲，他人亦已歌。死去何所道，托体同山阿。"其实，他说的都是大实话。虽然已届暮年，他仍然珍爱生命，不然，何苦去乞食呢？

人类，也有极特殊的人物，将自己封为天的儿子，凌驾于众人之上。他可以根据自己的喜或厌，判定众人的生死，几千年的历史中，竟被视为天经地义，难道这不叫人觉得奇怪吗？这不是物竞天择！也不是社会规律。然而在社会的历史和现实之中它却实实在在地存在着。

雍正八年，雍正皇帝，这位"天子"发怒了，原因很简单，也可谓荒唐。翰林院庶吉士徐骏，因为读书时，风过页翻，感到烦心，便随手写下两句诗："清风不识字，何故乱翻书。"这下被人告发，说是影射大清，便惹来了灭顶之灾。游戏诗文以至丢了脑袋，令人叹为观止。按此逻辑，当年如果有人说"小便清"，恐怕也难逃雍正帝之手。可惜无人举报，不然，历史又添奇闻一桩。

然而，正如陶潜所说的"死去何所道"，雍正帝一边杀着人，一边又在官员帽子上做些文章。他觉得原先官员帽顶不阔气，现在要修改一下。他下诏宣布：一品官珊瑚顶，二品官起花珊瑚顶，三品官蓝色明玻璃顶，四品官青金石顶，五品官水晶顶，六品官砗磲顶，七品官素金顶，八品官起花金顶，九品、未入流起花银顶。

这位皇帝，不重视人的脑袋却那么注重人的帽子，真是颠倒、滑稽。

一边杀人头，一边品帽子，偶尔会提拔两人。允禧就是。他今年刚好二十岁，当年因年龄小，未卷入诸皇兄之间争权斗争的漩涡，大了偏是书生，倒是对雍正没有什么损碍。故雍正帝为了掩盖他的同类相残的丑恶嘴脸，十分关照允禧，一年之中对他提了两次官。由晋贝子，以至贝勒。

不过这一年，对板桥来说都没有什么好兆头。上一年正赶上乡试，板桥没有去参加。他心里烦死了。他写了一首《自遣》诗，想排遣一下胸中的苦闷：

> 啬彼丰兹信不移，我于困顿已无辞；
> 束狂入世犹嫌放，学拙论文尚厌奇。
> 看月不妨人去尽，对花只恨酒来迟；
> 笑他缣素求书辈，又要先生烂醉时。

古人说："抽刀断水水更流，举杯销愁愁更愁。"苦闷、愁肠是难以消除的。这苦闷，无疑会对他的读书产生影响。而更使他愁上加愁的是来自家庭的苦恼。妻子徐氏，自打他二十三岁过门以来，十几年生活困顿，日子过得极为艰难，他赴扬州后，长年在外漂泊，顾不了家，是徐氏只手撑天，操劳着家庭巨细。这样十几年的辛勤操劳，徐氏身体每况愈下，垮下来了。板桥返家见此情景，心中黯然，他实在很对不起妻子。对板桥来讲，堂堂五尺男儿，没取上什么功名也没有能力养家，真是太具讽刺意味了。好在乳母费氏还在，她帮助徐氏料理着，这个家还能勉强维持下去。

2. 《道情十首》

由于扬州卖画的不景气，由于板桥出游的开支和夫人的多病，板桥的家庭又一次陷入困顿之中。这个时候，他谱写了《道情十首》，那年是雍正七年，他三十七岁。

道情缘起于唐代的《九真》《承天》等道曲，用道教的事来宣传出世的思想。南宋时开始用渔鼓和简板作为乐器来伴奏，因此也叫"渔鼓"或"鼓儿词"。明清之后，流传广泛，题材也有了创新，在各地同民间歌谣相结合而发展成许多种曲艺，演唱者也不一定是道士了，会唱道情的在板桥家乡有很多人。板桥《道情十首》是流传极广、脍炙人口之作，乍看很平淡通俗，但他是

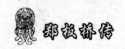

修改了无数次，历经十四年才定下稿来，由门人司徒文膏刻板后，不知怎么传了出去，和尚乞儿在唱，樵夫道士在唱，诗人墨客、王侯卿相也在唱。不仅风靡当时，而且至今仍在流传着。鲁迅先生在《怎么写》一文里，对《道情十首》也给予了好评。

有人会问，为什么会在那样苦闷、奔波的环境下，板桥可以沉浸到如此苍茫、淡泊、静谧的境地？其实这两者之间并不矛盾。如果说，板桥三十岁左右所作《七歌》是抢天呼地，长歌当哭；那么，三十七岁时所作的《道情十首》则充满了悲极的抒发，对穷途的解脱，何况《道情十首》是在十四年漫长的人生旅程上不断地琢磨与凝练的结晶，而且随着阅历的增加，经过无数的变故和挫折，板桥的出世思想也就日益浓厚，《道情十首》正是这种思想发展的轨迹。现将《道情十首》搬录一下：

枫叶芦花并客舟，烟波江上使人愁，劝君更尽一杯酒，昨日少年今白头。自家板桥道人是也。我先世元和公公流落人间，教歌度曲。我如今也谱得道情十首，无非唤醒痴聋，销除烦恼。每到山青水绿之处，聊以自遣自歌。若遇争名夺利之场，正好觉人觉世。这也是风流世业，措大生涯。不免将来请教诸公，以当一笑。

老渔翁，一钓竿，靠山崖，傍水湾；扁舟来往无牵绊。沙鸥点点轻波远，获港萧萧白昼寒，高歌一曲斜阳晚，一霎时波摇金影，蓦抬头月上东山。

老樵夫，自砍柴，捆青松，夹绿槐；茫茫野草秋山外。丰碑是处成荒冢，华表千寻卧碧苔，坟前石马磨刀坏。倒不如闲钱沽酒，醉醺醺山径归来。

老头陀，古庙里，自烧香，自打钟；兔葵燕麦闲斋供。山门破落无关锁，斜日苍黄有乱松，秋星闪烁颓垣缝。黑漆漆蒲团打坐，夜烧茶炉火通红。

水田衣，老道人，背葫芦，戴袱巾；棕鞋布袜相厮称。修琴卖药般般会，捉鬼拿妖件件能，白云红叶归山径。闻说道悬岩结屋，却教人何处相寻？

老书生，白屋中，说黄虞，道古风；许多后辈高科中。门前仆从雄如虎，陌上旌旗去似龙。一朝势落成春梦。倒不如蓬门僻巷，教几个小小蒙童。

尽风流，小乞儿，数莲花，唱竹枝；千门打鼓沿街市。桥边日出犹酣睡，山外斜阳已早归，残杯冷炙饶滋味。醉倒在回廊古庙，一凭他雨打风吹。

掩柴扉，怕出头，剪西风，菊径秋；看看又是重阳后。几行衰草迷山郭，一片残阳下酒楼，栖鸦点上萧萧柳。撮几句盲辞瞎话，交还他铁板歌喉。

邈唐虞，远夏殷。卷宗周，入暴秦。争雄七国相兼并。文章两汉空陈迹，金粉南朝总废尘，李唐赵宋慌忙尽。最可叹龙盘虎踞，尽销磨燕子春灯。

吊龙逄，哭比干。羡庄周，拜老聃。未央宫里王孙惨，南来薏苡徒兴谤，七尺珊瑚只自残。孔明枉作那英雄汉；早知道茅庐高卧，省多少六出祁山。

拨琵琶，继续弹，唤庸愚，警懦顽；四条弦上多哀怨。黄沙白草无人迹，古戍寒云乱鸟还，虞罗惯打孤飞雁。收拾起渔樵事业，任从他风雪关山。

风流家世元和老，旧曲翻新调；扯碎状元袍，脱却乌纱帽，俺唱这道情儿归山去了。

道情写得漂亮优雅，富于韵味，前六首通过描写渔翁、樵夫、头陀、道人、书生、乞儿、板桥自己、父亲立庵公、老师陆种园先生、无方上人等的形象反映了当时的民间生活。后四首写历代兴亡，反映了作者所认识下的封建统治阶级内部互相倾轧、争权夺利的丑恶面目。这十首道情充满了出世思想。板桥在《瑞鹤仙·官宦家》中说："霎时间雾散云消，门外雀罗张径。"在《念奴娇·孝陵》中说："蛋壳乾坤，丸泥世界，疾卷如风烛。"与《道情十首》的思想是一致的。但实际上，板桥并不是不想出世，但由于生活所迫，人事的杌陧，自己"立功天地，字养生民"的理想得不到实现，只得退而期与渔夫农夫没世罢了。

这个时期，除了偶尔外出游览和回兴化小住外（如天宁寺读书），他主要还是住在扬州。那儿成了他的第二故乡。他常和一些书画朋友游玩于虹桥、瘦西湖、平山堂一带。坐落在蜀冈中峰大明寺西南角的平山堂，可以说是登临纵目的极佳地点。北宋庆历八年（1048 年），欧阳修到扬州来做官，在这儿筑下了平山堂，作为游宴之所。因为从这里望去，唯见江南诸山拱揖栏前，若可攀跻，故取

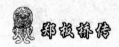

名"平山堂"。板桥《赠潘桐冈》云："十千沽酒醉平山。便拉欧苏共歌泣"，是对自己生活的真实描写。

板桥三十九岁时，与他同甘共苦的夫人徐氏病殁了，他又一次遭受了失去亲人的打击。第二年，板桥就要参加南京的乡试，是检验他数十载寒窗苦读的成果的日子，而命运却抢先一步夺去了他的妻子，这令他终生痛苦不已。他在五十岁任范县县令时还刻了一印："常恨富贵迟"，我们结合他的《贫士》诗："待我富贵来，鬓发短且稀，莫以新花枝，诮此靡芜非。"可以理解此"恨"实是包含了对妻子的深情。

给妻子办丧事得花销一些，又没能卖出字画去，这年冬天，板桥的家境极其困难；他只能裹着亡妻生前补缀过的破裘御寒。除夕前的辞年祭祖，也只有一瓶白水可供。眼看要到了乡试的日子，哪里有盘缠呢，又没人肯借钱给自己。但是，倘若放弃这个机会，那么他数十载的辛苦岂不白白浪费？他"致君泽民"的抱负又如何可以施展啊？他被这希望与痛苦苦苦折磨着。

人在困难的时候，往往容易想入非非，总希望能有人伸出友谊的手来，帮助自己一下。他想来想去，最后他想起了汪芳藻，原先是兴化县教席，很欣赏板桥的才华，曾有过往来，不过板桥去扬州后，他们之间的交往变得少了。板桥回到家，听人说汪芳藻新近已升任县令，就没有贸然去拜访他。人们是很了解板桥的怪脾气的，他不轻易去巴结人，更何况汪已升县令，虽然他们以前认识，但很多人现在一富了，就不认原来的穷朋友了。他会不会变，贸然去了，若落个自讨没趣，实在不值得。考虑了一下，他没去。眼下，已到山穷水尽，又听人说，汪荣升后，对穷朋友们很照顾，板桥内心几番斗争后，决定先试探一下，于是便写了二首诗托人递给他。诗写道：

> 琐事家贫日万端，破裘虽补不禁寒。
> 瓶中白水供先祀，窗外梅花当早餐。
> 结网纵勤河又沍，卖书无主岁偏阑。
> 明年又值抢才会，愿向秋风借羽翰。

见诗后汪芳藻心中很是不安。他想，像板桥这样的人才，邑中少见，况又性格耿介，不会轻易向人求援的，若不是到了日暮途穷的地步，是不会除夕前来。他自感平日对邑中才士关照不周，十分惭愧。于是，他立即令人取来大包银两，足足有二百两之多，并写了一信，差人送到郑家。

板桥让人拿走诗文之后，才突然觉得很冒冒失失的，大除夕的去打扰别人，实在有点不够礼貌。正当他心境不宁之时，突然听到有人叩门，忙去开门，见是县衙来人，赶紧让进屋来，来人取出银两，说明来意，道了几句新年祝词后，便告辞离去。

对于板桥来说，县令赠银，不仅是物质上的支持，并在精神上对他更是一种鼓励。板桥终于雄心勃勃地踏上了南京乡试的征途。

第四章 仕途金阶

一、金陵乡试

科举的规定是，每三年举行大比，逢子、午、卯、酉年为乡试年，逢辰、戌、丑、未年为会试年。乡试年，在省里举行考试，中试者为举人，第一名曰解元。会试在京师举行，中试者为贡士。第一曰会元，二甲第一曰传胪。皇帝在朝廷举行策对，称殿试，取一、二、三甲。

一甲三人，名为状元、榜眼、探花，赐进士及第。

二甲若干人，赐进士出身。

三甲若干人，赐同进士出身，

乡试时间为八月，会试时间为三月。都是在初九日首场，十二日第二场，十五日第三场。

板桥来到金陵，八月，秋高气爽的好日子。此刻，他的心情反而非常镇定。大概是几年的苦功没有白费吧，他轻而易举地连下三场，对试题还很有把握。出场后，又和几位朋友对一下，自认为差错并不十分大，才松了一口气。谁知这口气一松，他几乎倒了架，全身瘫软，几年来，他几乎耗尽了心力。他倒下后，整整在驿馆内睡了三天三夜。朋友们都被他吓坏了，他们日夜轮流守护着他，直到安然醒来，才知这是一场虚惊。

反正，已经考试完了，结果如何，到放榜时再说了。板桥决定游玩金陵。他约定几位朋友开始了他们的行动。

南京，古称金陵、秣陵、白下，又称石头城，背后是浩荡不息的大江，城里有钟山诸峰，地势险要，天然雄峙，素有"钟阜龙盘，石头虎踞"之称，为东南形胜之地，是人杰地灵的风水宝地。历代人才辈出，俊彦荟萃，文明为江南之冠。这里保存了大量的历史文物、古迹遗址，吸引了一代代骚人墨客前来凭吊、观览，不光留给南京许多慷慨悲歌的名篇佳作，同时，还为这一胜地增添了新的胜迹和轶事佳话，后人对此吟咏歌唱经久不衰。

板桥和同伴们约定，这回游览金陵，要寻出六代繁华旧梦，也要追究繁华衰落的原因，看能否看出什么名堂来。

板桥面对石头城遗址，不禁想起了唐代刘禹锡的名诗《西塞山怀古》，古今能有几人可以像他那样对历史进行那么深刻的理解和反思？是啊，即使孙吴把石头城筑得固若金汤，但哪里经得王濬的楼船呢？结果是"千寻铁锁沉江底，一片降幡出石头"。刘禹锡的历史眼光是何等深邃啊。人谋、谋人，从古至今，人们都在这里变着戏法，但到头来，人谋和谋人者又去了哪里？繁华也好，衰落也罢，都是因人之手。人的手还一边制造文明，一边又毁掉文明，这又是因为什么呢？人，真是一种不可捉摸的怪物！金陵，这座历经六代兴衰沧桑的古城，似乎其中隐含着有关人生、命运的令人无法琢磨的谜团。刘禹锡对它那么有兴趣也就不令人觉得奇怪了，距《西塞山怀古》诗作不到两年，他又专程至金陵考察了一番，留下了《金陵五题》组诗，其中又是作了探究的。《石头城》写得好！板桥随口吟了出来：

> 山围故国周遭在，潮打空城寂寞回。
> 淮水东边旧时月，夜深还过女墙来。

一路上走来，周瑜宅府邸仍在，这位"雄姿英发"的将军哪里去了呢？板桥在那门前伫立，沉吟良久，想到赤壁之战，周郎是何等的英武，可惜事业未就，中道崩殂，也断送了江东霸业的前程。

来到劳劳亭畔，一夜西风使昔日摇曳多姿、百态千媚的绿杨翠柳容颜顿改，衰枯不堪，萎黄的枯丝，带着无限的恨意和愁思，于烟雨之中哭泣。那凄凉的心绪也感染了这几位游人。不知是谁吟了李白的两句诗："天下伤心处，劳劳送客亭。"使得这凄凉的心绪中又杂入了几分哀愁。

此时，板桥也勾起了许多伤心往事。他默默地想着，半生奋斗，南北奔波，都是因名利二字，百般算计，万般谋划，到头来又有多少收获。想想历史上，劳劳亭边有多少送别的呆男痴女，不管是富达还是贫穷，现在又在何处呢？此次乡试，即使高中，那又怎样？看来乐达，倒真不如守穷，免去多少忧思、烦恼！

板桥和朋友们在方孝孺和景清祠前停立最久。这里离明孝陵很近，为紫金山所包围。面对二公祠，忆想他们的壮烈业绩，不禁肃然起敬。

这两位的一些文章和史料，板桥曾读过无数次，被其深深感动着，有时会放

声大哭。

史书记载说，方孝孺，字希直，一字希古，幼年聪明绝顶，曾拜大学者宋濂为师，宋门下知名之士皆出其下。善于写文章，醇深雄迈，每写出一篇，海内争相传诵。朱元璋曾对太子称赞他，却并没任用他。惠帝朱允炆上台后，才升为翰林传讲、传讲学士等。建文元年（1399年），燕王朱棣野心勃勃，以入京诛奸为名，进逼南京，发动了"靖难之役"。破了南京城后，方孝孺被捕下狱。朱棣召见他，要其御前草诏，他一口气回绝并将笔扔在地上，大骂道："死即死耳，诏不可草。"大义凛然，慷慨就义。留下绝命词道："天降乱离兮血泪交流，以此殉君兮抑又何求。呜呼哀哉兮庶不我尤。"他死的时候只有四十六岁。孝孺死后，诛灭受牵连户九族还不算，他的所有学生也被诛杀，共灭十族，死者数百人。这血腥的一幕着实震惊历史，令人发指！

景清，原姓耿，也是一位倜傥尚大节的人。官拜御史大夫。朱棣兵变夺权后，孝孺等被杀，景清却归顺了朱棣，仍做原来的官位。时人不解。其实他是别有用心的，他原与孝孺商定，共同殉节，见孝孺死，他临时改变了主意。一日早朝，他着红袍，将利刃藏于怀中入朝，准备刺杀朱棣。朱棣本来就怀疑他，早朝时，见只有他一个人穿红衣服，便命人搜其身，发现利刃，事败露，审问时，他大喊道："打算替建文皇帝报仇！"朱棣大怒，下令将景清"殛死，族亡"，并借其乡，又转相攀染，称为瓜蔓抄，整个村都被株连了。

朱棣，就这样从肉体上摧毁了方孝孺、景清。

板桥回忆到这儿，早已出奇愤怒，他随即口占一词，大声诵了出来：

乾坤敧侧，藉豪英几辈，半空撑住。千古龙逢原不死，七窍比干肺腑。竹杖麻衣，朱袍白刃，朴拙为艰苦。信心而出，自家不解何故。

也知稷契皋夔，闳颠散适，岳降维申甫。彼自承平吾破裂，题目原非一路。十族全诛，皮囊万段，魂魄雄而武。世间鼠辈，如何妆得老虎！

历史，包含了一切。这里有英雄人物的手笔，也有滑稽小丑的涂抹；这里有诚实正直的光亮，也有虚伪邪恶的黑暗。当然，历史会作出自己的判断，小丑终将现出真面目，邪恶虚伪的人终究敌不过正直诚实的忠臣。历史的公正之处就在于，它像一面无比硕大的镜子，世间百态都收录进来，把沉渣、精华全透视于内，供后人品评、鉴别、取舍。

站在方、景祠前，板桥的品评、鉴别、取舍如何呢？这恐怕又成就了一段历史。

后来的一段时间，他们又先后游了桃叶渡、莫愁湖、长干里、台城、胭脂井、高座寺、孝陵等。板桥对这座六朝古都进行了多角度探查。他看到的与寻到的不光是烟花迷梦，而是通过六朝的兴亡，从中理解到人事的兴衰，历史的转换，命运的主宰。他觉得这个大社会，在运转中，似乎有一种人所不能及的力量，很多事情人们根本改变不了。

板桥找到六朝繁华衰落的原因了吗？答案恐怕是模棱两可的。

乡试还没有出结果，干脆又奔向了杭州，以解多年神往之渴。

板桥在杭州灵隐寺西北巢构坞的韬光庵中借宿。传说这儿是唐代高僧韬光结庵修行的地方，是杭州颇有名气的佛地。环境幽静，完全没有世间的繁杂。庵旁山上有观海亭，伫立亭中，可远望钱塘江入海，亭柱上刻有"楼观沧海日，门对浙江潮"的诗联。曾有很多文人雅士游历至此，或住宿在这里。金农在杭州漫游时也曾在这儿落脚，同庵中琳长老相处很投机，有诗记之："隙尘抖擞上方眠，飞雨轩中暂息缘。试问蒲闭琳长老，可曾听厌满山泉？"

板桥于此投宿，众僧也非常欢迎他。除热情款待外，还陪同他游览，夜晚一起谈诗论文说禅，兴致到时还请板桥一展其书法功底。

表面放达的板桥，面对清凉世界，沉静之下，也不免生出悲凉之感。事业上，一无所成，家道又败落，新近丧妻，家庭几近破败，况此次乡试，迟迟没有消息传来，是吉是凶，尚难以预料，他在焦虑之中，常生出遁入佛门的念头，"我已无家不愿归，请来了此前生果"，这种思想在他当时所写的诗中明显透露了出来。

终于来了乡试的消息，板桥中试了！

四十年行将枯萎的花，才结出了青涩的果。四十年！人生能有几个四十年？又能承受几个四十年的苦难与折磨？板桥心中产生了一种说不清、道不明的感情。仙逝的父母、操劳的乳母、慈爱的叔父、故去的妻子、尊敬的陆种园师等，在这条路上为他付出了多少汗水多少心血，流下了多少眼泪，这张举人纸头，让他付出了多大的代价！

他此刻仿佛看到了全家得到消息后，悲喜的情况：乳母费氏老泪纵横，叔父省庵喜出望外，堂弟郑墨奔走相告，两个女儿则站在家门口，等着父亲归来。板桥不禁流下热泪。他奔上观海亭，眺望着北方，但除茫茫云山之外，什么也看不到。他又急步跑回下榻的僧房，开始写诗，似乎此刻他心中的复杂情绪只有用诗语来表达。喷涌的诗思不可阻遏，他一口气写成七律一首：

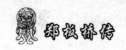

忽漫泥金入破篱，举家欢乐又增悲。

一枝桂影功名小，十载征途发达迟。

何处宁亲惟哭墓，无人对镜懒窥帷。

他年纵有毛公檄，捧入华堂却慰谁？

板桥决定，第二天去夜游西湖，亲自去体验人世间这莫大的生活乐趣。

明月悬空，万山叠影，驾着小舟在万顷平湖之上飘荡，岸边灯火明灭，人影晃动，歌声此起彼伏，似置身仙境之中。此时板桥似乎并未被陶醉。板桥由西湖的繁华陡然转换到扬州的繁华，又回忆起了他在扬州的生活。

是啊，十年扬州，如烟雾般，尝尽了酸甜苦辣，想起那醉后高歌，狂来痛哭，歌楼妓馆游荡的荒唐生活，而今说什么呢？是自责，还是怨天尤人？他又陷于一种悲凉的心境之中。他没有兴致再游下去，只等上岸结束了夜游。

板桥是一个世俗的人，仍旧有庸人习气，易悲，也易喜，好追求，又易满足。毕竟十年的辛苦而今有了回报，心底还是高兴的。因此，在后来几天的钱塘江观潮中，他又被激发得狂想起来。看到弄潮儿的历险，他从中得到了他的一条人生哲学：世人历险应如此，忍耐平夷在后头。他又打起精神，挥别西湖，继续迎接新的生活挑战。

正当板桥庆祝乡试中试的时日里，另一位八怪中人李方膺，却身陷囹圄。

雍正七年，受雍正的帝赏识，李方膺被当面交河督破格使用。他第二年以生员资格出任乐安知县。三十五岁的方膺，耿直不阿，不知腐败官场的规矩，刚赴任就遇上水灾，哀鸿遍野，嗷嗷待哺，他不顾向上司请命，只知救民要紧，自作主张济粮于众。谁知德政反遭弹劾，太守狠狠告发了他。这次是他幸运，总督田文镜认为他是朝廷破格特任新官，又得民心，没有深究，此事后来不了了之了。

雍正十年，他调到了兰山，恰碰上总督王士俊下令盲目开荒，各级官员也借机压榨人民。方膺偏不买账，不理会总督之命，而站在百姓一边，抵制开荒。这一来倒是真的捋了虎须，他的厄运来了，王士俊一怒之下，将他关进了监狱。他纵有百口，也难辨是非，上面根本没人去明察。倒是百姓心里明白，知道好官被害，义愤填膺，却也无可奈何。只有前去请愿并致慰问，据说他们将物品隔着墙投进狱内，以致堆积如山。

板桥此时如果能够了解方膺入狱的事，他又会想些什么呢？他会不会一怒之下放弃仕途，去继续当他的画师呢？可惜由于历史的机缘，这一选择被他错过了。

　　社会选择人的时候，经常会带有很浓重的神秘感。当你陷于困顿，需要它的帮助时，它却冷眼相看，甚至把你撂在悬崖边上；当你突然走红，不理会它的时候，它却恬不知耻地拜倒在你的脚下，对你奉承又吹捧。

　　板桥回到扬州，感到变化得十分不能让他接受。昔日的冷脸，现在带上了春风；昔日对他不理不睬，现在抬头仰视，奴颜婢膝；昔日避之唯恐不及，现在转弯抹角套近乎……板桥不禁怅然长叹，这真是一个莫大的讽刺。除知己者外，板桥闭门谢绝一切应酬。

　　板桥在经历了一阵热闹以后，渐渐静下心来，他掐指一算，距离明年京都会试只剩下几个月时间了。于是，他回到兴化杜门谢客，做应试准备去了。

　　谁知天有不测风云，命运多舛，就在板桥鼓足风帆，即将远航的关键时刻，叔父省庵公猝然长逝。

　　不仅是幼年的养育之恩，就是中年后，也是完全仗着叔父的操持料理，才使得他这个家支撑下去，因此，在板桥心目中，叔父的分量占得很重。而今，他刚在科举的路上迈出第一步，叔父竟别他而去，他简直说不清这种悲痛之情。堂弟郑墨年龄又小，料理家庭的担子落在了板桥肩上。他扔下书本，全身心投入治丧中去。叔父的丧事，同殡葬父亲已大不相同。而今板桥取得了功名，亲朋好友，左邻右舍，就连过去不屑一顾的，也凑来帮忙。板桥心底虽不快，但口上也不好说出来。他应酬着，忙碌着，终于很排场地送走了叔父。紧接着，他们全家又卜宅移居，忙完这些事情时间已经快到会试之期。他是个孝顺人，一定要为叔父守孝百日。就这样，板桥错过了雍正十一年的大比，只有等三年之后的下一届了。

　　板桥在秋天再次来到海陵。上次来游，已是十年之前。板桥对这座风景优美、历史悠久的古城十分有好感，尤其是与那里的方外人士结下了很深的友谊。

　　此次，板桥仍在海陵城南弥陀庵内寄宿。住持梅鉴和尚对他仿佛如贵宾一般。他们已是老朋友了。十年前，板桥穷途潦倒时来游海陵，借宿庵中，谈吐中，这位其貌不扬的青年人就折服了梅鉴。他自信自己超然洒脱，不拘礼节，富有学识，世俗中有如板桥这般的狂客是他没有预料到的，他震惊了。二人结伴游览，饮酒赋诗，往往醉后板桥笔走龙蛇，狂僧、狂客，一幕幕荒诞不经的狂戏在这荒凉破败的僧舍之中上演了。

　　梅鉴和尚身着破衲，上面千疮百孔也不补缀，见了板桥面，二话不说，从墙上取下酒葫芦，就塞给板桥。他取来几样菜蔬，二人席地而坐，大呼狂饮起来。

　　世间知己难得。梅鉴童稚一样的坦诚是板桥很欣赏的，梅鉴喜欢板桥剑客似的豪爽。见面不问荣枯事，只有友谊二字。他们间是很纯洁的友情。只有相互间了解得多了见面才乱嬉闹。梅鉴绝无世俗的势利眼光。他想到板桥第一次来时，曾向他询问出家一事，他告诉他，按佛教戒律规定，入教，先须到寺院寻一位比丘（僧人），请他作"依止师"，依止师负责对僧侣将情况说明，大家同意，方可收为弟子，然后剃发授沙弥戒。此戒共有十条：一、不杀生；二、不偷盗；三、不淫欲；四、不妄语；五、不饮酒；六、不着华鬘好香涂身；七、不歌舞娼妓，亦不往观听；八、不得坐高广大床上；九、不得非时食；十、不得蓄钱金银财宝。经过授戒才成了沙弥。之后要严格按戒律行事，平日昼夜六时（晨朝、日中、日没为昼之时，初夜、中夜、后夜为夜之时）中除规定的时间睡眠、托钵、饮食、洒扫、挑水外，都要专心修行。出家人须年满七岁才能受沙弥戒，待到二十岁时，寺院住持、依止师经过僧侣同意，十位大德长老集齐了，共同授比丘戒，才能成为比丘。这比丘戒十分严格，亦称具足戒，比丘有二百五十戒，比丘尼（女僧）有五百戒。

梅鉴清楚地记得，板桥在听到这里的时候十分吃惊，转而问梅鉴当居士如何。梅鉴笑了，告诉他，住家居士的基本条件是受持三皈：皈依佛、皈依法、皈依僧。就是要全身心地甚至牺牲生命来教佛教三宝，严格遵守三宝的教导。其受戒仪式是，请一位法师依《三皈仪轨》阐明三皈之义，受戒者表示从此终生皈依三宝方成为居士。这时，板桥开怀大笑起来，说自己六根未净，难遁空门，更难受戒。梅鉴听了也大笑起来。

想到这，梅鉴不禁又笑了起来。

板桥在这里愉快地住了三月余，眼看重阳节要到了，"每逢佳节倍思亲"。板桥望着院中一株古树上两枝树杈桠，禁不住想起家来。他想到堂弟年幼，独自持家，放心不下，便以诗代信，托人捎回，以慰弟心。

重阳节到了，僧院内满是盛开的菊花，淡香四溢。梅鉴和尚相邀板桥对菊饮酒，另外还有饯别之意。酒至半酣，板桥忍不住诗兴大发，便起身来到院中早已备好的画案前，挥笔写下了"赠梅鉴和尚诗"一首：

> 十年不见亦如斯，逐日相从了不奇。
> 挑菜旧篮犹挂壁，种花新陇欲通池。
> 风霜渐逼慵缝衲，楮墨重寻但索诗。
> 此别无多应会面，雪花飘落马头时。

二、焦山读书

雍正十一年，雍正这位杀人皇帝，也想立地成佛了。他觉得杀也杀了，关也关了，但是捣乱的还大有人在，杀人也不能完全杜绝。便又仿效他的祖宗，搞起拉拢来了，也开起了"博学鸿词科"，诏令在全国范围内荐举博学鸿儒为国效力。

而板桥呢？

此时，他正坐在焦山别峰庵中，为参加明年的会试苦苦攻读。科举对于士子，犹如鸦片，只要一上瘾，就很难戒掉了。在此之前，板桥虽然还没有这么大的瘾，中举后，仿佛来了瘾，看来不品究竟，是绝难罢休的了。明年是丙辰年，又要举行会试了，这种机会，绝难放过，板桥选中焦山，作为读书之处，再合适不过了。

焦山坐落于镇江，是一著名的风景胜地，与金山、北固山合称"京口三山"。此山，原名谯山，因汉末焦光于此隐居，故改称焦山。焦山屹立于江心，满山老松古柏，苍翠葱茏，绝去尘垢，纯净如碧玉，随着江水的涨落而浮动，又有"浮玉山"的美称。山上有许多的古寺亭阁，有定慧寺、观澜阁、华严阁、百寿亭、别峰庵、双峰阁、吸江楼、东升楼等若隐若现掩映在松竹云霞之中，如海上仙境。站在山顶四望，风光无限美好，视野开阔。山上碑刻林立，这里有被黄庭坚誉为"大字之祖"的《瘗鹤铭》摩崖刻石。

板桥十分喜爱焦山这个地方，先后不知来游过多少次，每次都留下了美好的回忆。此次，板桥住在了山北幽静的别峰庵，更有一番情趣。别峰庵位于北面山腰上，坐东向西，俯视大江，远望京口、北固山、金山、瓜洲渡等一览无余，好一派风光！下榻处，坐北向南，一明一暗两间很宽敞。门前，数竿修竹，翠影婆娑，令人心情舒畅。选择这里作为读书之地实属明智之举！

此次读书，板桥没有太烦心的地方。经书一类及八股制义等，他早已烂熟于心，再温习温习就差不多了，他比较重视的是策论，准备得多一些。廷试论辩，他已和几位朋友模拟演示了多次，就是那一套。他还是暗自鞭策自己，必须加倍认真。

他把更多的时间放在对现实的思考及对古文化的反思上。

应当说，他是位思想开放的读书人，不是那种迂腐陈旧的俗儒，也不是那种恃才放旷的才子。他的骨子里流着传统文化和当代文化的血，他不仅吸收古文化

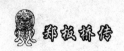

的精华，而且很乐于学习好的当代文化，不盲从、不迷信，也不持虚无主义，他对历史有自己的思考。

他经常将古代两个烧书人放到一起比较。还曾经就此话题同同伴们进行讨论。

板桥认为，历史上秦始皇焚书，为大家所熟知，痛斥。而人们鲜知的是孔夫子也烧过书。孔子删书断自唐、虞之世，唐、虞之前皆得而烧之。《诗经》原有三千篇，孔子删存三百十一篇，其余大部即二千六百八十九篇，均被烧毁。

这一席话让大家听了十分震惊。

板桥说："当然啰，二人烧书出于不同的目的，孔子烧书，烧掉该烧的一些，应该存下来的便成经典，孔子因此身尊道隆，后来成为天下信奉的教派。而始皇帝呢，则居心不仁，烧经灭圣，欲剜天眼而浊人心，结果呢？身死国灭，遗漏的经典仍又继续流传后世。"

几个同伴在佩服赞赏板桥的同时，似乎觉得这段议论中有什么弦外之音。他们当然也不好点破。

板桥果真是别有用心啰！

文字狱的惨烈，世人侧目。文稿连人一起灰飞烟灭，世人有目共睹。禁书目录增加得越来越多，堆成厚厚的小山，压得人们窒息。这不是重演当年"焚书坑儒"的悲剧吗？

戴名世案、汪景祺案、查嗣庭案、吕留良案、徐骏案等，接连发生的轰动全国的大狱案，人们被搞得提心吊胆，神经衰弱；而类似的狱案一波接一波，神州没有一片净土。

板桥能视这一切于不见吗？像板桥这么敏锐机警的人，能没有一点感触和反应吗？

有的，肯定有的！

可惜板桥这个时候，一门心思放在了仕途上，对其他思考就没有深入下去。说他未脱庸人习气，此亦算作一例。

在此期间，他对八股文的乐趣丝毫未减，这只要引录一下他在学习时暇涉足仪真时给郑墨的信来说明一下：

> ……先朝董思白，我朝韩慕庐，皆以鲜秀之笔，作为制艺，取重当时。思翁犹是庆历规模，慕庐则一扫从前，横斜疏放，愈不整齐，愈觉研妙。二公并以大宗伯归老于家，享江山儿女之乐。方百川、灵皋两先生出慕庐门下，学其文而精思刻酷过之；然一片怨词，满纸凄调。百川

早世，灵皋晚达，其崎岖屯难亦至矣，皆其文之所必致也。吾弟为文，须想春江之妙境，挹先辈之美词，令人悦心娱目，自尔利科名，厚福泽。……（《仪真县江村茶社寄舍弟》）

信中的董思白、韩慕庐、方百川、方灵皋都是明、清的八股名家。板桥在焦山的时候，写了好几封信给郑墨。除谈学习制艺的心得外，还教导他治学要有重点，有一部分书需要精读。如《焦山别峰庵雨中无事书寄舍弟墨》中说："吾弟读书，四书之上有六经，六经之下有左、史、庄、骚、贾、董策略，诸葛表章、韩文、杜诗而已。只此数书，终身读不尽，终身受用不尽。"这确实是很有见地的。

《题自然庵画竹》中说："静室焦山十五家，家家有竹有篱笆。画来出纸飞腾上，欲向天边扫暮霞。"板桥在焦山读书期间也没有放弃钻研书画。他深深地爱上了满山修竹，在他的眼中，仿佛自己一般，这些修竹也有一番冲天的抱负。焦山西侧沿江一带，全都是陡壁峭石，其间有宋、元、明历代游客的题名、题诗刻石。有正、草、隶、篆各种书法，比比皆是，美不胜收，因此焦山又被誉为"书法之山"。这一切美文深深熏陶着板桥。宋代爱国诗人陆游踏雪观《瘗鹤铭》的石刻，板桥对之爱不释手。全文为："陆务观、何德器、张玉仲、韩无咎隆兴甲申闰月二十九日，踏雪观《瘗鹤铭》。置酒上方，烽火未息，望风樯战舰在烟霭间，慨然尽醉。薄晚，泛舟自甘露寺以归。明年二月壬午。圆禅师刻之石，务观书。"忠愤之气、萧然之致，流传千古。至于《瘗鹤铭》则更使板桥如醉如痴，引发了他许许多多的联想。

《瘗鹤铭》确是世间少有的瑰宝。相传东晋大书法家王羲之平生极爱养鹤。他有一年游览焦山时，看到山上有一对白鹤，长得十分可爱。数年以后，他再游焦山时，发现这对白鹤已经死了，悲伤不已，于是挥笔写下了这篇《瘗鹤铭》表示悼念。《瘗鹤铭》原刻在焦山西麓岩石上，后来由于岩石断裂，而掉进了江里。清康熙五十二年，镇江知府陈鹏年请人从江中捞出此碑刻的残石五块，后砌入定慧寺壁间。碑上仅有完整的大字八十一个，残缺的大字有十一个，但是仅从这些字便能看出字体别具一体，苍劲、潇洒，在书法发展史上，《瘗鹤铭》是隶书发展成楷书这一演变过程中的著名的石刻。郑板桥在《署中示舍弟墨》诗中说自己"字学汉魏，崔蔡钟繇。古碑断碣，刻意搜求。"他的"六分半书"隶、楷结合，《瘗鹤铭》肯定是给了他启发的，给予了他营养。也有后人说，郑板桥"书法《瘗鹤铭》而兼黄鲁直，合其意为分书"。

镇江地区多山，西南都有很多山峰，林壑优美。其中招隐山被宋代著名画家米芾称为"城市山林"。板桥常到这儿游玩，写有《满江红·招隐寺》纪游。上片是："转过山头，隐隐见松林一片。其中有佛楼斜角，红墙半闪。雨后寻芳沙径软，道傍小饮村醪贱。听石泉幽涧响琮铮，清而浅。"十分形象地描绘了旅途中的见闻。

板桥觉得，招隐山外形美，还兼具了内涵美。招隐山原名兽窟山，晋宋之交戴颙于此隐居，故名招隐山，戴颙在诗、画、雕塑、音乐等方面造诣很深，却不愿当官。每当春夏之际，他带着酒和柑子，独在绿荫下，坐听黄鹂的鸣唱，创作出很多优美清脆的乐曲。所谓"双柑斗酒听黄鹂"即指此。无疑，板桥是十分倾慕戴颙的狂放性格和诗、书、画的才能，山上还有梁昭明太子萧统的读书台。离山不远还有米芾墓。米芾是宋代四大书法家之一，他以招隐山为主题的山水画，名声极大。板桥亦很神往米公，他曾在《燕京杂诗》中写道："但愿清秋长夏日，江湖常放米家船"，以寄千古渴慕之情。

江村与焦山只隔着一条河，板桥曾在那儿的教室教过学生。板桥自离开江村后，奔波劳碌，虽没再回去过，但他时常回忆那里的朋友和淳朴的生活，同以前的学生也还保持着书信往来，《客扬州不得之西村之作》一类诗词就表达了他思恋江村的感情。在这次焦山住读期间，在学生许既白的邀请下，板桥再次游历了江村。

朋友们仍相聚在江阁上，久未谋面，而今板桥又今非昔比，朋友们自是高兴。

坐在阁上，板桥望出去，见江雨刚刚停下，江面上升腾起阵阵水雾，树林和花草都在朝阳下绽放着光彩，鸟声婉转悦耳，江中微风叠浪，远处吴、楚诸山明灭，白帆点点，大有潇湘之境。板桥品着龙凤茶，闻着夹剪香淡幽香气，听着友人《梅花落》的笛声，有种飘飘然的感觉，仿佛到了仙境一般。

他这位富于情感的艺术家，面对着这儿优美的山光水色，不由得神游万仞、心骛八极，极尽驰骋想象之能事。

板桥在焦山读了几个月的书后，又要迎接考试了。此地的鲜活灵秀之气，恢复了板桥的青春活力，以往的坎坷、不快，都有如云烟飘散了，像一艘鼓足了风帆的快艇，全速冲进充满险恶风浪的大海深处。命运在向他招手，结果会怎样呢？

三、考取功名

雍正帝这位靠阴谋上台的皇帝做了十三年八个月的天子就暴亡了。有人说，施暴政者必暴亡。是否这成了一条规律呢？只有留待考据癖们去考证了。

九月，宝亲王弘历嗣位，以第二年为乾隆元年，或许是想讨个吉利顺意吧。

是因为暴君的猝死呢，还是因为乾隆改元，反正这一年板桥运气不错。

二月，四十四岁的举人板桥参加了乾隆上台后的第一个会试。

场屋结束后，士子们结伴游览燕京。此时的板桥心情错综复杂。他想到自己不再年轻，没有太多参加科举考试的机会了。因为，他不愿作七十岁的老公车。像这次参试的举人中，由于有的年龄过大，只得由孙子作伴相陪而被人议论纷纷。况且，他一向十分要强，如果此次不中，有何面目去见家乡父老，去见扬州朋友，又如何立足于社会呢？

两个多月来，表面上他无所谓地与士子们游逛、饮酒、清谈，内心却焦急万分。燕京有许多朋友，他没去拜访一个。他想，如果不能中士，现在招摇过市，会遭人耻笑的！

燕京春天，气温仍很寒冷，板桥的心，也同这天气，总有一团冷气笼罩着，不怎么舒坦。

廷试的通知终于发下来了，板桥稍稍松了口气，他清楚，会试已中，取得了贡士资格。他认真准备了一下顺利地通过了殿试。

现在，就等最后的进士放榜了。

终于盼来了这一天。板桥一大早就起了床，涮洗毕，饭未吃，便匆匆忙忙赶去看榜。到了现场，早已是黑压压一片，人头攒动，人声鼎沸，乱作一团，笑声、骂声、哀鸣声、低泣声、叹息声、狂叫声交织在一起。身处那样的场面人心里滋味是异常复杂的。

板桥遇到了几位哭得要生要死的老举人，也遇到了几个高喊着"我中了，我中了"的发了狂的年轻人，还碰上了一批默默无语的中年人。板桥这个时候心里也是乱作一团。他只有一个心思，看看自己的结果。

他好不容易才挤到了皇榜前。他首先看完第一榜，见一甲三名：状元金德瑛，榜眼黄孙懋，探花秦惠田。他又急着看二榜。他已来不及细看人名，只在第一个字上找那个"郑"字。不知是天下姓郑的人少，还是不走运，偏偏二榜看了大半，没有见着一个。他瞪大着眼球飞快搜寻下面的名单，哈，有了！接近榜尾的倒数第三个，赫然标出了"郑燮"二字。板桥都有点怀疑自己的眼睛，用手揉了揉，重新仔细看了一遍，没错！下面分明标着"江南扬州兴化县人"。顿觉脑门发热，头发涨，心快要跳出嗓门。他一口气从头数了一下，二甲第八十八名！他头一扭，不知怎么便挤出了人群，朝着住的地方跑去。

他心花怒放，不能自已，一定要写点什么来宣泄感情，他匆匆奔进寓所，二话没说，立即磨墨理纸，调色命笔，飞快泼出一幅《秋葵石笋图》，仍意犹未尽，又挥毫在上面题诗一首："牡丹富贵号花王，芍药调和宰相样。我亦终葵称进士，相随丹桂状元郎。"

此时的板桥是多么自豪！这一天盼了四十多年，这个理想等了四十多年，而今终于实现了！他认为，在全国数以万计的士子中，他并不逊色于别人，大比的结果，他脱颖而出，才压群芳，这是命运，也不全是命运。总之，他欣慰地觉得，他，板桥，通过自己的实际行动终于使自己的价值体现了出来，他从此可以坦然面对社会，让社会知道他的存在、他的价值。这对于科举时代的读书人来说，已登上统治阶级的行列了。板桥有一方"康熙秀才雍正举人乾隆进士"的印章，虽没几个字，却说明了板桥的内心饱含了多少的感慨。

他的乳母听说了以后，十分兴奋地说："吾抚幼主成名，儿子作八品官，复何恨！"板桥也不忘费氏养育之恩，有诗为证："食禄千万钟，不如饼在手。"

郑板桥考上进士后，在京师又待了很长一段时间。因为清时翰林院设庶常馆，在新考取的进士当中选出书法文学优秀的人再入馆进行学习，称为翰林院庶吉士。三年后（亦有提前者），举行考试，成绩优良的以翰林院编修、检讨等官授予，其余分发各部任主事等职，或以知县优先委用。板桥除了要参加庶吉士的选拔，还要参加一些礼节性的参谒、拜会等活动，需要很长的时间。这时候，板桥极度渴望出仕，他后来在《淮县署中寄舍弟墨》中透露："余本书生，初志望得一京官，聊为祖父争气，不料得此外任。""初"指的便是这个时间。

上回来京师没有太明确的目标。既是为了争取当权者的赏识，也是为了卖画，为了游览。这次考中进士后，在这里耽搁的唯一目的就是求职作官了。然而，板桥平凡的相貌，狂傲的性格和语惊四座的才气，都不利于他入仕。于是，他想学习韩愈进行"干谒"。《读昌黎上宰相书因呈执政》即写道："常怪昌黎命世雄，功名之际太匆匆。也应不肯他途进，惟有修书谒相公。"

所谓"干谒"，就是给权贵者献诗文，请求延誉，争取尽早做官。干谒之风，盛行于唐代。李白、杜甫、韩愈等大文豪都未能免俗。咱们光拿板桥要效仿的韩愈说，《旧唐书》本传记载他"举进士，投文于公卿间，故相郑余庆颇为之延誉，由是知名于世。"《昌黎先生集》也保存了不少献文的书信，而且这些书信都只载有献文的篇数，没题目，以致后人无法确知韩集中哪些文章曾经献过权要，成为文学史上的"终古之谜"。

要指明的是，板桥的干谒，可不是委屈求得一官职，而是基于"大丈夫不能立功天地，字养生民，而以区区笔墨供人玩好，非俗事而何"的思想，企图"得志则泽加于民"，一展抱负。板桥十分崇拜的韩愈就说过："故士之行道者，不得于朝，则山林而已矣。山林者，士之所独善自养，而不忧天下者之所能安也。如有忧天下之心，则不能矣。"这也代表了封建社会正直的知识分子入世的一般思想，体现了封建时代知识分子充满了内心矛盾、痛苦的悲剧。

板桥在开始的时候还很放不开面子，十分恭敬地给权贵写了两首诗：

御沟杨柳万千丝，雨过烟浓嫩日迟。拟折一枝犹未折，骂人春燕太娇痴。
桃花嫩汁捣来鲜，染得幽闺小样笺。欲寄情人羞自嫁，把诗烧入博山烟。

可能没有回应，他只好写得直接一些了。他以读韩愈上宰相书为借口，又写了一首诗给鄂尔泰：

常怪昌黎命世雄，功名之际太匆匆；
也应不肯他途进，惟有修书谒相公。

这位鄂尔泰，可称得上是吏道纯熟。康熙末年，成为雍亲王（雍正帝）的心腹，雍正帝上台后他一直做到保和殿大学士兼兵部尚书的高位。乾隆皇帝时，他又成为乾隆帝的总理事务军机大臣，加太保。而且主持会试多次。板桥参加的这次丙辰会试，他正巧担当主考。拉近乎，他应当是板桥的恩师呢。

板桥或许考虑到这个因素了，才直向他的门下干谒。

但是，由于雍正帝刚死，乾隆帝新立，朝廷党派之争十分激烈，板桥没有任何的政治背景，他的干谒活动当然不会取得积极的效果。在一年后他终于"惭予引对又空还"，十分不快地返回家乡去了。

板桥在北京待了一年左右，除中试和干谒外，简单叙述一下他的游玩踪迹。

首先是于瓮山访无方上人。十年前在庐山板桥结识的无方上人，乾隆元年时已在瓮山住锡。据清吴长元《宸垣识略》记载："瓮山在京城西三十里玉泉之东……乾隆十六年赐名万寿山。"即今之颐和园万寿山。板桥到瓮山与无方上人叙旧，作有《赠瓮山无方上人二首》，其中一首是：

　　一见空尘俗，相思已十年。补衣仍带绽，闲话亦深禅。烟雨江南梦，荒寒蓟北田。闲来浇菜圃，日日引山泉。

　　另外，板桥还去卧佛寺访青崖和尚，去法海寺访仁公，他在那两个地方留了很多的诗画。按《宸垣识略》云："法海寺、法华寺在万安山，二寺前后互相连属，相传为弘教寺遗址。本朝顺治十七年修建，改今名，有御书联额。"下有按语："法海寺在宛平县西四十里，旧名龙泉寺，明正统中建。"现在石景山翠微山麓模式口村的法海寺即按语中所提的地方。卧佛寺就是西山北部、寿安山南麓的十方普觉寺，殿内供有元至治元年（1321年）铸造的铜卧佛一尊，长五米余。板桥《寄青崖和尚》"山中卧佛何时起"指的便是这尊铜佛。

　　其次，在京师期间板桥还和书画界中人有些来往。乾隆元年秋，乾隆在保和殿亲试博学鸿词。同时被保举进京的还有金农和板桥的同乡杭世骏。结果杭世骏取为一等，授翰林院编修。金农无功而返。他本来就不想做官，此行只想来燕京看看老友，玩赏、收购燕京书肆的古玩、字画罢了。他们和板桥一定在京有些游宴。可惜至今没能找到有关的文字记载。板桥和图牧山的交往倒是有文字记载的。牧山名清格，满洲人，部郎，善画，学石涛和尚。板桥有《赠图牧山》《又赠牧山》诗。其中《又赠牧山》中写道："十日不能下一笔，闭门静坐秋萧瑟。忽然兴至风雨来，笔飞墨走精灵出。"叙述作画从构思到触发灵感，再到画出神韵的过程，只有当事人才能说得这样清楚。此外，板桥还和国子正侯嘉潘、中书舍人方超然、诗人胡天游等交流，关于这方面的交游，有诗作流传于世。

第五章　待宦岁月

一、情定饶五娘

乾隆二年，板桥由京师回到了扬州，回扬后，住枝上村，与饶氏结婚，程羽宸用五百金为板桥纳妇之费。

提起纳妾饶氏，还有一段原委。

郑板桥中举后，亲戚朋友又为他续弦郭氏，郭氏虽人还算漂亮，但体贴丈夫方面比起已逝的夫人则差得很远，他心里常为此而感到遗憾。他对郭氏很冷淡，除了《潍县署中寄舍弟墨》第二书、第三书提及外，没有在诗词文章中再提及。

在他赴考的时候，一件偶然发生的事情，重又搅起他心中的爱情波澜，现在想起来，不免心潮澎湃，魂牵梦萦。

事情是这样子的。

雍正十三年二月，板桥去焦山读书前，客居扬州。正是春天，东风送暖，柳丝染绿，百花竞放，是踏春的大好时光。板桥本就喜爱游览，又碰上这样的大好时光，当然不肯放过了。

有一天，板桥一大早起来，慢慢地散着步，大口呼吸着清新空气，贪婪地嗅着道旁浓郁的花香，不知不觉由傍花村直过虹桥，到了雷塘，快走到玉勾斜那儿了。一路上，遍地是盛开的野花，姹紫嫣红，碧绿的花叶上挂着晶莹的露珠，微风轻摇便滚落下来，在阳光的斜照下，晶莹剔透，犹如颗颗珍珠。高大的树木，茂密挺耸，空中枝叶交叉，阳光从缝隙中洒落下来，仿佛万道丝缝，迷人极了。板桥沉迷于这美丽的大自然的怀抱中，也不知走到什么地方了。突然，他发现前面翠竹绿树之间掩映着一面红色的围墙，在那围墙之中，一棵高大的文杏，伸展着枝干，直冲云霄。板桥看了，喜出望外，他想，已经走了很大时辰，也该找个地方歇歇脚，讨杯茶吃，也可顺便问问是何地方。他于是紧走几步到了近前，见

一竹门，一老媪听见叩门声后探出头来，延请进去，只见满院子皆是花草，紫的丁香、红的牡丹、绿的芍药、白的玉兰、各色山茶、迎春杜鹃……争相开放，五彩缤纷。板桥看得入了迷，仿佛进入了百花仙子的王国。老媪把板桥让进茅亭小坐后去沏茶。板桥便抬头浏览小亭四壁，见清一色贴满自己的词作。其中有：

> 春气晚来晴，天淡云轻，小楼忽洒夜窗声。卧听潇潇还渐渐，湿了清明。
> 节序太无情，不肯留停，留春不住送春行。忘却罗衣都湿透，花下吹笙。（《浪淘沙·暮春》）

> 小立梅花下，问今年暖风未破，如何开也？不是花开偏怨早，总为早开先谢，被断雨零烟飘洒。粉蝶游蜂谁念旧，背残枝飞过秋千架，只落得，蛛丝挂。江南二月花抬价，有多少游童陌上，春衫细马。十里香车红袖小，婉转翠眉如画，伴不解傍人觑咱。忽见柳花飞乱絮，念海棠春老谁能嫁？泪暗湿，香罗帕。（《贺新郎·落花》）

板桥看后，正迷惑不解，恰值老媪持茶出来。板桥便问这是什么人抄写的，老媪说是她的小女所为。板桥指着上面"郑板桥"三字问老媪是否认识此人？老媪笑笑说："久闻大名，不识其人。板桥站起来说："就是在下。"老媪一听，心中大喜，笑容满面地向内房跑去，大声告诉女儿郑板桥先生来到这里了。

此时已日上三竿，知板桥未用早膳，老媪赶快为板桥准备了早点，待板桥用毕。其女儿已梳洗罢，艳妆出来相见。施礼毕，便请求板桥将《道情十首》写下来。

板桥细看此女，身材袅娜，眉清目秀，谈吐举止文雅大方，风姿绰约，眉宇间透着一种灵气，站在那里，亭亭玉立。板桥对她真乃一见钟情。

女子取来淞江蜜色花笺，湖颖笔，紫端石砚，摆在案上。接着锦袖轻挽，纤手磨墨，那姿势，那神态，如清风拂柳，如纤云弄月，如三月桃花，如绝壁幽兰，板桥直看得如痴如醉。女子墨研好，轻轻递过笔来。板桥接笔在手，他此时十分有创作灵感。他理好纸，大笔挥洒，时而疾风骤雨，江涛翻卷，时而如小桥流水，微风细雨，时而如惊蛇入草，飞鸟出林，时而又如寒猿饮水，壮士拔山。今日他腕下似有神助，不知不觉中似风卷残云，洋洋洒洒地挥成了一幅长卷。写完，驻笔一看，板桥自己也暗暗吃惊，近些年，不知写了多少遍，自己都不称心，没想到，平日百般追求不到的，今日竟全然在腕下表现了出来，他禁不住露出一丝自豪的微笑。

接着下面是题款。板桥笑问女子尊姓大名，女子轻启朱唇，告诉他，她叫饶五娘。

板桥听那女子答话，似有余音绕梁，也不好明露，挥笔题好款，觉得文思澎湃，无法自已，便又挥笔书出一卷《西江月》：

> 微雨晓风初歇，纱窗旭日才温；绣帷香梦半蒙腾，窗外鹦哥未醒。
> 蟹眼茶声静悄，虾须帘影轻明；梅花老去杏花匀，夜夜胭脂怯冷。

下面落款为，"赠饶五姑娘，乙卯仲春，板桥并书"。

母女细品词意都明白了什么意思。女子脸上略泛一道红晕，道过谢，双手接了过去。

这时，老媪表示如果板桥不嫌弃，愿把小女许配给他做妾。

板桥说今年是乙卯年，明年丙辰年是京城大比之年，如能成进士，须待后年方归，如能等待就可以。

母女俩异口同声说一定相待。

板桥当下表示，由于身边没有什么贵重物品，就以所赠词为订婚信物，母女俩也欣然同意了。

板桥想到这里已是心驰神飞，归心似箭了。

他回到扬州了。他尽管仅得了一顶进士的红帽子，但此时的扬州等待他的是更热烈的场面，更肆无忌惮地奉承。甚至他的书法作品，一夜间价钱加了好几倍。

他似乎没把这一切当回事，他急切要办的，是迎娶饶五姑娘的事。

但是，迎娶饶五姑娘哪能那么随随便便、简简单单，这银子到哪里去筹？

就在他发愁的时候，恰有一位不速之客来访。此人一进门，就向板桥自我介绍。

原来，他叫程羽宸，江西蓼洲人。

板桥见此人很豪爽，便十分礼貌热情对待他。叙话间，觉得他谈吐不凡，对诗词具有很深造诣，便刮目相看。二人叙谈至投机处，板桥未注意微微叹了口气，此一细微动作，被程羽宸发现，便笑问原因。

板桥笑了笑，想支吾过去。但羽宸不依不饶。板桥又叹了口气，欲言又止。

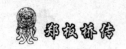

这时，羽宸问他是否因饶五姑娘之事。

板桥大惊，迷惑地望着羽宸。

羽宸又朗声笑了，接着便追述了下面这段故事。

原来，羽宸，生性好游，多年来足迹几乎遍布大江南北及楚越齐鲁之地。他最喜登临的是黄山，自己都说不清去过多少次了。他善于写诗，写下了不少歌咏名山大川之作，他那咏黄山诗卷，更是杰出之作。他去年远游路过真州，看到了板桥写在江阁上的"山光扑面因新雨，江水回头为晚潮"对联，十分惊异于那么奇特的书法，工整的对仗，便问茶肆主人板桥为谁，主人故意拐弯抹角，并不直说，告诉他，只要到扬州，打听就能明白一切了。他急切地奔至扬州，一打听，知道了板桥的人品学识，他十分佩服，便想与板桥亲自见面。谁知此时板桥去了京师，羽宸很失望，不过又听说了饶氏一事。这位侠肝义胆的羽宸，便产生了成人之美的念头，赶至饶氏家中。饶氏家中，此时正发生了一件令母女十分头疼的事情。

原来自打板桥走后，饶氏家中更为贫困，变卖了能卖的所有东西，包括房前的五庙小园。这时，有一个富商，乘人之危，提出愿出七百两银子为聘礼迎娶饶姑娘。因被贫困所迫，母亲开始有些动心。但饶五姑娘坚决不依，正气凛然地说："已同郑公有约，背之不义。况七百两银子也有用尽的时候。不过一年，郑公必归，请母亲耐心等待。"

羽宸到的时候，她们正发愁此事呢。听罢母女的叙述，羽宸告诉她们，板桥托他来给饶五姑娘送聘金的。说罢，取出五百两银子递与饶氏。这真是雪中送炭！饶氏母女高兴万分，感谢这位受托人，她们不知，站在面前的竟是赠金的恩人！

板桥听罢这番叙述，感激得纳头便拜。羽宸一把拉起他，又从随身所携包内取出五百两银子，放在桌上，请他权充迎娶之资。

此情此景，板桥感慨良深。

中国数千年的历史长河中，维系人际关系的纽带有种种，其中最重要的，是"义"字，尤其是在下层人中更重"义"。羽宸与板桥仅仅是萍水相逢，在板桥碰上困难的时候，慷慨解囊，义不容辞，这不是最好的例证吗？

板桥做梦也没想到，会有人千金相助自己。在羽宸和其他朋友的帮助下，他买下了扬州有名的李氏小园，当作新住处。然后热热闹闹把饶五姑娘迎了过来。

程羽宸比板桥年长，板桥便称他为兄。其实，夫妻俩待他胜过亲兄长。板桥陪他遍游了扬州诸名胜，又陪同他与扬州诸名流相见。

羽宸随身带来很多游黄山所作的诗卷，请板桥作题。板桥爽快地答应了，提笔为之题下数百言长诗，以评价其雄浑的诗卷。

> 伟哉程羽宸，旷世义侠，绝代风骚，文坛艺林，其名永标！

文集、年谱及野史杂记都没有记载这一段姻缘，致使《郑板桥集》中不少诗词出现疑点。一九八三年第二期《文物天地》上揭载上海博物馆藏《郑板桥扬州杂记卷》，揭示了这一姻缘的原委。

《扬州杂记卷》，纸本，纵 18.1 厘米，横 158.3 厘米，钤有"板桥""郑""燮"等印及褚德彝收藏印。据考证，此件是板桥真迹。为板桥于乾隆十二年丁卯在济南锁院所作。记述他在扬州的杂事共四则，事件间没有关联。关于郑、饶的风流韵事的一段文字跌宕生动，美丽动人。

当时，郑板桥也不会想到在这个安静的乡村，他会遇上一位惜才钟情的少女，并且两情相谐，订下终身。虽遭波折，但得义士相助，才子佳人终结连理。这段偶合十分富有传奇色彩。板桥自述更是春风得意，非常精彩。

郑、饶的结合，虽年龄相差很大，但双方互敬互慕，情投意合。验之诗文，亦不乏佐证。

板桥四十四岁中进士，生活状况逐渐好转，而又喜获娇女，所以他常常带着愉快的心情描写他们的爱情生活。如：

> 楼上佳人架上书，烛光微冷月来初。偷开绣帐看云鬟，擘断牙签拂蠹鱼。（《怀扬州旧居》）
>
> 小妇窃窥廊，红裙扬疏篱。黄精煨正熟，长跪奉进之。（《赠梁魏金国手》）
>
> 小妇便为客，红袖对金尊。（《雨中》）
>
> 闺中少妇，好乐无猜。（《止足》）

无疑，诗中的"小妇""少妇"都是指饶五娘。在一首题为《细君》的诗中，板桥对楚楚动人的饶氏运用轻灵的笔触作了描写：

> 为折桃花屋角枝，红裙飘惹绿杨丝。
>
> 无端无坐青莎上，远远张机捕雀儿。

对于天真俏皮、活泼艳丽的少妇风情，板桥是十分欣赏的。

乾隆九年，饶氏生下一子。《维县署中与舍弟墨第二书》中说："余五十二岁始得一子，岂有不爱之理？"又说："可将此书读与郭嫂、饶嫂听，使二妇人知爱子道在此不在彼也。"《潍县寄舍弟墨第三书》说："又有五言绝句四首，小儿顺口好读，令吾儿且读且唱，月下坐门槛上，唱与二太太、两母亲、叔叔、婶娘听，便好骗果子吃也。"上引家书中的"吾儿"即指饶氏所生的儿子。因为郭是板桥续弦的正室夫人，而饶是如夫人。"二太太"可能分别是郭、饶之母。

《扬州杂记卷》不仅提供了郑、饶美满姻缘的原委，而且还交代了程羽宸其人其事。板桥集中《题程羽宸黄山诗卷》《怀程羽宸》等诗对程感激万分，在《扬州杂记卷》中也有这方面的记载。

直到乾隆六年第三次入京前，他都是在扬州和兴化度过的。此前，板桥在扬州的住处变化不定，他曾在大盐商汪边璋园子里住过，在盐商兼藏书家马曰琯家住过，在城北竹林寺和一些寺院中也住过。这次由于他新中了进士，他的画名、书名、诗名、狂名再加上科名，在扬州可以说是人皆共知了。他就在李氏小园定居。板桥《怀扬州旧居》题下有注道："即李氏小园，卖花翁汪髯所筑。"按钱祥保《甘泉县续志》卷十三上所说："勺园在北门外，种花人汪希文宅也。希文吴人，善歌，乾隆初来扬州卖茶枝上村，与李复堂、郑板桥友善；后购是地种花，复堂为图'勺园'额，板桥为书'移花得蝶，买石饶云'联句。有几处的水廊，湖光粼粼，景色优美，是园中最美的地方。今绿杨村茶肆迤东，即其故址。"可知李氏小园即扬州城北的勺园。板桥生活在这样幽美宜人的环境中，又新娶了年轻貌美的饶氏是十分惬意的。

二、怀才不遇

人，苟活一生，总被"得、失"所困扰，往往得则喜，失则忧，只是增添无尽的烦恼。他们不知道，无得之喜，也就无失之忧，淡泊于得，必然无谓于忧。这明白的道理，古之贤者，有几个人能真正理解它的含义。

板桥在未做官之前思想很痛苦。他大半生盼望中进士，好有个一官半职，去实现自己救济苍生，致君尧舜上的理想。这个想法尽管天真，但他却始终是认真的，认真的程度有时令人发笑。中了进士，他满以为很快就能踏上官海航程，乘风破浪，一显身手。但是他错估了自己，也错估了统治者。在吏治腐败的官场上，谁会看重他板桥，又有谁需要人去济世救民呢？

板桥不知统治者以杀人为儿戏，哪里还会去重视什么人才。三年一度的大比只是他们用来笼络人心的手段，粉饰太平的点缀，他们需要的是奴才，根本不稀罕你什么人才！

当然，板桥急于出仕，除了希望可以实现理想，还想借此改变处境。半生的贫困滋味，他的确尝够了，说真的，他是想摆脱生活困境，他可不想一辈子这么穷困潦倒下去。

在现实中，他的这种思想，就能找到佐证。板桥的朋友，蒋南沙的高足李复堂就是。

复堂匹马离京后，"声色荒淫二十年，丹青纵横三千里"。现在人老了，却没有依托，十分凄凉。就从板桥自京返扬州不久，复堂看到好友中了进士，自己的一番愁绪也被触动了。他想，朋辈眼看又要分别，而自己二十年来，虽画名在京师和江淮湖海震动很大，终究仍是穷画师一个，终老无所依。动则遭谤，一群佣儿贾竖，横眉斜眼，总无事生非，让人无法忍受。近来心绪十分不好，画又画不下去。昨日正在一张四尺宣上画双松，刚画了不到一半，谁知心头又冒出来无名火，看着画不顺眼，伸手抓过来撕得粉碎。

他这个时候很想见板桥。他知道板桥回到兴化待官，心绪也不太好，见面谈谈，互相安慰一下。况且，自己还有个心思，也想听听板桥的意见。今天正是四月十五日，晚上对月饮酒谈心，虽非良辰美景，但好友小聚，也别有一番情调。便马上给板桥写了封信派人送过去。

是夜，一轮明月高悬树梢，大地铺着一层银色，清风微带着凉意轻轻拂着，院子中的竹丛在风中摇动着，一片婆娑竹影洒在窗纸上好似一幅水墨画。

板桥和复堂二人相对默默无语，但他们是清楚彼此的心境的。

板桥看出了这位自己钦佩的艺术家的苦闷，心头掠过一丝难以名状的悲哀，自己以后还会走这条路吗？

他望着复堂经历沧桑的脸已爬满了皱纹，两鬓也已花白，他默默地抓起酒壶，斟满了两杯，给复堂递了一杯，自己也端起一杯，轻轻和复堂碰了一下，一仰头一饮而尽。

复堂走后，板桥经常往来于兴化、扬州，他睁大眼看着高邮的水灾，看着百姓的疾苦，却无可奈何。虽然，现在已生活无忧无虑，也无须再去卖画，整日光

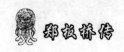

是应酬，也总是顾不过来，但他心里却很难过，不想一直这么下去了。

冬天，在一个风雪交加的日子里，老朋友顾万峰从山东回乡，专门来到扬州看板桥。

顾万峰在雍正元年应山东泰安府东平州州判常建极的邀请，去幕府干办已有十几个春秋了。板桥当年曾为万峰送行，写词相赠。后来，远隔千山万水，分处异地没怎么见过面，如今，两位老朋友终于又相见了。

板桥在李氏小园宴请万峰。喝到兴起，万峰提出要踏雪去游史可法墓，板桥欣然陪同前往。

史可法墓在广储门外梅花岭畔，当年抗清泣血誓师的古梅花岭土阜就在那里。

外面狂风怒号，大雪纷飞。雪粒扑打到身上，沙沙作响。烈酒也难抗御这彻骨的寒冷，二人裹紧身上的衣服，踏着没膝深的雪，深一脚浅一脚地走向梅花岭。

许是下雪的原因，路上几乎没有行人。二人一深一浅着行来，前面不远已是兴隆禅院，过了市河，转过禅院，便是玉清宫。雪花已落满了院内古树，远远望去，极像龙钟老人。步过玉清宫，马上就到梅花岭了。那是一片开阔地带，没有什么建筑，狂风在那里肆虐，飞雪漫天，发出呜呜的轰鸣声。

大雪覆盖着地面，已无道路可辨，二人只能以傲倨雪上的古梅树为路标，艰难地走着。终于来到了梅花岭上。

大雪已将墓地封住了，仅仅呈现出一个大的雪堆，周围几株虬枝铁干的老梅，刺破冰雪直冲云霄，像是护墓卫士，在风雪中巍然屹立。

二人来到墓前，肃立半晌，没有人说话。

风雪更加猛烈了。

二人又默默地来到古梅花岭上，停立良久，才依依不舍地朝回走。

路上，万峰告诉板桥，多年来他已厌倦了仕途奔波，不想再作科举之梦，打算从此客游四方，作逍遥游子了。

板桥也发了些感慨，表示对仕途的灰心。

顾万峰写诗赠板桥：

……亦有争奇不可解，狂言欲发愁人骇。下笔无令愧六经，立功要使能千载。世上颠连多鲜民，谁其收之唯邑宰。读尔文章天性真，他年可以亲吾民。（《懈陆诗钞·赠板桥郑大进士》）

在顾万峰眼里，板桥没有改变他的狂气与才气，只是由于中了进士，似乎更加强了"得志泽加于民"的责任感。的确，考察板桥这段时期的交往和诗文，发现他更加关心国计民生了。在这儿举两个例子说明一下。

待官的几年中，有两件事，对他刺激最大。一件发生在前年。当时江南大旱，波及安徽、江苏等省的五十多个州县。从春天到秋天没下一滴雨水，富足美丽的江南，出现了黄沙蔽天、赤地千里的惨象。严重的缺水，瘟疫流行，人畜大量死亡，百姓们挣扎在死亡线上。待官的板桥，面对人民的疾苦，忧心如焚，却一筹莫展。

就在这个时候，晏斯盛出任安徽布政使，驻守南京。板桥觉得有了一线希望。因为晏在乾隆元年丙辰科会试中，充同考官，和板桥有座师之份。考虑到这一层关系，他上书晏斯盛，想请其代为引荐，早日出仕，也好大展宏图。其中两首诗写道：

> 星轺渺渺下南邦，剑匣书囊动晓装。
> 六代烟花迎节钺，一江波浪涌文章。
> 云边保障开钟阜，天下军储仰建康。
> 赤旱于今忧不细，披图何以绘流亡！

> 淮南大郡古扬州，小县人居薄海陬。
> 架上缥缃皆旧帙，枕中方略问新猷。
> 鄱湖浪阔输洋子，匡阜云来润石头。
> 手把干将浑未试，几回磨淬大江流。

在前一首诗中板桥试图告诉恩师，江南百姓对他寄予的厚望，同时提醒他，在赤旱重灾面前，自己肩负的重担不可忽视。后一首中，板桥掩饰不住急于出仕，以求施展抱负的心情，想请晏斯盛予以引荐。

发出信去好久了都没收到回信。是晏无暇顾及，还是引荐未成，板桥不得而知。总之，这次努力又泡了汤。

板桥真的发怒了。他酒后破口大骂，骂贪官污吏，骂官僚腐败无能，骂压抑人才的蟊贼。看着发怒的板桥，饶五姑娘又疼又急。她太爱板桥了，却不知怎样来帮助他，只有以自己的温情来宽慰板桥，让他平静下来很需要费些劲。

就在板桥怒气未消的时候，发生的另一件事，再次深深刺激了他：两淮盐运使卢见曾因事被罢官，流放塞外。

这位卢见曾，山东德州人，号雅雨山人，因个头不高，人又风趣，朋辈便给他起了个谑号：矮卢。尽管此人貌不出众，但却性格高阔，大大咧咧，工于诗文，喜吟诵，好交友，又慷慨大方，爱资助落魄文人，扬州文人纷纷同他交往。板桥和金冬心与卢雅雨原本不熟，通过雅雨好友李啸村的引见，才认识了。谁知一见如故，相与诗酒唱和，十分融洽，二人都成了雅雨的座上客。

虽然板桥不怎么清楚卢见曾罢官的真相，但直觉告诉他，像他这样的官员是不该落到如此下场的。在送别宴会上，他看着憔悴的雅雨，心中充满了愤懑和悲哀之情：难道一个风流儒雅的好官到头来落得就是这样的结局吗？他不能不联想到自己。现在想做一个为民的好官都这么不易，即使做了，又会有怎样的下场呢？

他喝了几杯闷酒，冒着酒劲，他为卢见曾写了四首送别诗。最后一首，写的全是自己：

> 何限鹓鸾供奉班，惭予引对又空还。
> 旧诗烧尽重誊稿，破屋修成好住山。
> 自写鹅群教幼妇，闲拈玉笛引双鬟。
> 吹嘘更不劳前辈，从此江南一梗顽。

别人殿试引对，中了进士，做了官，只有板桥我两手空空地回来，到底因为什么？我看透了，不如居家安贫乐道，乐在其中，不要再求晏斯盛那些人去引荐，从此当一个顽民算了！他把自己的心里话写了出来。

送走了卢见曾，他真的闭门谢客，和饶五姑娘吟诗作画，希望过上清静的生活。

三、允禧荐友

1. 做客亲王府

板桥在心急如焚的待官心境下，度过了一年又一年。四五个年头过去了仍没有任何消息。在四年中，他从饶氏那里得到了很大安慰。饶氏给了他生活的希望。

他这时候想起了允禧。他听人说，允禧现在已晋封为慎郡王，又是乾隆的叔父，乾隆很赏识他。便决计赴京一趟，去见见他，说不定能有作用。他告诉了饶氏自己的打算，饶氏也力劝他走一趟，不过也嘱咐他，成与不成，都不要过于认真，不然是会伤身子的。

乾隆六年，板桥做着入京的准备工作。春天，恰值有人进京，他写了一封信带去给西山禅界朋友勖宗上人。信中说：

> "燮旧在金台，日与上人作西山之游，夜则挑灯煮茗，联吟竹屋，几忘身处尘世，不似人海中也。迄今思之，如此佳会，殊不易遘。兹待凉秋，定拟束装北上。适有客入都之便，先此寄声。小诗一章，聊以道意：昔到京师必到山，山之西麓有禅关，为言九月吾来住，检点白云房半间。勖尊者，弟燮顿首。"

板桥进京多次，总喜欢在寺庙居住，这也是他的老习惯了。他同方外人士的交往一直持续到作古。这封信，主要是给老朋友打个招呼，给准备个住的地方，也好到时候在一起聊聊天。

三月，好友李复堂从山东写信来，介绍戴遂堂与其订交。可惜这封信没有流传下来，只能在复堂致另一位朋友的信中了解到这一内容。在信中复堂告诉朋友：他"平时以朋友为性命，顾万峰、郑板桥暨荐青先生外，又得戴遂堂先生一人。读其诗、古文、词、书法，把玩不能释手，则先生乌可以不识遂堂，而遂堂又乌可以不识先生与万峰、板桥乎？"

重友谊，爱朋友，是板桥、复堂这批人的共同特点。他们把朋友视为性命，以对方之忧为忧，以对方之喜为喜，可谓生死不渝。

板桥这时才完全证实关于复堂罢官的传闻。

乾隆三年，复堂到了山东，先在临淄县，不久调滕县任县令。在李鱓为官山东期间，板桥作《饮李复堂宅赋赠》诗：

> 四月十五月在树，淡风清影摇窗户。
> 举酒欲饮心事来，主客无言客起去。
> 主人起家最少年，骅骝初试珊瑚鞭。

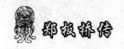

护跸出入古北口，橐笔待直仁皇前。

才雄颇为世所忌，口虽赞叹心不然。

萧萧匹马离都市，锦衣江上寻歌妓。

声色荒淫二十年，丹青纵横三千里。

两婴世网破其家，黄金散尽妻孥婐。

剥啄催租恼吏频，水田千亩翻为累。

途穷卖画画益贱，佣儿贾竖论非是。

昨画双松半未成，醉来怒裂澄心纸。

老去翻去踏软尘，一官聊以庇其身。

几遍花开上林树，十年不见京华春。

此中滋味淡如水，未忍明良径贱贫。

复堂为政清廉，生性耿直，受百姓敬重。然而，百姓喜欢的官大多是不为统治者所容忍的，时间不长，便因事惹怒了上司，以"忤大吏"而被罢官。他此时已五十五岁，似乎不大在乎被罢官事。因为，他可能对此早有预料。官场的腐败，他耳闻目睹，混下去，还有什么意思？罢官了，最多不过再去当我的穷画师，仅此而已！

这时板桥夫妇虽不知道复堂罢官的内情，但心里很担心老朋友。饶氏告诉板桥，越是同甘共苦的朋友越要珍惜。她建议板桥写封信去安慰患友。其实，他们哪里知道，复堂此时正在山东各地游览，心情轻松愉快地投入了创作。他此时真正是无官一身轻了。如果这时二位朋友能够会面，听一听复堂此次重返仕途的经历和辛酸，或许会使板桥的"出仕热"降降温，但是仅是个假设而已。

九月，板桥如期赴京了。行前，朋友们轮番为其设宴送行，举杯祝愿他好运。饶氏却喜忧参半。喜的是板桥此次入京，或许可以获个一官半职，也好抚慰他那颗几乎破碎的心；忧的是，此行万一碰壁，板桥那刚烈的个性，再有个什么三长两短的……她不敢再往下想。在酬酢的空闲间，她多次提醒板桥，入京后不管是成与不成，都要想开些，千万不要太认真了，要尽早回来团聚。

大运河两岸的秋色十分美丽。田畴千里，遍地金黄，火红的柿子树，装饰着农家茅舍村庄。运河中，蒹葭蔽天，白鹭横飞，鱼儿在水草中自由自在地游着。运输的船只源源不断，渔歌声、船工的号子声此起彼伏，一派繁忙景象。

板桥无心读书，很多时候是坐在船头眺望远方。两岸的景物匆匆而过，他无心观赏。此时的板桥，心早已飞到了京师。

终于到了京师。西山的方外朋友如望穿秋水，等待他的到来了。他们热情地欢迎他，为他接风洗尘。方外清净的气氛，令焦躁的板桥渐渐安静下来。勘宗上人索诗，他很高兴地写了三首相赠：

> 罨画溪边鬓尚佳，便拈荷叶作袈裟。
> 一条水牯斜阳外，种得山头十亩霞。
>
> 鬓公美似晋司空，识取云间紫气浓。
> 手把干将日磨淬，匣中抽出秋芙蓉。
>
> 诗清云淡两无心，人自青春韵自深。
> 好待菊花重九后，万山红叶冷相寻。

勘宗上人可能是浙江人，罨画溪位于浙江长兴县西，又名西溪，溪上有罨画亭，很有名气。唐人郑谷曾有诗句"溪将罨画通"，是对这个景物的描写。板桥说勘宗上人童年便已出家，看来是真实的。因为在诗中他写道他是"人自青春韵自深"，估计勘宗上人年龄不太大。第二首诗，主要是写青崖和尚，青崖也是勘宗的好友。丙辰科考，板桥游西山，专访青崖多次，之间友情深厚。他曾记得，当日春日去访青崖时，青崖摘了一大盘樱桃来招待他。他嗜樱桃如命，几乎吃个精光。青崖大笑着命小沙弥去采了一大筐，乐得板桥手舞足蹈，美美地吃了一顿，大呼过瘾，汁水把袍襟都溅湿了。他打算过几天再去访青崖。

小住几日后，板桥恢复了体力，旅途劳顿完全消除了。他立即写了一封信给画友傅雯。请他向允禧致意，择日将亲去拜访。

在前几次来京时板桥结识了傅雯，此人系辽宁闾阳布衣，擅长指头画，是指头画大师高其佩的弟子。板桥素来钦佩高其佩，二人一拍即合。允禧爱才，傅雯又擅长丹青，自然成为允禧的座上宾。

允禧现在事业蒸蒸日上。当年和板桥相识时，年方十五六岁，学识阅历尚浅，而今已是三十岁左右的人了，不仅是地位已上升为亲王，在学识上也长进很多。工诗，擅画，长于书法，宫廷及朋辈中称其为"三绝"。更为难能可贵的是，他身为郡王，却不争名图利，在当年诸皇子争夺中，他置身事外，而今他更是一心搞他的诗文艺术。又礼贤下士，十分谦虚，可谓是清新淡雅的梅花，很少富贵和尘俗气。

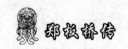

他听说板桥来京要来拜访自己，十分兴奋。虽多年不见，但板桥那渊博的学识和独到的见解，他仍印象深刻。尤其是近几年，他从傅雯和朱青雷那里见到不少板桥的诗歌和书画，对板桥更是钦佩不已。他以骈体文写下五百字的长信，信中倾诉了自己对板桥的仰慕和企盼一见的心情，请傅雯和易祖式持之以请板桥。

板桥给傅雯的信发出后，惴惴不安，他一来担心允禧不在京城，见不上面，二来担心允禧能否答应接见，恐怕允禧对自己生疏了。

就在板桥焦急的时刻，傅雯和易祖式到了。听了二人传达的意见，看了允禧的信，板桥终于放下心来。允禧那么重义气、看重老朋友是他始料不及的，不由得打心眼里感激。

到了慎郡王府前，只见允禧亲自大老远跑来相迎。老朋友相见，紧紧拥抱在一起，异常亲热，看得府前侍卫都目瞪口呆了，允禧这么接待客人他们可是头回看见。

允禧当时只三十一岁，与乾隆同年。《清史稿·圣主诸子》谓："允禧诗清秀，尤工画，远希董源，近接文徵明。"沈德潜《清诗别裁集》谓："（允禧）勤政之暇，礼贤下士。画宗元人，诗宗唐人，品近河间，东平，而多能游艺，又间、平所未闻也。"板桥到慎郡王府后，允禧亲自下厨，送到板桥席前，说："昔太白御手调羹，今板桥亲王割肉，先后之际何多让焉！"允禧与板桥来往数次后，将自己的《随猎诗草》《花间堂诗草》送请板桥指正并求作序，板桥读后，欣然撰跋。板桥在跋中，说允禧"胸中无一点富贵气，故下笔无一点尘埃气。专与山林隐逸、破屋寒儒争一篇一句之短长，是其虚心善下处，即是其辣手不肯让人处。"

2. 红颜知己

板桥返回西山后，在荒寺破庙间游荡，同道士僧人交谈，心情十分愉快。

来京前，文思上人托付他去沙窝门看看画家图牧山。牧山南游扬州时，和文思上人很有交情。在扬州期间，文思上人陪同他四下寻找石涛和尚在扬州的行迹。牧山发狂般地喜欢石涛的画，他只要听说了哪里有石涛的作品，他总想尽一切办法前去观赏，甚至不惜花重金购买。当他离扬州北上时，囊中已无银两，方得文思上人等朋友的帮助他才能回到京师。

沙窝门离卢沟桥不远，离京城却有好几十里路。板桥来到这里，到处是断壁残垣，荒草野树，十分荒凉。破寺里几个蹒跚老僧艰难地提水灌园，稀稀拉拉，农家茅舍，几只瘦狗鹅鸡在寻找着食物，见了生人也不怎么叫唤。

板桥的到来令牧山欣喜不已，忙烧水煮茶，茶盏洗了一遍又一遍。不停地询问扬州老朋友的境况，谈着一些闲话。而对书画方面的事却绝口不提，看来似有什么难言之苦。板桥故意挑起，他仍不回答。板桥只好直言相告，扬州老朋友十分挂念他，只是因为云山重遮，难以互通消息，不知道他是否还活着，希望他多寄些书画，以慰老友的渴望。听完这些，牧山才眼睛一亮，噙着泪水，告诉板桥，他在北方的境遇很不好，因为他学的是石涛和尚的一路画风，在京城被一些人诋毁，心情很坏，故而定居到这里。板桥看出这也是位个性倔强、清高孤傲的人，干脆两人长谈起来，二人很是投机。

第二次访牧山，情况改变很多。牧山又回归原来的狂态，二人纵酒狂饮，趁醉挥毫。好个牧山，真是名不虚传，狂墨怪画，均能得石涛神韵，板桥看得都痴迷了。

板桥离乡多日，也有些魂不守舍，做些拈花惹草的韵事。他在燕京结识了一位年仅十五岁的歌妓招哥。这是一位美丽动人而又聪明伶俐的少女。事也凑巧，板桥的《道情》不知什么时候传到京师来了，恰恰被她唱红了。板桥因此对她感情更深了一层。一段时间里，板桥与她简直形影不离。他写了一首词，赠给招哥，其中可看得出二人的情意：

> 玉笛声迟，琵琶索缓，几回欲唱还停。拈花微笑，小立绣围屏。待把金尊相劝，又推迟宿酒还醒。秋堂静，露华俏俏，银烛冷三更。
>
> 轻轻喉一转，未曾入破，响逗秋星。又低声小叠，暗衷柔情。试问青春几许，是莫愁未嫁芳龄。吾渐甚，髭黄鬓苦，未敢说消魂。

在此之前，板桥也常光顾妓馆。

旧时代的文人士子在宴席上常常与一些歌儿舞女檀板丝弦，在放浪形骸的掩饰下，满足醉生梦死的淫欲，或排遣颓丧的情绪。这是所谓的"时尚"。

自古扬州就是声色繁华之地，正像板桥在《沁园春·西湖夜月有怀扬州旧游》中说的："十年梦破江都，奈梦里繁华费扫除。更红楼夜宴，千条绛蜡；彩船春泛，四座名妹。"板桥在扬州居住前后十几年，也结交了很多烟花巷陌中的红颜知己。从现存资料看，板桥在扬州、京师和海陵都有出身低下的情人，和一些风尘女子结为"尊前知己"。当然，《郑板桥集》中既有鄙视封建礼法和严格遵守爱情坚贞之诗，也不无某些耽吟香艳、风流自赏之作。后者如《满庭芳·赠歌儿》《贺新郎·有赠》。兹录《柳梢青·有赠》于下，以见一斑：

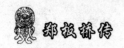

韵远情亲，眉梢有话，知底生春。把酒相偎，劝还复劝，温又重温。

柳条江上鲜新，有何限莺儿唤人。莺自多情，燕还多态，我只卿卿。

由此可见，板桥与这个女子，已达到圆满结合的境地。我们在这里不想对板桥的风流多加考叙，也不打算讨论这种"时尚"。我们觉得，值得指出的是，板桥不仅用赞美的笔触描写那些风尘女子的美貌，同时对他们的哀愁，飘零的命运充满同情不平的笔触。《雍正十年杭州韬光庵中寄舍弟墨》中写道："谁非黄帝尧舜之子孙，而至于今日，其不幸而为臧获，为婢妾，为舆台、皂隶，窘穷迫逼，无可奈何。非其数十代以前即自瞻臧获、婢妾、舆台、皂隶来也。"他认为，身份低的人，不是血统低，他们也应有"黄帝尧舜之子孙"的权利。基于这种思想，他深切同情下层子女，如《玉女摇仙佩·有所感》云：

绿杨深巷，人倚朱门，不是寻常模样。旋浣春衫，薄梳云髻，韵致十分娟朗。向芳邻潜访，说自小青衣，人家厮养。又没个怜香惜媚，落在煮鹤烧琴魔障。顿惹起闲愁，代他出脱千思万想。

究竟人谋空费，天意从来，不许名花擅长。屈指千秋，青袍红粉，多少飘零肮脏。且休论已往，试看予十载醋瓶盎盏。凭寄语，雪中兰蕙，春将不远，人间留得娇无恙，明珠未必终尘壤。

他由小婢女沉沦的困境，想到自己遭受的不幸，并回顾千秋，推想到"多少人才"的"飘零肮脏"，由此产生了一种平生知己的共鸣，并且发出了"春将不远"的安慰之语。

也就是因为这个原因，有些下层女子不仅爱板桥，而且能够对他的事业有所帮助。在《板桥集》中的唯一留名的风尘女子是招哥。有一首诗《寄招哥》：

十五娉婷娇可怜，怜渠尚少四三年。
宦囊萧瑟音书薄，略寄招哥买粉钱。

《刘柳村册子》中说："《道情十首》作于雍正七年，改削十四年，而后梓而问世，传至京师，幼女招哥首唱之，老僧起林又唱之，诸贵亦颇传颂，与词刻并行。"可以说，招哥是推广板桥作品的"首唱"之功臣了。因此我们觉得，对板桥与娼女等下层女子的酬酢交往，不能完全说他是风流、狎情，而应该深入探究，得出公允的结论。

可能是由于慎郡王的努力，很快，吏部通知板桥去山东范县任知事，届时赴任。

在板桥五十余岁的时候，等到了这样一个盼望已久的消息。这是喜，还是悲呢？试问，人生能有几多五十？

板桥毕竟是高兴的。他不只是为任命下而高兴，更重要的是有了知音。他十分清楚允禧在此中的作用。

人生得一知己足矣。真的知己难寻！允禧把板桥引为知己，重的是才识、人品；板桥也是看中了这些才将允禧引为知己。但二者在社会上，轻重程度是不同的。允禧重板桥，被目为礼贤下士，屈尊就俗。而板桥却难免有攀高结贵之嫌。不过二者能不避俗议，意气相投，成为金兰之好，是应当视为真正知己的。

现在，板桥便来向允禧告辞，他将赶回扬州，小作收拾，再去范县赴任。允禧高兴地接待了他。板桥写了一首诗赠允禧，以示感谢并辞别：

> 红杏花开应教频，东风吹动马头尘。
> 阑干苜蓿尝来少，琬琰诗篇捧去新。
> 莫以梁园留赋客，须教《七月》课豳民。
> 我朝开国于今烈，文武成康四圣人。

板桥可能高兴得头发昏了，这下倒真的拍起马屁来。他把顺治帝、康熙帝、雍正帝、乾隆帝比作周朝文王、武王、成王、康王，实在不太合适，这里除康熙帝外，尤其是雍正帝，他的那一套作为，板桥不能说没有过非议，如果没有也就不成其为板桥。也亏得如今当着允禧的面说出这样的话来。

允禧也送了板桥一首：

> 万丈才华绣不如，铜章新拜五云书。
> 朝廷今得鸣琴牧，江汉应闲问字居。
> 四廊桃花春雨后，一缸竹叶夜凉初。
> 屋梁落月吟琼树，驿递诗简莫遗疏。

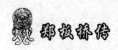

允禧很诚实，他的诗写得就比较实在，写的是他的认识和心里话。他希望朋友要诗简常来，不要断了联系。

除了表示对朋友的眷恋之情外，允禧更主要的是勉励板桥为朝廷效力。后来，板桥还写过《玉女摇仙佩·寄呈慎郡王》《画兰寄呈紫琼崖道人》《与紫琼崖主人书》等诗文，表达自己的眷恋和知遇之恩，并在《刘柳村册子》《板桥自叙》中感激万分地记载了慎郡王的礼遇。所以，我们认为板桥的出仕得力于慎郡王，是很有道理的。

就这样，五十岁的郑板桥怀着对"圣世"的幻想和对慎郡王恩遇的感激，怀着"安人""执法"、解民于倒悬的理想，开始了仕途生涯。

第六章 作吏山东

一、县令凿壁

板桥一直等了六年，才等来个知县一职。按他的才华，这个官职是远远不能相称的。其"初志望得一京官，聊为祖父争气，不料得此外任"。在其后的书画作品上，常钤"七品官耳"闲章，是一种自嘲心理，表达了他错综复杂的心理，在潍县任上所作《和学使者于殿元枉赠之作》一诗有"潦倒山东七品官"句，无疑是一个堪称一绝的注脚。

乾隆七年春，他五十岁那一年赴山东范县任县令。

运河，这条历史悠久的运河，板桥以往多数是满怀希望而去，悻悻而归。如今上任又行进在这运河之上，他此时心情又如何呢？

船到淮安的时候，板桥写了一封信给弟弟郑墨，回顾了自己大半生的个性，他认为东坡翁一生因口上生风，惹出不少麻烦，他现在也开始担心自己以后也会因口不严谨而招来是非。信中说：

> 以人为可爱，而我亦可爱矣；以人为可恶，而我亦可恶矣。东坡一生觉得世上没有不好的人，最是他好处。愚兄平生谩骂无礼，然人有一才一技之长，一行一言之美，未尝不啧啧称道。豪中数千金，随手散尽，爱人故也。至于缺厄敧危之处，亦往往得人之力。好骂人，尤好骂秀才。细细想来，秀才受病，只是推廓不开，他若推廓得开，又不是秀才了。且专骂秀才，亦是冤屈。而今世上哪个是推廓得开的？年老身孤，当慎口过。爱人是好处，骂人是不好处。东坡以此受病，况板桥乎！老弟亦当时时劝我。

东坡喜欢在诗中发表意见，因"乌台诗案"而遭逮捕，险些被杀。他那些讽刺诗中一些当权者被他骂作蛙蝈、蜩蝉，比作夜枭、乌鸦，甚至借用"沐猴而冠"的掌故进行嘲讽。"乌台诗案"出狱后，他不仅没长记性，反而于当晚又写了两首诗，说什么"试拈诗笔已如神"，仿佛诗就是他的生命。当他写完之后，想到自己由于写诗骂人而带来的飞来之祸，也不禁苦笑着说："我真是不可救药。"

板桥一贯也是骂人的，他骂人是带点小心眼，一边认为那是毛病，一边又无恒心去戒，老是搅得心理平衡不了。极精明的人往往又是极苦恼的人。

板桥怀着一腔热血，带着满身旅尘来到了范县。

范县位于鲁西，属鲁州府，与河北接壤。这是个小县城，春秋已为小邑，战国属齐，孟子"自范之齐"指代的地方便是这儿，汉代开始置范县，北齐废，隋又置，直到今天。板桥带着年轻貌美的夫人饶氏和书童，几箱书，一张琴，一捆行李，来到范县上任。他做官主要是希望"立功天地，字养生民"，所以他极力谋寻革除弊政，这个闭塞的小县因此有了一丝清新的空气。

板桥来到这里，想到，自古道，新官上任三把火，不管这话对与不对，新任一职，能否打开局面，这可是头等大事。他听人说，这个县虽小，可历来的官员都从这里揩不少油水，对此百姓们是敢怒不敢言。他不免慨叹这里的民风太淳朴了，希望可为百姓出出气。

按照官场的规矩，新知县第一次升堂，要点卯、问簿、念几句官经，要搞一套烦琐的形式和礼节。板桥可不那么做，他要用自己的个性来重新塑造县官形象。

升堂鼓罢，县署一干人员齐刷刷地在堂前站定。人数不多，典吏一员、儒学教谕一员、训导一员、阴阳学训术一员、医学训科一员、僧会司僧会一员、道会司道会一员，再加上衙役及其他人员，十几个而已。

大家见这新知县，个头不高，黑黑的脸，长得干瘦，相貌一般。唯一令人注目的，是那双眼睛，在浓眉毛下，一双眸子又黑又亮，像一块闪光的黑宝石，仿佛可以洞穿和慑服一切。

板桥到任后的第一道命令就是组织泥瓦匠，三日内将县衙所有的墙壁都凿开洞，可以通风透气。

衙门墙上掏洞，这么新鲜的事儿，一传十，十传百，很快传遍了巴掌大的县城。人们纷纷前来观看，议论纷纷，有的人说好，有的摇头不理解，有的说县里来位怪老爷。开始是县城里来看，后来乡村几十里路的农民也跑来看，整个衙门口，熙熙攘攘，好不热闹。百姓们有的说好，觉得出了一口闷气；有的说，这只是开头，往后谁知怎么样，清半截的官有的是；也有的说，表面文章做得好的官也见过不少，须要看看里面卖的什么药。这件事在曾衍东的《小豆棚杂记》中有记载。

一名手下告诉板桥说，这样一来，恐怕传出去，对板桥不利，这是在讽刺前任官，他们而今升迁的升迁了，晋爵的晋爵了，一旦他们知道，向上面告状，后果不堪设想。

郑板桥出身寒微，坚持不懈苦读，熬到五十岁才做了个七品县令。他既痛恨那些不问民瘼的官吏（这之前他写过《悍吏》等诗作，抨击过贪官暴吏），又怕由于自己不了解民情，对不住百姓，百姓为何对他的做法有这么强烈的反应呢？这一步棋不是明明白白地表露了他的内心态度了吗？他们为什么对他不理解呢？他一连提了许多个"为什么"。转念又想，难道是百姓们长期被盘剥得太苦了的缘故吗？他这时想到扬州附近的情况，想起兴化老家百姓的境遇，想到了这些年亲眼看到听到的许多吏治腐败的事情。他初步觉得，做一个好官并非像写一首诗那么浪漫，那么悠闲。百姓看的是你的行动，你的政绩。直至深夜，他仍十分清醒，积习使他来此第一次拿起笔来，写下七律一首：

> 四五十家负郭民，落花厅事净无尘。
> 苦蒿菜把邻僧送，秃袖鹑衣小吏贫。
> 尚有隐幽难尽烛，何曾顽梗竟能驯！
> 县门一尺情犹隔，况是君门隔紫宸。

他决心要将这一尺衙门与百姓的隔膜打破，走下去，亲自去民间走访，勘查一下这里的地理水文，为治理此地提供点材料。

> 喝道排衙懒不停，芒鞋问俗入林深。
> 一杯白水荒途进，惭愧村愚百姓心。

板桥风尘仆仆行吟在乡间小道上。几个月来，他穿便衣，踏着草鞋，戴顶草帽，身背雨伞，不坐轿、马，只带一名随从李虎，深入到范县农村，访察民情。顶着风沙，行进在县东北的平阴道上，又来往于县西北的邯郸道上。两边古冢累累，到处是历史留下来的陈迹。板桥一面了解民间风情，询问百姓疾苦，探究农桑之事，一面反思着历史，从中总结从政和治国之道。在《邯郸道上》一诗中他写道：

> 铜台西北又丛台，泱漭尘沙泒水回。
> 笑武灵王无末路，爰厮养卒有英才。
> 青山易老人长在，白发无权志不灰。
> 最是耳馀堪借鉴，千秋刎颈有疑猜。

他认为赵国的兴亡应当借鉴。赵武灵王是有为君主，奋发图强，立志改革，曾破除汉人偏见，在军队中实行胡服骑射，使赵国强盛起来。就是这样一位富于开拓精神的君主，在选定接班人上没有卓识，以至在传位时犹疑不决，而致内乱，酿成国灭的后患。

他还沿着大河巡视范县东北的平阴道和西北的邯郸道，有《平阴道上》《邯郸道上》，记叙了范县那种"云随马足，风送牛声，渔者以渔，耕者以耕"的淳朴民情。

在当时，县令出门要坐轿子，仪仗要"排衙喝道"，就是前面敲锣吆喝，后面水火棍、回避牌张旗护卫，鸡飞狗跳，威风凛凛，这是规矩。但除迎接上司外，板桥很少坐轿，甚至也受不了每天的排衙站班，他写过一首《喝道》诗：

> 喝道排衙懒不禁，芒鞋问俗入林深。
> 一杯白水荒涂进，渐愧村愚百姓心。

结合戴延年的《秋灯丛话》写道："（板桥）遇夜出，惟令两役执灯前导，亦不署衔，自书'板桥'二字"等一些记载，可知板桥确实是"芒鞋问俗"的。板桥能关注世俗社会，行动上与正统的官僚大相径庭。这种原始的民主思想已把正统的封建等级观念冲开了缺口。

板桥受淳朴的乡风、艰辛的农事、幽隐的民情的影响有了一些新的观感，他的思想也进一步深化了。我们从他的诗文，他当时的感受的痕迹来看，他思想的转变体现在以下方面：

首先是明显的重农思想。板桥老家在兴化东门外，族人多靠作田捞虾度日，本来他就很同情农民的，加之在范县任上"芒鞋问俗"，对农民春耕夏耘秋获冬藏的生活作了深入的了解，对他们栽枣种梨、植桑养蚕、放鸭养鹅、男婚女嫁、应差服役等各个生活侧面作了认真观察，清醒地认识到农民的作用。《范县诗》就以饱含生活情趣的笔触对农村的景色作了描写，如其一：

> 十亩种枣，五亩种梨；胡桃频婆，沙果柿樏。春花淡寂，秋实离

离；十月霜红，劲果垂枝。争荣谢拙，韫采于斯；消烦解渴，拯疾
疗饥。

这般形象散发出泥土的芳香，而且色彩缤纷，令人欣喜。形象的感受受理性的认识，在给郑墨的信中板桥说："我想天地间第一等人，只有农夫，而士为四民之末，农夫上者种地百亩，其次七八十亩，其次五六十亩，皆苦其身，勤其力，耕种收获，以养天下之人，使天下无农夫，举世皆饿死矣。"他甚至从星象学上也找出支持自己理论的根据来："尝笑唐人《七夕》诗，咏牛郎织女，皆作会别可怜之语，殊失命名本旨。织女，衣之源也；牵牛，食之本也，在天星为最贵。天顾重之，而人反不重乎！其务本勤民，呈象昭昭可鉴矣。"他在谈到工商的作用时说："工人制器利用，贾人搬有运无，皆有便民之处，而士独于民大不便，无怪乎居四民之末也！"板桥还严厉抨击了有些知识分子"一捧书本，便想中举、中进士、做官，如何攫取金钱，造大房屋，置多田产，起手便错走了路头，后来越做越坏，总没有个好结果。其不能发达者，乡里作恶，小头锐面，更不可当"。板桥不仅思想上重农，而且行动上对农民的利益也加以维护。他曾写信告诉在兴化主持家计的堂弟郑墨，人家如果赎回了原有的典产田后，我们弟兄就二百亩田，不用再增加。"若再求多，便是占人产业，莫大罪过，天下无田无业者多矣，我独何人，贪求无厌，穷民将何所措足乎？"写这封信时是乾隆年间，封建地主阶级，包括皇帝、贵族、地主和大商人，在全国各地疯狂地掠夺土地，土地兼并急剧，这样掠夺、兼并的结果，大量农民被迫失去自己的一小块耕地，沦为贵族、地主的佃农。乾隆十三年，官吏杨锡绂上书揭露了当时掠夺土地的情况："近日田之归富户者，大抵十之五六，旧日有田之人，今俱为佃耕之户。"而成为佃户的农民，其收获的四五成、六七成甚至八成以上的粮食，却要奉献给地主、贵族或皇室，多么悲惨的命运。考虑到是在这样的社会背景下，板桥这封家书所反映的认识是很难得的。后来，在潍县上任时，他还写信要儿子"学稼学圃"，要家中妇女"习春榆蹂簸之事"，都表现了重农思想。

板桥一路上访贫问寒，广泛深入社会，接触百姓，不仅全面地了解了县里的风土人情，同时也发现了很多社会问题。

有一天，他正在往前行走，突然听到前面一阵哭声。听那沙哑的悲鸣，当是一老人。

板桥赶紧往前走去，见有一老人伏在坟前痛哭，他不时用手拍打着坟土，用头触撞坟前的柳树，景象凄凉悲伤。板桥紧走几步到了面前，和李虎一起把老人

扶着坐了下去。板桥询问老人为什么事情伤心至此，老人看看板桥，虽不面熟，但很和善，便向板桥悲悲切切地述说了一起残虐孤儿的事来。

老人姓李，原是章家的老仆。这章家是个富足人家，原有弟兄二人。老大知书达理，老实敦厚，中年死去，剩下妻子和一个幼儿。老二为人奸诈，老婆是有名的母老虎。自老大死后，两家便分开过日子。可不曾想，没有多久，大嫂便卧床不起，病死了。临死前，枕上叩头，托付叔父母抚育幼儿，知道他们心狠，不过觉得毕竟血脉相连，不至于太过分。他们也发誓要抚养好孤儿。谁知，大嫂死后，他们独占了家产，嫂嫂尸骨未寒，他们就开始对孤儿进行虐待。竟让八岁的孩子洗锅洗碗，倒尿盆、屎罐子，早晨要去汲水，晚上要铡草喂马。孩子有时让铡刀割破了手，流血不止，他们不去帮他，还大骂死去的兄嫂，生了这么个无能的儿子。干活稍有不慎，轻则遭骂，重则挨鞭子，一年到头，体无完肤。他们家也有儿子，和孤儿年岁相仿，但两人待遇却有天壤之别。他们的娇儿养尊处优，穿紫貂，骑肥马，食膏肉，而孤儿呢？干的是粗重脏活，穿的是破衣烂衫，睡的是牛棚，吃下的只有被人啃剩的骨头和剩饭。老仆实在看不下去了，气愤不过，只有大骂那些欺侮孤儿的没良心的奴仆。那两口子没心没肝闭门不理。他们把孤儿折磨得已经奄奄一息了。老仆无奈，才一人携纸钱前来坟上痛哭。

老人说罢，又泪如雨下，放声大哭起来。

板桥听到这里，也流下了同情的泪水。他也不禁想起了童年的辛酸。但他觉得，他童年丧母，和这孤儿比起来，是幸运者，除了叔父对他爱护有加，乳母费氏对他更是精心照顾，他一想到乳母，内心便油然产生一种无限感激之情。这是位多好的中国女性啊！她在抚育自己成长的同时，也教会了自己怎样做人。他清楚地记得，乳母当年不厌其烦地教他长大做人要作个好人，做官要做个好官。他现在一看到乡下的老年妇人，便会想起乳母来。

他十分清楚地记得，他中进士后不久，忽报乳母病故，他悲痛欲绝，前往奔丧。他在乳母慈祥的遗容下跪拜，悲痛万分。这位老人，自己的儿子做了操江提塘官，屡迎不归，一心把板桥抚养长大。当她得到板桥中进士的消息后，十分欣喜欢心说："我抚育幼主（指板桥）成了名，儿子也作了八品官，这一生也算满足了！"不久便无疾而终，享年七十六岁。

板桥记得十分清楚，当他满含泪水看着乳母的棺木被黄土慢慢覆盖上后，他对着高隆的坟茔跪下，用心血写成了一首纪念乳母的诗。

板桥告诉老人定会查办此事，并叮嘱他回去保护好小主人。

板桥看着老人渐渐远去，心里感到一阵轻松，觉得又为百姓办了一件好事。

经过半年多的勘查，板桥大致了解了些情况，掌握了第一手材料，他大幅度地进行了一番整顿，基本理顺了这个小县的吏治。秋天到了，风调雨顺，迎来了一个丰收年成，板桥登上范县城东楼，凭栏远眺，写下了一首小诗：

独上秋城望，高楼出晓烟。
西风漳邺水，旭日鲁邹天。
过客荒无馆，供官薄有田。
时平兼地僻，何况又丰年。

二、巧断公堂

1. 僧尼还俗

初任县令，郑板桥还处于兴奋状态，夜里常常失眠。这天，在静谧的春夜里，二更的梆声显得特别清脆、悠长。梆声消失后，板桥隐约听到了来自大牢的一个声音。他侧起右耳细听，像是女人在啼泣。监中已无女犯，哪来的女人哭声？他问手下的衙役。

衙役告诉他是天仙庵的小尼在哭。因和石佛寺的和尚私通，被人当场抓住，今天下午捆着游了街，才送到这里，暂且收监，准备明天再禀报。

郑板桥回到后宅的东屋，好久了都没睡着。都快清明节了，好心的尹安还把炕烧得这样热，像潍县人烙饼的鏊子一般，滚烫滚烫。他掀开被子，露出半截身子，才舒服了一些。

似有哭声由远处传来。他翻向左侧，把右耳放在上面细听，一切都归入寂静，声音又没有了。连那啼哭的小尼，大概也暂时忘记了面临的危险和不幸，入了梦乡。

板桥想到狱中的小僧、小尼，心情复杂。常言道："好做的和尚，难度的五更。"血气方刚的男子，情窦初开的女人，岂可陷身佛门，终生与木鱼、铁磬、木雕、泥塑为伴，过那枯木行尸般的生活，青春韶年，耗尽在晨钟、暮鼓、黄卷、青灯之中！只有那些被挫折和灾难蚀尽欲念和尘心的人，才想用此法来打发余生！唉，暌违人性的修炼事业！向来为自己敬羡的僧道，多么值得怜悯和同情！那些捉奸人，倒是十分可恶。多管闲事！

这样想来，又觉得自己"明早升堂审问"的决定，似乎不妥。单是那两行虎视眈眈的站班衙役，就把两个年轻人的一切真情吓得封闭在心中了。

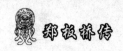

想到这里，他决定天亮后，干脆先在刑房东庑密审，让两个贴笔躲在屏风后面录供……

第二天，板桥一到刑房，蒯典史就把一张奇特的状子交给了他：

> 天仙庵内，青龙井旁，僧尼私通，捉奸成双。玷辱佛门，难容
> 纪纲！
>
> 　　　　　　　　　　　　　　　　阖邑善男信女具呈

板桥看完落款，冷笑一声，随手将状子扔到案上，吩咐带人犯。两名身穿黑袈裟，足蹬遮膝白布袜的出家人很快就被押了上来。他们跪在地上，头触地面，瑟瑟缩缩。他们的面目县太爷看不清楚，只看到两个光秃秃的头顶，和上面整齐地排列着的各九颗戒疤。

在板桥的要求下，缓缓地两张像蜡一般苍白的脸抬了起来，仍低垂双目，不敢向上看。泪痕和污垢玷污了满脸。县太爷端详了很久，才分辨出，左边跪着的那个，秀气中显出英俊，痛苦中露着愤怒。右边那个，端庄中显出妩媚，惶恐中露着羞涩。看来，左面是僧，右边是尼了。看着看着，板桥心里感叹道：

咳，你两个多情种！既然尘心未泯，为何要皈依佛门，做那不食人间烟火的苦行者呢？看起来，无情的戒火，能在光头皮上烧出永不褪去的戒疤，少年的相思，却是烧不尽的！这样一想，明人陈驿的一首散曲《水仙子·尼姑》浮上他的心头。

> 卸却簪珥拜莲台，断却荤腥吃素斋，远离持清戒。空即空，色是
> 色。两般儿祛遣不开。相思病，难医治。失心疯，无药解。则不如留起
> 头来！

这一双青年人真该留起头发来拜天地，做夫妻。但不知是何种难以躲避的困厄和不幸，逼得他们走上这条路呢？

这个小僧泓慧，今年二十岁。

那个尼姑叫妙云，刚刚十八岁。

他们俩都是凤凰屯人，全是正经人家出身。

县太爷温和地问妙云因何出家。

小尼瞅了小僧一眼，吞吞吐吐答道是出于自愿。

板桥却说是有人逼迫，她才出家的。在大堂上不能如此问案，否则便有"引

供”之嫌。板桥为了问出真情，不管这些金科玉律了。

他就是想弄清事实，成全这对年轻人。

板桥连续催促了几遍，小尼竟伏在地上，痛哭起来。

这时泓慧忽然抬起头来，说让他替她说。

审案常例，犯人不经询问，自行开口，是要遭训斥甚至打板子的。小僧的草率请求，虽然使县太爷感到吃惊，看来，小尼不愿开口，必有其苦衷。先问小僧也好。

小僧指指小尼，怒冲冲地说自己出家是因为这个小尼姑的爹。

板桥暗自笑了，看着跪在面前的两个出家人，原来他们真是一对被拆散的鸳鸯。

小僧抬起充满泪水的大眼睛，将实情说给了慈祥的县太爷。

潍县城东南角，有一座著名的天仙庵。天仙庵的大殿后面，有一个大园子。园中幽深的花木之中有一口不知什么年代留下来的古井。

这古井上口细，下口粗，青砖砌成。一块当中凿上圆洞的大青石板盖在井口。年深日久，汲水的井绳竟将圆洞口磨出了道道深痕。古井极深，晴天不见底，阴天雾沉沉。对着井口吆喝一声，井底便发出雄浑的回声。

潍县这两年闹饥荒，这古井忽然显了灵。在风雨飘摇的黄昏，或者浓雾弥漫的清晨，井中经常有“嗡嗡”的响声。用心倾听，井底仿佛有波浪翻滚，狂风怒吼。有时，在黎明的晨曦中，隐约可见几缕淡淡的青烟，自井口袅袅飘出，缭绕升起，与浮云相合。

于是，“天仙庵古井里驻有青龙”的消息，便不胫而走。很快方圆几十里就都知道了。人们纷纷前来天仙庵烧香许愿，拜求青龙驱除旱魔、扫荡瘟君；还希望可以亲眼看到龙王爷取水升天，驾云布雨。甚至有些好事人趁天黑，溜进庵内，在井边彻夜等待。但是，谁也没福气见到“青龙”。

庵中的小尼妙云，有一天傍晚到井上打水，见井台边站着个四十多岁的细高个子男人。他不看井中有没有青龙，双眼却直勾勾地盯在小尼脸上。妙云羞得差点把水桶掉进井里。她提上水，急忙回到厨房。她第二天傍晚去打水时，又看见那个男人站在那儿。

那男人的眼光，像两把锥子，直扎得妙云起了一身鸡皮疙瘩，两手颤抖地把木桶放下井去，正用力朝上拉的时候，那男人猛扑上来，一只手抱住她，一只手在她身上胡乱抓摸。吓得她松开了双手，“扑通”一声，水桶掉进井里。她喊了一声“救人呀”，便晕倒在井台上……

好在有人及时赶过来相救，才没出危险，老尼听说后竟说，一定是青龙显

灵，是小尼姑有造化！

从此以后，她却因这"造化"害了"恐井症"——打水时，不等走近井台，便浑身颤抖。别说水打不上来，连自己的身子都支撑不住。老尼只得派别的弟子来打水。而那个接替她的小尼，实在无"造化"，竟一次也未碰到过"青龙显灵"。

过了一段时间，一个漫天飞雪的早晨，天仙庵来了个婆娘。四十多岁了，脸上皱皱巴巴的，擦着一层厚厚的官粉。她说自己姓吴，儿子重病，许过菩萨的愿。儿子如今病好了，特来还愿。住持老尼便命妙云"伺候施主上香"。

妙云陪那婆娘到了佛殿，婆娘献上十个大面供，拈了三炷香虔敬地插入香炉，然后双手合十，跪在拜垫上。妙云便敲着木鱼，念起了《金刚般若波罗蜜经》。正在她闭目诵经的时候，不知什么时候，那婆子来到了她的身边，附在她耳朵上说："本城有一位官最大、钱最多、人最好的老爷，相中了你，要娶你回去享清福。"

妙云气得两眼圆睁，朝婆子脸上狠唾一口，掉头便走了。

婆娘走后，一直没露面。不料三天前，妙云到后园拔菜，她竟等在那儿。她见了妙云，上前福了一福，一本正经地说她此次前来，一来是给师傅赔不是，二来是告诉她一件大事……婆娘瞅瞅四周，神秘地向前凑了凑，说那位大爷要县大老爷派人来抓她，她已大难临头。

婆子说完，慌慌张张地走了。

妙云却是已被吓得六神无主了，好半天仍呆站在那里，就像大殿里那尊泥塑一般……

外面传来香纸小贩的叫卖声，她急忙溜出去，把削发时从头上卸下的一只金钗，悄悄给小贩。托他送个口信给石佛寺的泓慧，约他在后花园见面。昨天，泓慧按时到了后园。但没等两人说上几句话，便被四条汉子"捉了双"……

"因祸得福啊！"听完这番诉说，板桥深为这对钟情的年轻人庆幸。假如不被"捉双"，送来衙门，他二人只有在眼泪和叹息声中渡完光阴岁月，才能了却那不尽的相思与怨恨。板桥甚至觉得那四个恶棍反倒做了一件好事。

板桥问小僧、小尼，倘使他们果真定过亲，那么他就准他们成婚，他俩是不是愿意？

县老爷会如此断案，太令这对有情人吃惊了，他们连连叩头，大声说愿意，板桥马上派人去他们俩家核实情况。很快，去凤凰屯核查的皂隶归来报告，泓慧俗名任小山，五岁那年，确由父母主婚与不满三岁的俗名叫钟小秀的妙云订婚。后来，因钟家再三逼胁才把婚事退了……

小僧、小尼的供词完全属实。

郑县令的烦恼却并没因此减轻。几天来，刑席师爷一再劝他谨慎从事，并意在言外地告诫上司：当堂答应"成全"小僧、小尼，似属不当之举！

僧尼二人的婚约早已解除，已无夫妻名分，其双双被捉，不加惩戒，已有为奸人张目之嫌；退而言之，即令他们确无不端之举，对两个出家人加以"成全"，也有伤风、渎佛，授人以柄之嫌。

果然，几天后，外面流言纷传，还有人在夜里，在县衙前的照壁上贴上了一首打油诗：

> 天下奇闻出潍县，莲花座下淫浪翻。
> 青天老爷做月老，和尚尼姑遂其奸！

恶毒的攻讦，使郑板桥十分震怒。

然而好事不出门，坏事传千里，没两天，范县全城都知道了小僧、小尼被"捉双"的事情。现在，还不到升堂时间，大堂院子，连同衙前大街，就被看热闹的人挤个水泄不通。

大堂正中是"正堂"公案。左侧，斜放一案，后面端坐着典史蒯弼。两名准备笔录的帖笔则坐在了右侧的一张长案后——已经准备好了开堂的全部工作了。

辰正时分，众衙役拖着长腔，齐声喊起"升堂——"

声音未落，正七品顶戴补服的郑县令，从屏风后，迈步走出。他在公案后的太师椅上坐下来，高声吩咐："带人犯！"

两名被告和两名证人——石佛寺和天仙庵的老住持被带上来。板桥问过四人的姓名、年龄、住址之后，命证人站立，开始了审问：

"妙云、泓慧，你们是在天仙庵后园被人捉住的吗？"他从容地问道。

"是的，老爷。"两名被告一块儿回答。

"大胆！"板桥一拍惊堂木，"既然已经剃度受戒，皈依佛门，就该六根清净，潜心修行。岂可在菩萨的莲座底下，干那苟且之事！倘若天底下的出家人，都像你俩这样，佛殿岂不成了喜房，经坛岂不成了婚床——你们说荒唐不荒唐？"

院内顿时寂静了下来。

"大老爷，俺没做那越轨的事！"小僧低声辩解。

"不干风流勾当，怎会被人双双捉住呢？讲！"县太爷今天的嗓音特别响亮。

"俺俩站在那里说话，他们硬说俺们'通奸'……"小僧带着哭腔说。

"哼，有没有通奸，哪是你说不是就不是呢！来呀！"随着县太爷的声音，一个狱婆上前来施礼。"将小尼妙云，带下去验看！"

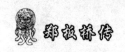

狱婆带走了妙云以后，板桥便问天仙庵住持老尼："老方丈，泓慧、妙云在宝刹私通，可有此事？"

老尼答道："回老爷，贫尼并未亲见。"

此时，狱婆带着妙云回来禀告："启禀老爷，小尼妙云乃是处女之身。"

大院中，悄无声息，静得吓人。

"原来如此。"板桥故作吃惊地点点头，问道："泓慧、妙云，这么说你们是被冤枉的了？"

"是，大老爷。俺冤枉！"小僧、小尼齐声痛哭了起来。

板桥又问："泓慧，你在石佛寺出家，无缘由的，去天仙庵作甚？"

"老爷，有人要抢妙云，她叫俺带她逃走。"

"天仙庵有住持和众尼，出什么主意不成，偏要去找你？而且两寺相距二里之遥，她又是怎样认识你的？嗯？"

小僧、小尼姑已听明县令大人的话外之意，便当众把二人订亲之事重新说了一遍。

"老爷，俺俩是同庄人，又是自幼定亲，她有难，自然要跟俺商议。"

"怎么？原来你们自幼定了亲？"

大院中一片嗡嗡声。

"是。俺五岁那年定的。"小僧答道。

"妙云，你是跟泓慧定过亲吗？"

"是。"妙云虽声音不高，却很清晰。

"既定过亲，如何又双双出家？"

"他爹嫌贫爱富，又将她许给富人作妾。她一怒之下削发为尼，小人也就出家为僧了。"泓慧愤怒地嚷道。

"荒唐！"板桥愤怒地猛拍惊堂木，大声喊道："一对订了终身的夫妻，妻子遇到恶人的算计，找丈夫商议，本是情理中事。难道不行吗？大胆的恶棍，无中生有，竟敢诬告人家'通奸'！不但捉住打骂，还绑人游街，太可恶了！"

板桥望望堂下的两个年轻人，又瞅了瞅院中黑压压的观众，语气有所缓和，说道："泓慧、妙云，你们既有了重归凡尘之心，分明已经忘却戒律——不可继续参禅佛门。"他向老僧、老尼问道："两位禅师，你们看该如何发落？"

老和尚双手合十率先表态，要驱逐小和尚。老尼姑也拒绝小尼姑回尼姑庵。板桥因此断道："二人脱下袈裟，还俗去吧！小尼已经十八岁，也到了成亲的年纪。既然早已许配泓慧，就随他回家去吧。"

两个年轻人一齐磕起头来。

板桥命二人回家之后，立即成亲。往后男耕女织，孝敬老母；夫唱妇随，永偕百年之好。

大院之中，一片哗然！

一对小夫妻眼含热泪，连连磕头。

板桥又命衙役带上两个年轻人，跟随两位老方丈，取回行李，然后护送他们出城，不准恶人再欺负他们。

板桥摸出旱烟袋，装上一袋吸着，正打算退堂，大堂院子里叫嚷声越来越大。板桥细听，听清了一句："好嘛！不惩奸僧淫尼，反倒当堂赐婚，遂其奸愿——新鲜，新鲜！"

板桥瞅一下窃窃私语的人群，看到阶下右侧，几个纨绔子弟在那里挤眉弄眼，十分不服气的样子，便用烟袋一指，说道："你们有理尽管说，大堂是讲公理的地方。"然后又对身后的衙役吩咐道："仔细看好，若有不上大堂讲理，只在下面议论者，乃系扰乱，抓来打四十板子！"

八个衙役应一声，在大堂檐下成一字形排开，虎视眈眈地向下逼视着。这一着真灵，那些狂呼乱嚷的人，顷刻之间仿佛哑了一般，再也不敢吭声。看看无人再嚷，县太爷哈哈一笑，说了声"退堂"，摇着烟袋，走下堂去，一边走，一边唱："相思病，难医治。失心疯，无药解。则不如留起头来……"唱着唱着，突然又想起了什么，趑身走到签押房，抓过纸和笔，写了几行字。然后，向身边衙役道："取我的俸银十两，连同这张纸，一并交给那两个还俗的！"

衙役接过纸条，上面写的是一首诗：

> 一半葫芦一半瓢，合来一处好成桃。
> 从今入定风规寂，此后敲门月影遥。
> 鸟性悦时空即色，莲花落处静偏娇。
> 是谁勾却风流案，记取当堂郑板桥。

板桥在范县期间，接触了很多类似的婚姻案件，他亲眼看到、听到不少痴情男女，因婚姻不顺，而分离、殉情，便有心要过问一下，成人美眷。当然，他也自知这仅是小补之哉，但他是乐于做这种小补的。

2. 秦晋之缘

一次外出，一穷人路上认出了板桥，便向板桥告了一状。说他和大财主某人家的千金，从小由对方父母聘订终身。后自己家道没落，对方赖婚，自己又无力与之相争，故只有告官。

原来，大财主的长女是贫士的邻居。这个小姐幼年时，天天跟贫士一起玩耍。自从贫士家道没落，两家才不来往了。两人青梅竹马、两小无猜。板桥听到此，想到了自己和饶五姑娘的姻缘。如果不是好心人赠银相助，恐怕也是一个遗憾的结局。他问贫士，他和那小姐已经多年未见面了，小姐会不会变心呢？

贫士认定她心地惇厚，视他如亲兄长，绝不像她的父亲！

心中有数后，板桥神秘地跟贫士耳语一阵，并给他十两银子，让贫士母亲派人去财主家订结婚日子。如他家再不准，他就来喊冤。

正如预料的那样，去财主家通知结婚日期的人，不但被拒之门外，而且遭到了财主一顿辱骂。财主还口口声声说，郑大老爷是他的朋友，不怕去县太爷面前告状打官司！

这样，郑板桥就有机会审这个案子了。

当衙役到案时，财主婆自告奋勇要代丈夫出庭。衙役不准，她坐上轿，来到衙门口，甩开两只尖尖的长脚，硬往衙门里面闯。门上将她拦在外面，她仍不愿走开，赖在衙门口喊冤叫屈，呼喊县太爷替她做主！

预审先在刑房西庑进行。

此财主衣衫华贵，肥头肥脑，两眼红肿，一副肝火内攻的样子。

板桥拿着案上的状纸，大声问他可知，范县县令被百姓告了状。

财主被问得满脸疑惑。

"本堂对恃富赖婚的恶豪不加制裁，这就是老百姓上告的罪状。本堂本不愿过问这些民间细事，但那人又声言要越衙告状。一旦上面怪罪下来，本堂担当不起呀！"

财主听明白了，马上说："那穷书生现在游手好闲，家徒四壁。小女一旦嫁给他，岂不要冻馁而死！所以劝他退婚，实属万不得已。"

板桥装出一副可以理解财主的表情，说："千金小姐去做挑夫娘子，免不了要受饥寒之苦。做父母的心疼骨肉，也是人之常情。"然后不露声色地说一方要退婚，一方不退婚，实在为难，让财主自己想一个办法。

财主胸有成竹地说，只要那穷小子同意退婚，他情愿出五十两银子，送与穷书生与门当户对的人家另结姻缘。

板桥考虑到财主出的五十两银子太少，所以又故意引他自己抬高价钱。结果财主愿意出二百两银子。听到此，板桥故意思考许久，然后慢慢点头说："好吧，既然你自己情愿多出银子，老爷答应你的请求。立即交付韩家纹银二百两，婚书作废。以后，两家永无攀扯！"

此时，财主似乎领悟到了什么，赶紧说："如此大数目，小人哪里挪借得出。

再说，一百两也不少哇!"

板桥狠狠地挖苦了财主一顿，说："你只知拿出二百两银子就心疼，那个贫士丢了媳妇就不心疼？别看你出了"血"，要让人家应允，老爷我还得费许多口舌呢。休在这儿啰嗦，快命人回家取银子!"财主没办法，只得掏钱结案。

"老爷，县太爷来访!"财主交清银子后半个月，小仆人慌里慌张到内院来报。

财主愣了愣，急忙赶到大门口恭迎。他口里跟郑老爷寒暄，心里却犯嘀咕：他来干什么呢!

进了客厅，献茶、敬烟之后，不等他多问，县太爷就问，令爱既已退婚，总不能终老闺中吧，本县做媒，为令爱觅一佳婿。

财主一颗悬着的心，这才稍稍稳定下来。但这提亲一事，他得仔细想想。不久前，他使自己白折了二百两雪花银。现在，却来作伐，其中机关难以看透。于是婉转地拒绝了。

郑老爷走后，财主回到内院，把事情告诉了老婆。俩人一商量，心思活了。一则，县太爷亲自登门作伐，在范县绝无仅有，光这一层，就面上生光；二则，三女嫁给蒯弼，虽说事先并未告知父母，但"初嫁由父母，再嫁随自己"。再说，好歹人家是正名正分衙门口的官儿、正九品顶戴。

老两口仔细一合计，决定同去县衙相一相。若中意，自不必说；若不中意，也好交代。若是看都不看一眼，就不好交代了。大老爷不可得罪!

两口子第二天到衙门求见。县太爷亲自出来相迎，郑重地接进花厅献茶。向他们讲明了男方的家庭籍贯、生辰时日。末了，笑着道："家境虽不能同老先生相比，但不久之后，就需另眼相看了。到那时，只怕老先生也要矮他三分呢! 至于妆奁，无须女家破费，统由男家筹划。"

财主夫妇，互相对视了一下。只有他们夫妇懂得那眼神。财主夫人心想：男家不要妆奁，看来也是个富贵人家。财主在想：凭自己在范县的名声，找一户门当户对的人家，少了五百两银子的妆奁绝对不行。他前几天还心疼被韩家要去了二百两，现在收支相抵之后，还净赚三百哩!

县太爷好像早就料定他夫妇接下来便要亲自看一看人，笑着请上贫士。

话音刚落，廊下立即转过来一位倜傥青年。黑缎小帽，青绸长衫，外罩紫缎坎肩，青鞋粉袜，腰系八宝罗丝带。潇洒英俊，一表人才。

财主上前，瞪大了红肿昏花的老眼，把县太爷的"好朋友"仔细打量了一番之后，回头躬身施礼，夸老爷慧眼。

县太爷并不急于求成，说令爱踟蹰，也可来相一相。

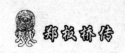

财主夫妇告辞县太爷后，一路上都很高兴。他们至此都不知道那个县令朋友就是贫士书生。

那小姐得知后，便哭了起来，死活不允。

财主夫妇不管她同不同意。一挥手，一乘轿子把他们父女抬到县衙来。

板桥打量了一眼在北间坐着的富家小姐。见她身材窈窕，脸庞俊美，头上斜插着一支素淡珠花。上身着一件肥袖葱芽绿偏襟夹袄，下身系一条窄平折、宽幅彩绦压边的水红长裙，长裙下露出一双尖尖的绣花荷色木屐。她低垂双目，有一股聪慧和秀气劲儿。

咳，这女子与那贫士书生真是天生就的一对呢！

板桥对低头擦泪的小姐说："不必难过，上前相一眼新郎，如不中意，老爷我决不相强。"

那小姐因为父亲嫌贫悔婚，本是希望县太爷公断，让他的心上人打赢官司。不料，县太爷竟和他钻进钱眼的父亲一个鼻孔出气。打散了一双鸳鸯。她又伤心、又绝望，没有心思再活下去了，哪里还有心绪相"新郎"！可是，心里苦闷得说不出来，又不敢违抗官家的命令。只得抬起头来，隔着帘子，狠狠瞪了那青年一眼。谁知，这一看，惊得她浑身一颤，急忙从大襟上抽出手绢，擦了擦双眼，近前两步，仔细看看，转身向县太爷施礼：

"小女子愿请大老爷做主！"

板桥大笑两声，说："小姐对我的朋友是不会嫌弃的！"板桥见那小姐连连点头，便高声说道："既然老先生与小姐一齐相中了新姑爷，千里姻缘一线牵，美满姻缘，早早玉成。今天恰好正是黄道吉日。本县令主婚，两位新人到花厅行礼。行礼完毕，回家庆贺洞房花烛。"

县太爷的话刚出口。"呼啦"一声，四名女子走进北屋来。她们七手八脚，给丁淑仙开脸绾头，插翠花戴螺钿，换上大红嫁衣，至以中路花厅。花厅里已经是红烛高烧，彩绸纷呈。一方斗大的"囍"字，贴在屏风之上。

三、放翁习气

板桥在工作之余，从没有放弃创作诗词。多年来，这已形成习惯。他常在案头上摆着四部书：《杜工部集》、陆放翁《剑南诗稿》、《东坡乐府》与《稼轩长短句》。

乾隆七年夏，板桥收到允禧自京都发来的书信，看完后，内心激动不已。允禧除了在信中表达问候之外，特意嘱请为他的《随猎诗草》《花间堂诗草》作序。允禧的高度信赖深深打动了板桥的心，心中充满无限感激之情。他想，在京都时，允禧曾请他读了诗集，也提到了作序之事，他当时并没有当真。因为他清楚，身为慎郡王，允禧身份并非一般可比，而且京城里博学硕儒有那么多，请他们作序倒还说得过去，他有何资格去作序呢？可谁想到，允禧竟不是这样看，他执意得有点使人吃惊，公然提出非板桥莫属，对板桥实在太信赖了。因此，板桥更深一步了解了允禧的人品，也更加打内心里敬佩了。

他又想，作序，就应当通过文字，让人对允禧的人品、学识、修养有所了解。上层人物中，他们知道允禧，但并不能真正了解允禧，允禧在污浊恶臭的上流社会的圈子里，应当是风骨独标的。但他们往往，只看到允禧的名望、地位，而不能真正认识他。而在下层的文人中，他们当然也知道允禧，但他们了解的允禧也不全面：康熙之子、乾隆之叔、慎郡王、高贵血统。他们根本不能接触到他，当然也就无法全面地了解他。

板桥因此更觉得自己有责任介绍他，让人们看到他的真实面貌——一位有血有肉、有丰富情感、有学识才华的普通的人。他想，正是他的普通，才能在自己的心目中成为不平凡，从而钦佩、爱戴他。

滴水之恩，当以涌泉相报。但板桥又绝非庸俗报恩的人，他只能说他该讲的话。夏夜是美的。更深人静，窗前不时有萤火虫飞来。草丛中的蟋蟀，轮流唱着动人的歌声，微风送来阵阵馥郁的花香。板桥思索后，提起笔来写道：

　　紫琼崖主人者，圣祖仁皇帝之子、世宗宪皇帝之弟、今上之叔也。其胸中无一点富贵气，故笔下无一点尘埃气。专与山林隐逸、破屋寒儒争一篇一句一句之短长，是其虚心善下处，即是其辣手不肯让人处。

　　琼崖主人读书好问，一问不得，不妨再三问，问一人不得，不妨问数十人，要使疑窦释然，精理进露。故其落笔晶明洞彻，如观火观水也。

　　紫琼道人深得读书三昧，便有一种不可羁勒之处。试读其诗，如岳鹏举用兵，随方布阵，缘地结营，不必武侯八阵图矣。

　　紫琼道人读书精而不骛博，诗则自写性情，不拘一格，有何古人，何况今人！

写到此，板桥觉得有点儿冷了，听听门外，谯楼已打三更，他起身披衣，无

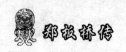

意中看见书架上的一部《五灯会元》，灵感突然而至，他想，允禧写诗时，颇有点类似禅宗高僧的静坐独悟，他会不会从禅境中去体味诗境呢？板桥心花怒放，他迫不及待地走到案边，写下了下面一段得意文字：

> 主人深居独坐，寂若无人，辄于此中领会微妙。无论声色子女不得近前，即谈诗论文之士亦不得入室。盖谈诗论文，有粗鄙熟烂者，有旁门外道者，有泥古至死不悟者，最足损人神智，反不如独居寂坐之谓领会也。

渊默自涵，一旦心花怒放，便如太华峰头十丈莲矣。
接着，板桥文思如泉涌，对允禧的文学艺术进行了全面评价：

> 问琼崖之诗已造其极乎？曰：未也。主人之年才三十有二，此正其勇猛精进之时。今所刻诗，乃前矛，非中权，非后劲也。执此为陶谢复生，李杜再作，是诋谀之至，则吾岂敢！
>
> 英伟俊拔之气，似杜牧之；春融澹泊之口，似韦苏州；飘逸清远之态，似王摩诘；沉郁顿挫孤峭，似杜少陵、韩退之。种种境地，已具有古人骨干。不数年间，登其堂、入其室、探其钥、发其藏矣。
>
> 主人有三绝：曰画、曰诗、曰字。世人皆谓诗高于画，燮独谓画高于诗，诗高于字。盖诗、字之妙，如不云之月，带露之花。百岁老人，三尺童子，无不爱玩。至其画，则荒河乱石，盲风怪雨，惊雷掣电，吾不知之，主人亦不自知也。世人读其诗，更读其画，则不知足之蹈之，手之舞之。

板桥最终还是谦称不敢为序：

> 此题后也，若作序，则非燮之所敢当矣。故段段落落，随手写来，以见不敢为序之意。

给人，尤其是名人作序是最难的了。捧高了是谄媚，会被人嘲讽；讲得低了，又会得罪人，反正两头都生难。允禧是名人，板桥作序心里也是有压力的。然板桥自认允禧是知音，作序时，该褒处褒之，不该拔高处，则尽量说点实话而不像对一般名人仅作泛泛而谈，这或许对序者、被序者都有些益处。板桥是力求这样做的。允禧的诗，当然属于文人闲适之作，与板桥历来主张的诗关乎"民生痛痒"的主张不是一个基调。所以板桥在下结论时，考虑了良久。这自是板桥本色。

此后不久，板桥决定刊刻自己的诗词集。

他想到了允禧，便写信告诉他自己的决定。允禧也十分高兴，为板桥诗集题诗一首：

> 高人妙义不求解，充肠朽腐同鱼蟹。
> 此情今古复谁知，疏凿混沌惊真宰。
> 振枯代萌陈厥粗，浸淫渔畋无不无。
> 按拍遥唱月殿曲，走盘乱泻蛟宫珠。
> 十载相知皆道路，夜深把卷吟秋屋。
> 明眸不识鸟雌雄，妄与盲人辨乌鹄。

允禧的题诗写得泛泛，但还是开掘了板桥的思想，因为他看出了板桥诗中"疏凿混沌"的意义。

而板桥本人则给自己的诗集写了几句很有意思的小序：

> "余诗格卑下，七律尤多放翁习气。二三知己屡诟病之，好事者又促余付梓。自度后来亦未必能进，姑从谈而背直，惭愧汗下，如何可言！板桥自题。"

这真是反笔。在这里，板桥卖了个关子。在陆游所处的时代里，国耻未雪，壮志难酬，其将这种感慨发而为诗，诗作中的内容多为金戈铁马的沙场与劳碌安适的农耕生活，无病呻吟的作品少而又少。板桥将诗格自比放翁，已自可观，"卑下"则更是无从说起了。这样做本身便已明确宣告自家的诗歌本色与当时流行的那种诗风是截然不同的。有些议论，偶尔发发倒也不妨，但如刻入诗集传世，就得小心为了。要知道，在那个时代里，文字狱盛行，人们随时都可能被罗织进去。这一点从板桥对《道情十首》的修改上便清晰可见。

《道情十首》小跋写道："是曲作于雍正七年，屡抹屡画，至乾隆八年，乃付诸梓。"前后历时约十五年。其中改动最多的不在于内中的那些主要作品上，而在于序和跋语。板桥书于乾隆二年的墨迹和后来的刊刻本就有很大的差别。墨迹本开场白同刊刻本一比，几乎可说是面目全非。

墨迹本主述写作《道情十首》旨在"踢倒乾坤，掀翻世界，唤醒多少痴聋，打破几场春梦"，是出于"慨往古之兴亡，叹人生之奄忽"的一种感怀。而经删削之后，刊刻本不仅语言失其锋芒，思想方面也被大大淡化，创作主旨变成了"唤醒痴聋，消除烦恼"，"若遇争名夺利之场，正好觉人觉世"的"风流事业"，那种沉重的历史感怀没有了。很明显，板桥当时的想法是，为能保住作品中思想的主干部分，尽量在一些明面处作出改动，以避免一些不必要的麻烦，这也是他的"一片苦心"，是基于当时环境，无可奈何才这么做的，也不能因之对他过于批评。

乾隆七年，诗、词集刊刻付印，第二年，《道情十首》整理完毕，也交付司徒文膏梓刻。至此，板桥完成了一项于当时乃至后世文坛都有相当影响的大事业。

四、做官为苦

乾隆八年春，经过试吏期后，板桥觉得已初步取得为官的一点自由，心情颇佳，于是请假回故乡。

暮春的扬州，风物宜人，正所谓笙歌处处，花开满城，繁华的外表下，整个城市弥漫着一种纸醉金迷、奢靡腐朽之气，这不禁让离乡一年的板桥从心底里产生出一种异样的不安之感。是社会在变，还是自己在变？他也不知道。

让他始料不及的是，此时，他的好友、诗人杭世骏也在扬州。他不久前还寄书给杭，要他在翰林中砥柱中流，一洗浮华文风，却不承想，壮志未酬，老友却已先自被革职回乡。在小玲珑山馆的马氏兄弟的邀请下，他与杭世骏，还有老友金冬心以及诗人厉鹗见了面。

杭世骏告诉板桥，那几年的翰苑生活令其深刻明白了"高处不胜寒"这句话的意思。伴君如伴虎，须时刻小心提防。耳闻目睹朝廷的诸多弊政，却没有发言的权利，只能装糊涂。进了翰苑后，最明显的一个感觉就是整个人都要脱胎换骨，要完全抹杀自己的个性和思想，按那里的要求重塑自己。

听后，板桥不免有些吃惊。本来他认为，翰林院作为文学殿堂，应当是道德文章为天下之师表的地方，不至于如社会上所纷传的那样不堪。如今听了杭世骏之言，他不由得思绪万千，再联系到整个社会风气以及整个文坛的文风，他开始对自己以往所持的看法产生怀疑。他问杭世骏是因为什么被革职的。杭世骏苦笑着告诉他，原因就是他向乾隆提出建议，主张朝廷在用人上内满外汉，天下巡抚满汉各半。结果触怒了乾隆，于是便得了个革职的处分。

板桥听后，半晌无语。

没多久之后，板桥便带着饶氏回到了范县。

由于板桥在范县任上颇有政声，不久，附近的朝城县也被交给了他署理。

多年的经历使得板桥十分了解民间下层老百姓的疾苦，并养成了他重人情、讲平等的思想基调。无论是在看待世事，还是处理政务上，他均以此为出发点，尽心尽力为贫民百姓们办事，也因之而赢得了人民的爱戴。民间因之流传了许多有关板桥的轶事传说，如有一个故事，是说板桥如何教育小偷的。没有做官之前，板桥穷困潦倒，生活极之艰难。有天夜里，一个小偷闯入了他的住处，发现了来人后，板桥也没有声张，只是对着纸窗大声吟了两句诗：

> 大风起兮月正昏，有劳君子到寒门！

听见吟诗声后，小偷不禁感到害怕，便赶忙躲起来，准备逃走。谁知这之后却老半天都没有动静，小偷又以为主人是在讲梦话，便又缓缓潜到了门前，这时，却听得主人又缓缓吟出两句诗来：

> 诗书腹内藏千卷，钱串床头没半根。

小偷这才明白过来主人也是贫困潦倒之人，便转身想溜走，这时，又有读诗声从他身后传来：

> 出户休惊黄屋犬，越墙莫碍绿花盆。

小偷没想到主人会这么清楚他的想法和行踪，不免惊慌，忙逾墙逃窜，谁知越慌就越乱，一不小心又扒掉了墙头的砖块，因之惊动了院内的大黄狗，结果被黄狗扑倒在地，还好板桥及时披衣赶到，才把他从大黄狗的爪子下救了出来。板桥把他扶起，送出了门外。而直到那人转身离去，仍有板桥的吟诗声从他身后传了过来：

> 夜深费我披衣送，收拾雄心重作人。

这个故事的真实性可待商榷，但它却也从一个侧面说明了板桥的思想和为人。

李鲟罢官后，在范县任期间，板桥作了《绝句二十一首·李鲟》：

李鲟

号复堂，兴化县人，孝廉，供奉内廷，后为滕县令。画笔工绝。蒋相公、高司寇弟子。

两草科名一贬官，萧萧华发镜中寒；
回头痛哭仁皇帝，长把灵和柳色看。

此外，他还作了《署中示舍弟墨》一诗：

李三复堂，笔精墨渺；
予为兰竹，家数小小，
亦有苦心，卅年探讨。
速装我砚，速携我稿，
卖画扬州，与李同老。

另外还作了石图三幅，分别寄给高凤翰、图清格和李鲟，盖此三人为板桥之石友。在范县任上的最后一年，其又作有《怀李三鲟》诗：

耕田便尔牵牛去，作画依然弄笔来；
一领破蓑云外挂，半张陈氏酒中裁。
青春在眼童心热，白发盈肩壮志灰；
惟有蒪鲈堪漫吃，下官亦为啖鱼回。
待买田庄然后归，此生无分到荆扉；
借君十亩堪栽秫，赁我三间好下帏。
柳线软拖波细细，秧针青惹燕飞飞；
梦中长与先生会，草阁南津旧钓矶。

这年冬天，板桥将饶氏和儿子送回兴化，乘间与李鲟相会，并为李鲟六十岁前为退庵禅师四十寿所作的《枯木竹石图》轴题词。在谈到李鲟作品的真假以及风格变化的问题时，其道："此复堂先生六十内画也。力足手横，大是青藤得意之笔。不知者以为赝作，直是儿童手眼未除耳。"

其实还在范县任期的后期，他就已经想辞官了，之所以还留在任上，是基于一种"士为知己者死"的知遇观念，因为当时的巡抚很赏识他。在给郑墨的信中，他是这样说的："人皆以做官为乐，我今反以做官为苦，即不敢贪赃枉法，积造孽钱以害子孙，则每年廉俸所入，其属寥寥。苟不入仕途，鬻书卖画，收入较多于廉俸数倍，早知今日，悔不当初。现拟告病辞职，得邀见准，如天之福。惟余每因事晋谒中丞，必蒙青眼相加，并见赏我之墨竹，谓为得文湖州真髓。凡遇上辕门，必邀余至内花厅留膳。余受宠若惊，不敢放浪，中丞笑语云：'下属无留膳之例；此时吾与尔叙私与，不必目我为上司而兢小心也。'既逢此知遇，只恐一时未心许我解租归田，奈何奈何！"

然而，官者，管也，做官始终是为朝廷奔走，要受束缚，不自由，而要做一个勤政为民的好官则更不容易，正当板桥在辞职与留任的选择上为难时，乾隆十年冬，朝廷却下令调他去潍县任职，并且上司还告诉他，潍县是山东的大县，调他去是对他的重用，希望他不要辜负朝廷对他的重托。

究竟摆在板桥面前的这一调令是凶是吉，他当时并不知道，并且最终还是选择了接受。

第七章 潍县清官

一、清官政绩

1. 潍县竹枝词

乾隆十一年，五十四岁的郑板桥出任山东潍县县令。潍县是个大县，并且十分富庶，所以他的调任颇为旁人所艳羡。

尽管已年逾五旬，但板桥仍满怀壮心。虽然范县任上他一度想辞官，但当接到调职的命令后，他还是很向往能在潍县有一番作为的。此时来到扬州的板桥心情颇佳，他和朋友们诗画应酬，其间，在一幅墨竹上，他是这样题诗的："晨起江边看竹枝，一团青翠影离离。牡丹芍药夸颜色，我亦清和得意时。"从这首诗中，我们能够看出他当时的心情是颇为风发的。

潍县（今称潍坊市）属山东莱州府，地处齐鲁腹地，北濒渤海，南接沂蒙山脉。县城中有一白浪河穿城而过，其中河东为东关，城墙是土质；河西就是板桥在《修城记》中所叙的石城墙的城里。城里是潍县繁华的市集所在地，那里聚集着许多资财雄厚的盐商，并且该地的土布业和屠宰业也是远近驰名。潍县的交通十分便捷，道路四通八达，可通往胶州、济南、苏州、蓟中等各地。潍县的工商业十分发达，发达的工商业又给潍县带来了更大的繁华奢靡和更昌盛的文化。

但是，这里海盗、土匪出没，地痞、流氓和豪门大户串通一气，胡作非为，当地老百姓被弄得民不聊生。板桥之前的好几任县令都未能在此站住脚，他们不是被拉下水，和他们同流合污，就是被诬陷栽赃，最后被排挤走。可怜潍县虽有"小苏州"之称，却被这帮坏人搅得乌烟瘴气。

他们当然也不会放过板桥，当地民间流传着一个故事，说：和过去一样，去潍县赴任时，板桥自己骑一头毛驴，家眷坐在身后的车上，就这样风尘仆仆地直奔潍县而去。而就在板桥还在路上的时候，潍县的一帮富豪、地痞就串通衙门中的几个平日惯会歪门邪道的人设计圈套，想给板桥一个下马威，好让他就范。

经过长途跋涉，当来到离潍县城近二十里的地方时，板桥已是疲累已极，坐在驴子上都快要坐不稳了。就在这时，迎面来了一顶小轿，一个衙役打扮的人傲慢地走向前来请板桥上轿。

而当板桥才离开驴背，坐进轿内，长松了口气，以为可以好好歇一下的时候，却听得那衙役一声怪叫"起轿!"紧接着，轿子就猛地一下往前冲了出去，并且前倾后斜，板桥都差点没给颠出轿来。接着，轿子又开始跟浪尖上的小舢板一般左右前后地颠簸了起来，疯狂地晃荡着，直把里面的板桥颠了个七荤八素，差点没摔出轿来。

见此情形，板桥也不傻，当下便回过了味来——这哪里是迎接我，分明是想给我一个下马威! 板桥心想，怎可让他们得逞，他把脚一跺，抓紧轿栏，望向窗外，却见路边堆着一堆土坯，当下心生一计，喊道："停轿!"并命这些人每人往轿内搬两块土坯。

轿夫们一边依言行事，一边不禁暗自嘀咕，好家伙，每人两块，十几号人，加起来就是三十几块，一块土坯至少也有十四五斤，合起来就是四百几十斤，再加上人，这轿子还真不轻呐。

这样，等轿夫们再起轿时，轿子已重得跟座小山似的，没走几步，轿夫们就出了一身的汗。这样，他们想给板桥一个下马威的计划就落空了，并且反而吃了板桥的一顿杀威棒。

这则小故事可能也不尽真实，但它从一个侧面反映了板桥来潍县上任的过程并不顺利。老百姓对朝廷命官不了解，只是被动地接受，不论加给他们的是好官还是劣官，他们都只能是逆来顺受，而城里的那帮富豪财主、地痞、流氓就不同了，他们能有所选择——他们要按照自己的需要来选择接受与否，合则捧之，不合则毁之。当然，历史的最终选择权是属于普通民众的，但在历史的横断面上，民众们一般是难以表现出历史的决断力。

在那段短暂的任期中，板桥的政治生命不是把握在当地的老百姓手中，而是处在那帮政治势力的判决之内。这些人天天捣乱变着花样想使板桥就范，与他们同流合污，狼狈为奸。

来到潍县后，板桥没敢懈怠，他已经初步察觉到这里与范县有许多不同，恐怕是不能直接把治理范县的那一套方法照搬在这里的，于是，为了深入地了解潍县的局势，他进行了广泛的调整和研究。他没有像以前任职的县令那样去拜会当地的"七大家、八大户"，更没接受他们应酬邀请，相反，对他们尽量冷落、疏

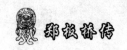

远，让这批地方势力一时还弄不明白这位新任县令的底细。

当然，还在板桥未来上任之前，他们就已派人前往范县去打听过板桥的执政风格了。他们初步认为板桥既简单又复杂。所谓简单，就是觉得板桥是个典型的士大夫，喜好文学艺术，性格直率，胸无城府，思想易于把握；而所谓复杂，问题也就在这个"简单"上——板桥为人光风霁月，为政清正廉明，遇事不徇私，且往往具有独到的洞察力，对他们这些居心不良之辈，往往一眼看穿，并出奇兵，在猝不及防中将你置于死地。

政痞、豪富们素日老谋深算，在摸不清板桥的底细之前，他们便先派一些地痞、流氓出来玩些小把戏，刺激一下板桥，以作试探。

有一个传说，反映的就是这方面的情况：

当时板桥才刚到潍县七八天的样子。一天，他外出问贫，中午时才回来。而当他才到县衙前时，一群人拥过来把他给挡住了。只听那群人拼命地怪喊怪叫，板桥向外一瞧，只见轿子旁边围了一堆人，这些人都在打躬作揖地高喊着："县太爷来了，迎接县太爷，给县太爷请安！"板桥不禁暗忖，不知这帮人又想要什么花招，得注意一点。

板桥正想着，却猛地响起了一声清脆的瓦罐的破裂声，接着便是一个男人的怒斥声。板桥望了过去，原来是一个卖粥老汉被那帮家伙挤倒，老汉的粥罐因之跌在地上砸了个粉碎，老汉被溅了一身的粥，心痛地蹲在了地上，而那帮家伙却围着老汉大吵大骂。

板桥顿时义愤填膺，一拍轿栏，喊道："落轿！"接着便不慌不忙地走下了轿。立时，四周都安静了下来。板桥问道："怎么回事。"见板桥责问，那伙人说是大青石撞到了老汉，把老汉的粥罐碰碎了。老汉回说是那帮人撞的他，但那些人全都矢口否认，一口咬定是大青石撞的老汉。双方一时相持不下。

见此情形，板桥便道："升堂。"升堂后，但见一边跪着老汉，一边放着五花大绑的石头，那伙人扬扬得意地站在一旁。板桥一拍惊堂木，问石头："你是怎么撞的这个卖粥的老汉？"石头当然不回答，板桥便又问了一遍。连续发问后，石头不回答板桥，那伙人说石头怎么会说话呢？板桥则抓住时机反问他们，石头既然不会说话，那么它又如何会动、会撞人呢？那伙人自知理亏，只得起身赔了老汉的粥钱，之后便狼狈逃去，见此，板桥和衙役们都暗暗发笑。

之后板桥便命衙役悉数将赔款交与老汉，又安慰了一番老汉，老汉感激地离去了，从此逢人就说"郑青天"。人们众口相传，交相称赞板桥，很快全县的人就都知道板桥是个不好糊弄的清官，而那帮豪门、财主、地痞、流氓也就再不敢轻举妄动了，但从此他们也就种下了仇恨的种子。

从这些传说里，我们可以看到民心的向背。说一千，道一万，总之就是一句话，刚到潍县任上时，板桥的经历并不顺利。经过这些事情后，一帮地方恶势力认识到板桥不好驾驭，便不敢再轻易动手，而地方上的那些正直之士则因此看到了板桥高洁、正直的人品，从此对板桥产生了敬慕、信赖之情，愿意和板桥交往，并以结识板桥为荣。

这期间，如郭质亭、郭芸亭兄弟，郎一鸣、王俨、朱士魁、恒彻上人等潍县的一批正直、有识之士都纷纷前来拜会板桥，与板桥诗酒唱和，切磋艺术，结下了很深的友谊。

处身在潍县的这种繁华而又危机四伏的环境中，板桥一面处理政务，一面冷静地观察着身边的情况。从到潍县后的第二年一直到去官离潍前夕，他陆续写就了四十首记录了自己的所见所感的《潍县竹枝词》。

"竹枝词"本是乐府曲名，是由唐代诗人刘禹锡首创出来的，是一种以七言绝句形式组合的歌词。唐以后的诗人写作"竹枝词"，内容多为歌咏乡土风俗和男女恋情，明清诗人创作了许多"竹枝词"。板桥认为写作"竹枝词"应充满战斗性，即所谓"挟荆轲之匕首，血濡缕而皆亡；燃温峤之灵犀，怪无微而不照。把尤惹谤，害舌奚辞；识曲怜才，焚香恨晚。"在《潍县竹枝词》中，他便充分地表现出了他的这一文艺理论主张。这四十首竹枝词语言清新质朴，以深刻的揭露、鲜明的对比、丰富的隐讽手法，全面地再现了潍县当时的社会世相，构成了一个夹杂着富豪行乐、流民颠沛、理想桃源等三种世相的长卷。

例如，有的竹枝词描写的是潍县上层社会纵乐狎邪的表面繁华现象，字里行间充满了讥刺和憎恶：

　　三更灯火不曾收，玉脍金齑满市楼。云外清歌花外笛，潍州原是小苏州。（其一）

　　斗鸡走狗自年年，只爱风流不爱钱。博进已赊三十万，青楼犹伴美人眠。（其二）

　　四面山光树木深，良田美产贵千金。呼卢一夜烧红蜡，割尽膏腴不挂心。（其四）

　　豪家风气好栽花，洋菊洋桃信口夸。昨夜胶州新送到，一盆红艳宝珠茶。（其五）

　　大鱼买去送财东，巨口银鳞晓市空。更有诸城来美味，西施舌进玉

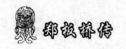

盘中。（其六）

而与此形成对比的是，另有十二首《潍县竹枝词》的内容却描述的是板桥目睹的由贫富不均而出现的不合理现象，以及因连年饥荒所造成的悲惨社会状况。这是四十首《潍县竹枝词》的精华，姑引其中五首如下：

> 绕郭良田万顷赊，大都归并富豪家；可怜北海穷荒地，半篓盐挑又被拿。（其二十四）
> 二十条枪十口刀，杀人白昼并称豪；汝曹躯命原拼得，父母妻儿惨泣号。（其二十六）
> 东家贫儿西家仆，西家歌舞东家哭。骨肉分离只一墙，听他笞骂由他辱。（其二十九）
> 征发钱粮只恨迟，茅檐部屋又堪悲。扫来草种三升半，欲纳官租卖与谁？（其三十四）
> 泪眼今生永不干，清明节候麦风寒；老亲死在辽阳地，白骨何曾负得还。（其三十八）

在这里，作者的情绪达到了高潮。其中的内容有抨击，有揭露，有同情，而更可贵的是还反映了饥民们铤而走险，所进行的反抗。尽管因当时的时代局限，板桥将解决这些社会问题的希望寄托在了上天和帝王身上，但是，能够涉及这些社会问题，并且将自己的爱憎明白地在诗中表现出来，这在当时真是件有着"割舌奚辞"的勇气的事情。

此外，《潍县竹枝词》中还有一组世外桃源图，在这一首竹枝词中，板桥着重描摹了潍县美好的风物和潍县人民淳朴的民情，内容清新可喜。如：

> 如水流曲曲树重重，树里春山一两峰。茅屋深藏人不见，数声鸡犬夕阳中。（其十）
> 秋风获苇路湾环，钓叟潜藏乱草间。忽漫鹭鸶惊起去，一痕青雪上西山。（其十六）

在这些诗作中，我们可以看出，板桥对潍县的风物可谓一往情深。此外可圈可点的句子还有"留取三分淳厚意，与君携手入陶唐""老夫欲种菩提树，十里春风满化城"等，从这些句子里，我们可以看出板桥内心深处的善良与纯真。

此外，从板桥在潍县所刻的一首题为《署中无纸书状尾数十与佛上人》的诗中，我们可以知道他仍如治理范县时一样，实行"无为而治""卧而理之"。刻诗内容如下："闲书状尾与山僧，乱纸荒麻叠几层。最爱一窗晴日照，老夫衙署冷于冰。"

然而，和范县任上比起来，他的潍县之治有个突出之处，那就是救灾。潍县虽然富庶，但在板桥任职的那几年却是多灾多难。据《潍县志稿》载："乾隆十年乙丑，疫。秋七月十九日，海水溢。""十二年丁卯春，大饥。自十一年八月不雨，至是年夏五月十八日始雨，连阴两月，无禾。""十三年戊辰春，大蝗疫水饥。"这场灾荒还在板桥调职潍县的前一年就揭开了序幕。

2. 微服私访

板桥才刚刚在潍县站稳脚跟，一场空前的大灾荒就来了。这场危机其实早在几年前就已有了积淀。前任县令的贪虐，地方官吏的巧取豪夺，豪门富户的囤积居奇，牟取暴利，再加上强盗土匪、地痞流氓的暗劫明抢，整个潍县民不聊生，土地荒芜。而在这种情况下，潍县这年冬末春初又遭遇到了一场旱灾，当年的冬小麦几乎全都旱死。只就这，也就罢了，偏偏潍县临海，这年又发生了一次海啸，海水倒灌上陆地，潍县大部分农田都被淹，这真是雪上加霜。暮春时节本就是农家青黄不接的时候，俗话说得好，丰年也怕暮春时，又何况还是大灾之年呢？无奈之下，百姓们只得以树皮草根充饥。板桥出去微服私访，所到之处，见到的树木的树皮几乎全都给剥光了，树叶就更不用说了。吃完了可吃的东西后，甚至连农家的命根子——牲畜也全都给吃光了，整个潍县，一片萧条。

板桥身穿青布棉袍，足登夹鼻棉靴，头戴褐色毡帽，带着一个衙役走过了一村又一村。为了抵御严冬早晨的寒气，板桥在毡帽外面套上了一顶护领棉风帽，看去便如一个带着小厮串乡走村的郎中。

此时的板桥虽已是五十四岁的老人，但腰杆笔挺，脚步轻捷，全无龙钟之态，甚至比身旁的年轻衙役看去还要行动敏捷几分。

板桥来潍县上任时是从县城西南方驿道上来的。那里地势高，没有被海水淹到。当时一眼望去，满眼只是一片干斥赤黄的焦土，可等出了城往西北走，情形就不一样了。

土地因被海水浸过，地上全是一片片的碱卤，就跟打过霜似的，并且荒野上还新添了不少坟茔，远远看去，就像是一些被随意抛撒在那里的小米窝窝头。村边、田陌、路旁的树木全都一片白，跟象牙牙雕似的站在那里，似是在向苍穹叹

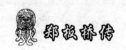

息。凛冽的西北风呼号着迎面而来，风过之处，漫天尘沙，远处的村舍给遮得朦朦胧胧的，都看不清楚。

东面的城垛上，一轮被灰沙掩成灰黄色的太阳正吃力地爬上来，悲悯地俯视着眼前的这片凄凉的大地。

路上没有什么人，只一个中年男子左臂挎只篮子，右胁挟根要饭棍，低头迎面从板桥身边走了过去。

大路附近有座新坟，一个女人正静静地趴在那里。板桥来到新坟前，看清了这个在此哀悼的女人是个二十来岁年纪的年轻媳妇。她怀里抱着一个羸弱的婴儿，两眼红肿，一张脸脏兮兮的，消瘦而又干枯，却没有哭过的痕迹。

这景象太惨了，板桥一时怔立在那里，半天都不能说话，良久，才扯起袖头，揩揩眼中的泪水，递上一块银子。

女人看看面前的银子，又抬头看看板桥和他的随从，惊讶极了。

板桥把银子放到女人的手里："拿回去，买点吃的给孩子吧。"

看看手里的银子，女人瞪大了眼睛，流出了眼泪，喃喃道："这种荒年还有好心人行善，难得啊。"说着，就朝着板桥和衙役磕起头来。

不知何时，坟边来了个衣衫褴褛，手中挂着一根讨饭棍的老乞丐，他一边看着郑板桥给年轻女人银子，一边猛烈地咳嗽起来。

看看这可怜的老人，板桥叹口气，又给了一块银子给他。

这时，远处传来一阵喧闹声，原来是五六只野狗在围着一堆黑乎乎的东西撕扯嗥叫。原来那是一具路倒的男尸，尸体的衣服已被撕成碎片，肚皮也已被撕开，内脏给饿狗拖了一地。饿狗们争着撕扯着、吞食着，天上一大群乌鸦盘旋不去。看了这情景，板桥顿时脸色苍白，捂着胸口，喘吁不止。

如果不是亲眼得见，这种惨景实在令他难以置信。

郑板桥二人离开大路，拐进一个小村子。这个村子原来很富裕，可自从灾年开始，全村人死的死，逃的逃，只剩下了十几家人。村里的鸡犬早已吃光，牲口大部分不是卖掉，就是宰了吃了，侥幸留下来的也大多瘦骨嶙峋。村子里静悄悄的，没有人走动，因为大部分的村民都早逃荒去了，留下来的都是老弱病残，他们脸色枯瘦，眼窝深陷，两颊凹塌，而且也都活不了几天了，十天前有人染上了瘟疫，眼看会传染上别人，所有的人都快完了……

他们饿得几乎连站起来的力气都没有。一个叫耿锁寿的老头喘息了一阵子，慢慢挣扎起来，扶着挂棒，艰难地在自己家走着。他想找点吃的，可是没有，什么也没有！那面罐他已经看过不知多少遍了，里面空荡荡的，连点面灰都没有。

米缸的底部都生出了蛛网，除了锅台上的半碗落满了灰的盐，他家里再没有能吃的东西了。

耿锁寿的儿孙都去逃难了，只剩下一个女儿不肯走，陪在他和老伴身边。老伴的情况比他还糟，看来活不了一天了。

春天的时候，他家里几乎到了断粮的地步，他女儿无奈，只得跑到城里给财主做丫鬟，给二老换回了十两银子！

唉，往常十两银子能买两担麦子，可现在，却只能买两斗，甚至还买不到。两位老人好不容易靠着女儿的那点卖身银支撑到年底，便再也支撑不下去了，没有活路走了啊……

无奈之下，老人想到了死路，他的眼光停在梁头上！他找来条绳子在梁上打出一个索套，又摇摇晃晃、颤颤巍巍地搬来一把椅子，站了上去，把头伸了进去。

但他却没能死成，板桥和衙役把他救了。醒后的老人看着恩人，不知是谢还是不谢，几滴浑浊的泪珠，从他的眼中渗了出来。

板桥从布袋中摸出一块银子和两个烧饼放在耿锁寿的手中，然后就和随从一起离开了。

走出门后，郑板桥拍拍出城时装着五十两碎银的空布袋，不知道还将碰上多少需要救助的灾民。

是啊，他预计私访的路程还不到一半，再碰到急需救助的人，怎么办，仅只是几句空话和同情的眼泪是没有用的。不想出一个法子，休想渡此难关！

接着，他们又来到了潍北禹王台。

相传这座高台是当年因治水来到此地的大禹为观察水情，指挥导洪而修建的。这台高约三丈，占地近百亩。后人为纪念大禹，在台上建了一座禹王庙，内中塑有大禹的金身，并四季献祭。现在，禹王庙山门洞开，院中荒芜一片。显然，住持僧道也因无人献香资，无以为计，而离开这里，另寻生路去了。

正殿的门被锁住了，板桥透过隔扇门看过去，只见正北的神龛内正是头戴冕旒，身穿蟒袍，双手扶膝，面露微笑，神气悠然自得，身上落满灰尘的禹王爷。

看着这尊塑像，板桥不禁感叹："泥塑顽胎，又有何用，黎民百姓还不是多灾多难。"

接着，板桥又走出山门，绕台一周，四下观望。北面是一望无际的大海，南面则是茫茫一片盐卤，房子早就差不多全都给海潮夷为平地，只还有几堵断壁颓垣尚几自立在旷野之中，间或有几畦农田也是一片荒草蒿蓬……

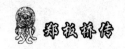

看此情形，板桥心头一酸，随口吟出了一首诗：

> 沧海茫茫水接天，
> 草中时见一畦田。
> 波涛过处皆盐卤，
> 自古何曾说有年！

吟罢，他走下禹王台，径直朝海边走去——他要亲眼看看这个给潍县带来这样一场大灾难的祸首。

板桥曾参观过风景优美的太湖堤岸，雄伟的钱塘江入海口，却不曾料到闻名遐迩的莱州湾竟是这样的一副情形！但见这片所谓的海岸，仅只是一片为赤褐色的海蓬和灰白色的碱草覆盖着的平缓的沙滩，暗绿色的海水被一望无尽的紫褐色沙滩砍出一条清晰、整齐、呆板，如刀切出来一般的边沿。

除了海面上飞着的几只海鸥之外，四周什么人也没有。浅草丛中，不时有一只只大赤甲蟹举着大螯，吐着泡沫，飞快地钻入脚下的洞窠之中。

四周围一丝风也没有，就连那太阳，也被层层彤云遮在了后面。

板桥眼前的大海，澄明无波，平静而又安和，看着眼前这一景象，谁又能想象得到，它还可以那么酷虐，淹没良田、碱死稼禾、毁掉房舍、吞噬人畜性命。那哗哗的拍岸涛声在心忧如焚的板桥听来，不啻是一声声的嘲讽！

四下阒然无声，板桥呆了好半天，猛地掉头走向了东南方……

一路上，他们所看到的村庄，大多已十室九空，人们早就都或外出逃荒，或因病饿而去世了。

而最让板桥震惊而又心酸的，却是——人吃人！

中午时分，他们向一个在路旁挖草根的后生打探实情。后生没有正面回答，却指着一个露着新土的坟坑说这是刚埋下的人，不到一天就叫人扒去煮吃啦。

郑板桥惊呆了。

"他们这个村子里后死的吃先死的，大家都是如此。"后生说。

接着，后生又告诉他们，他们村里有好几户人家不忍心吃自己亲生的孩子，就把孩子跟别人家的孩子换过来，然后煮来吃了……

易子而食的现实让板桥憋闷得透不过气来。

这个后生说他早晚要离开人世，因为他已经吃过几次人肉，现在腹泻不停，并说好多人都是这样死去的。

听到这些，板桥不由心如刀绞，泪流满面。他感到很痛苦，作为父母官，治下的百姓竟发生了这样的惨事，尽管这一责任不应由他来负责任，但在良心上，他毕竟还是过不去啊！该怎么办呢？这样骇人听闻的事件，这罕见的大灾，该怎么办呢？他痛心疾首，几至发狂，匆忙赶回城里，准备立即就展开行动，好救民于水火之中。

3. 开仓赈灾

私访归衙已经好多天了，但板桥始终没能平静下来，他总感到有种腐尸的恶臭、煮人肉的腥气弥漫在他的周围，只要他深吸口气，就会闻到那股气味。有天夜里，他还做了一个噩梦，梦见自己一个人走在一条布满了野草的崎岖的山路上，吃力地向上攀登着。突然，前面荆棘丛中冒出了两条蝮蛇，它们直立着身子，拦住了他的去路，三角形的蛇头上，黑亮的小眼睛，一眨不眨，贪婪地盯着他；长长的毒舌上下摇动着，朝他伸过来。板桥惊恐万状，转身就跑，却被赶上来的毒蛇缠上了，板桥挣扎着，喘息着……终于板桥从噩梦中醒了过来，他发觉自己右侧太阳穴正在灼痛。他刚到范县任上时，因公务太多，睡眠太少，患了偏头痛。这之后，每逢神经焦虑或睡眠过度缺乏就会复发，而一旦发作，右侧的太阳穴就会剧痛。

醒来后的板桥再没法睡着，窗外不时有时低时高的呜呜风声传来，便如有一群老妇在哀泣一般……

这风声再次让板桥想起了那些饥民。"饥寒起盗心"，虽说现在潍县抢劫盗窃的事情尚不多，但想必有那"抢"的念头的人在饥民之中也不算少数，如若有人当先一呼，那……劣绅们被抢、被杀几家，倒也不怕，只是，民饥易反，一旦有人在走投无路之下揭竿而起，那……后果堪虑啊……唉！想到这里，板桥下定决心：官、绅两助！

私访回来后，板桥亲自查看了全县的人口、田地以及工商册籍，又用了几天的时间到城中各地实地走访、勘察。

"绕廓良田万亩赊，大都归并富豪家"，不知是从什么时候开始的，潍县出现了严重的土地集中现象，田地大多集中到了少数富绅地主手里。他们地在乡下，人却都住在城里。这是因为：一、城里安全，有深沟高墙作屏障，没有被绑架抢劫的危险；二、住在城里可方便从商，可就近开设作坊、当铺、钱庄、商号，从而把手中的钱财再投资以获得利润。并且，手中有钱，可供子弟读书科考取功名，从而省却很多心力。有了钱，哪怕是那种只会斗鸡耍狗、赌钱玩嫖的不肖子，花上点银子，很容易就可以捐个功名，甚至于现职。就这样，钱生功名，功

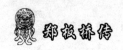

名再生钱，循环往复。到了乾隆年间时，潍县城有功名的缙绅，手中有几顷、几十顷，甚至于几百顷土地的大户，多达百余家。

有句俗话叫做："有钱人家住宫殿，无钱人家睡猪圈。"到潍县城里随便看看，就可以看到许多那种八字粉墙、一高两低走马门楼、高屋华宅、飞檐抱厦的大户。"连云甲第尚书府，带宅园林太守家。是处池塘秋水阔，红荷花间白荷花。"许多富绅家的房子都是连绵成片，一家就占据一条胡同，甚至于一条街。这些人家，只要看一眼他们房子的排场，便可断定，那些高墙后面，都有着丰足的粮米与资财。

通过对潍县上上下下的这一番细致的调查、勘核，再经过十余个昼夜的苦思冥想后，板桥拿定了主意。

这之后，板桥便公布了一张令饥民欢欣鼓舞，而富豪则惊恐不安的"绅助告谕"。板桥算得很清楚，一旦开始舍粥，五万之多的饥民每天均可得到一勺由三两小米煮成的稀粥。这样，尽管饥民仍不能完全吃饱，但总还可以延续性命。

至于"官助"，则是于十五天前所发出的一份"奏呈"，其内容为伏乞恩准开仓放赈。整份奏呈言辞恳切入情，先后叙及了那一片片白茫茫的盐碱地、荒弃的田野上的残壁断垣、饥民们易子而食的惨象，并且还尤其提到了私访中所遇到的饥民的谈话……

本来他只写了一份，呈交莱州府，但为确保奏呈能及早得到上宪及乾隆的批复，他就又写了三份，一份呈杜贤知府，一份呈包括巡抚，一份呈慎郡王。

但那份"四百里加急"的呈文却一去十五天不见回音，只有包括回了个密札，说是尽量通过渠道启奏朝廷，上达天听，叫他耐心等待。

他没法等下去，饥民们实在是不能再等了呀！

他于是便毅然命钱谷师爷根据灾民花名册，不论老幼，每人立即发放银子一钱。

孰料，三天过去了，钱谷师爷却把他的命令完全抛在脑后，只是抱着铜手炉在公事房里待着。

开始时，板桥忙于发布告谕和审理案子，也没来得及过问，后来一查问，才知道钱谷师爷根本就没理睬他的命令，至今仍无所行动。得知这一情形后，他不由得大怒。

清制，开仓赈灾须在得到上级的批准之后才可实行。钱谷师爷以此为借口推卸责任。听了，板桥激动地说："现在都什么时候了，奏呈一去，半个月没有音信，等到它批下来，饥民们早全都饿死了。有什么问题，叫他们找我！"他拨出一批粮食，叫百姓们写借条来领，此举救活了潍县上万的饥民。

在救灾工作之余，板桥感慨万千，写下了《逃荒行》和《还家行》这一姊妹篇。《逃荒行》的内容是潍县饥民逃往关外谋生的悲惨遭遇：

> 十日卖一儿，五日卖一妇，来日剩一身，茫茫即长路。长路迂以远，关山杂豺虎；天荒虎不饥，肝人伺岩阻。豺狼白昼出，诸村乱击鼓。嗟予皮发焦，骨断折腰膂。见人目先瞪，得食咽反吐。不堪充虎饿，虎亦弃不取。道旁见遗婴，怜拾置担釜。卖尽自家儿，反为他人抚。路妇有同伴，怜而与之乳。咽咽怀中声，咿咿口中语；似欲呼爷娘，言笑令人楚。千里山海关，万里辽阳戌。严城啼夜星，村灯照秋浒；木桥浮水面，风号浪偏怒。欲渡不敢撄，桥滑足无履；前牵复后曳，一跌不复举，过桥歇古庙，聒耳闻乡语。妇人叙亲姻，男儿说门户；欢言夜不眠，似欲忘愁苦。未明复起行，霞光影踽踽。边墙渐以南，黄沙浩无宇。或云薛白衣，征辽从此去；或云隋炀皇，高丽拜雄武。初到若凤经，艰辛更谈古。幸遇新主人，区脱与眠处。长犁开古碛，春田耕细雨；字牧马牛羊，斜阳谷量数。身安心转悲，天南渺何许，万事不可言，临风泪如注。

诗中写的是一个因家贫无以度日而卖尽自家儿的难民逃荒途中，又拾起路旁的弃婴。路过的逃荒妇女给弃婴喂奶，弃婴则咿咿咽咽，"似欲呼爷娘"。又写逃难的人们在大庙歇息时的谈话，这些细节把饥民们那悲惨的遭遇刻画得细致传神，简直可说是呼之欲出。全诗如一幅《流民图》长卷，真实地反映了潍县当时所遭遇到的巨大的灾难及饥民们的痛苦。《还家行》则以悲喜交加的笔调细致描绘出潍县土地的复苏和灾民们心中永远无法弥合的创痛：

> 死者葬沙漠，生者还旧乡；遥闻齐鲁郊，谷黍等人长。目营青岱去，足辞辽海霜；拜坟一痛哭，永别无相望。春秋社燕雁，封泪远寄将。归来何所有？兀然空四墙。井蛙跳我灶，狐狸据我床。驱狐窒鼯鼠，扫径开堂皇；湿泥涂旧壁，嫩草覆新黄。桃花知我至，屋角舒红芳；旧燕喜我归，呢喃话空梁；蒲塘春水暖，飞出双鸳鸯。念我故妻子，鬻卖东南庄。圣恩许归赎，携钱负橐囊。其妻闻夫至，且喜且彷徨；大义归故夫，新夫非不良。摘去乳下儿，抽刀割我肠。其儿知永

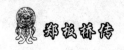

绝，抱颈索阿娘；堕地儿翻覆，泪面涂泥浆。上堂辞舅姑，舅姑泪浪
浪。赠我菱花镜，遗我泥金箱；赐我旧簪珥，包并罗衣裳。"好好作家
去，永永无相忘"。后夫年正少，惭惨难禁当；潜身匿邻舍，背树倚斜
阳。其妻径以去，绕陇过林塘。后夫携儿归，独夜卧空房。儿啼父不
寐，灯短夜何长！

这首诗风格凄婉，是一篇诗体小说，内容描写的是一个由饥荒造成的家庭悲
剧。恩格斯认为，悲剧有其历史的必然性，不是单纯由个人的偶然的原因造成
的。《还家行》表现的正是这种必然性。还家的感受既喜悦，又辛酸。在诗人悲
悯而敏锐的感受中，蕴藏在这种喜悦背后的巨大辛酸与喜悦形成了强烈的对比，
予人以一种撕心裂肺的痛楚，催人泪下。整首诗中，作者未发一句议论，只是描
摹再现事件发生时的情景，因之诗作也就更是别具一种动人心弦的力量。

从这两首诗的内容，我们可以看出，写作这两篇诗作时，板桥深受杜甫的
"三吏""三别"、《兵车行》等作品的影响，在诗中真实地反映了乾隆十一年到十
三年潍县的灾变和民情。从这两首诗，我们可以看出板桥悲天悯人、爱民如子的
感人情怀。

出于直觉的感受和朴素的选择，潍县人民接受了板桥作为他们的父母官，并
深深地爱戴板桥。

但板桥和潍县的老百姓们却没有想到，由于板桥在救灾时开仓放赈，如实反
映灾情，责令当地有钱的大户平粜等等，得罪了上头的大吏们，因之使得板桥未
来的仕途险恶重重，危机四伏。

乾隆十三年夏，潍县灾情逐渐转轻，在板桥的主持下，年关总算过去了，潍
县人民开始重整家园，重新投入生产自救中去。这时，逃荒关外的灾民听说家乡
灾情好转，也纷纷从关外赶回了家乡。

对待老百姓，板桥并没采取高高在上的态度，而是把自己摆在跟老百姓相
等的位置上关心着他们的疾苦。他没有像有的文人那样只是发几句不关痛痒无伤
大雅的牢骚，而是实实在在地为他们办了几件事，而这也正是他高于别的文人
所在。

就这样，板桥一面仔细考察灾情，一面思考着如何在大灾之后着手做些弥补
的工作。

最后，他采取了两手措施。在农村，他在着手号召并帮助百姓重建家园、兴
修水利；在城里，他则忙着重修城墙。

这年秋天，板桥亲自拜会郭伟业，和他商谈修城事宜。

郭伟业详细地给板桥讲述了潍县城历代修建的经过。

潍县土城最早修建于两汉年间。明正德年间，莱州府推官刘信主持重建。崇祯十二年时，县令邢国玺又号令绅民自动捐修，在土城外面补砌石墙，并且没几个月就完工了。此后也有过几次小修缮，但一直没有大修过。雍正八年，白狼河发洪水，水一直涨到城腰，城墙毁塌一千四百余尺，此后又陆续倾圮一千八百余尺。这次经此暴雨之后，城墙很多地方都出现了严重的崩坍，如不及时维修，后果殊不可测。

板桥当时表示想请众位乡绅善士捐助，从而共同完成这次的修缮工作，并且他本人以身作则，先自捐助了六十尺城墙的修缮工钱。

为了完成这次的修缮工程，他还撰写了一篇修城记：

> 天地有春必有秋，国家有治必有乱。狃于承平，而不知积渐之衰，仓猝之变，非智也。今天子圣仁，海内安静，而不思患预防，绸缪未雨，岂非人而不如鸟乎！潍县地界海滨，号称殷富，一旦有事，凡张牙利吻之徒，欲狼吞而虎噬者，潍其首也。前明末造，赖诸绅士蠲输之功，修造之力，知土城不足恃，易而石之。是以贼人屡窥，卒挫其锋，叹为无可如何而退。今之所修，不过百分之二三分耳。量诸绅士，出之不难，举行甚乐。而本县先为之倡，首修城工六十尺，计钱三百六十千，即付诸荐绅，不徒以纸上空名，取其好看。其余各任各段，各修各工，本县一钱一物概不经手，但聿睹厥成而已。乾隆戊辰九秋，郑燮题。

在这篇修城记中，板桥表现出了一种强烈的危机意识。他把城墙的崩坏与维修与国家的治乱联系在了一起。板桥的这一行为反映了整个民族的一种文化心态，即尽管身处"盛世"，但心里总有一种失落之感。像他这样的心理，当时远在北京的曹雪芹和远在南京的吴敬梓也都感受过。纵观历史，凡处在治乱更替前夕的知识分子，通常都会有这种预感。

修城募捐之事在板桥的倡导之下，进展很快，不到半个月，所有的款项就都已捐齐。整个工程由郭伟业和郭耀章一起负责。他们既是本城名士，又是这一方面的行家，经过一番筹划后，他们制订出计划，预备十月动工，第二年三月竣工。

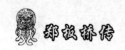

修城的工匠大多在灾荒之时受过板桥的赈济恩惠，对板桥的恩德，他们一直都铭记在心；现在听说是板桥倡议并带头捐献维修城墙，他们施工的干劲就更大了，他们不顾天气酷寒，仍日夜施工，并终于抢在乾隆十四年三月完成了城墙的修缮工作。

城墙修缮工作完成后，看着那些焕然一新的谯楼、炮台、垛齿，板桥很是为之鼓舞，感到自己完成了一件大事。

但在此时，板桥却发现城墙的修缮工作尚远未完成——土城的缺坏部分亟需维修，不然的话，倘若天降大雨，一个不小心就会土崩城坏，酿成大灾。基于此，他又开始谋划募捐维修土城了。

就在板桥为募捐的事情伤脑筋的时候，县城的几家烟铺却主动提出由他们负责捐资维修。板桥当然愿意，而当土城完工后，烟铺终于向板桥反映了他们的苦衷。原来潍县的烟草行业本来并没有经纪人，完全是自由交易，但后来有些投机钻营者发现这一行有利可图，便出来充当经纪人，盘剥烟铺，诸烟铺敢怒而不敢言。了解了这一情况后，出于对小本经营者的同情，同时也是对捐助修城者利益的保护，板桥慨然应允取缔烟行经纪，准许烟铺直接进行自由贸易，从而免受中间盘剥之苦。不仅这样，板桥还亲自撰写碑文，将这一规定刻碑以记，以示禁止。碑文中说：

> 查潍县烟叶行本无经纪，而本县莅任以来，求充烟牙执秤者不一而足，一概斥而挥之，以本微利薄之故；况今有功于一县，为万民保障，为城阙收功，可不永革其弊，以报其功，彰其德哉！如有再敢妄充私牙与婪求作经纪者，执碑文鸣官，重责重罚不贷！

板桥的这种同情下层人民，保护小商贩的利益的行为是发自其内心的。

4. 智惩奸商

在潍县的富户中，有一个人叫丁得天。

他在三十年前刚在潍县站稳脚跟时，就发下过宏誓大愿："二十年后，要叫它们都姓"丁"，带"天"字！"说这句话时，他的眼睛贪婪地瞄着左邻右舍的那些人客熙攘的铺面。

好汉不出狂言，丁老板说到做到。到板桥上任时，他已成了潍县县城从城内到四关几十家经营酒、米、油盐的铺面的所有者。潍县人的日常生计，没有一刻能离得了他丁得天。他的商号的名字全都取得十分响亮：天丰粮庄、天厚米店、天兴盐店、天裕油坊、天福烧锅、天仙楼酒家……果然如他当初所发的誓愿一样，全都带上了"天"字。甚至潍县还流传起了这样一首民谣："吃饭活命离不了'天'，剥皮抽筋也得钻！"

要知道，这个富得直流油的大老板在当年可是胶州有名的赌徒，本名叫做丁二混，跟人赌博输得走投无路，竟把自己十七岁的妹妹卖掉抵债，气得家中老母服毒自尽。母亲葬礼结束后，家中的房子也给抵押出去了。正当他走投无路时，赌馆老板葛由相中了他，收了他做干儿子。不久，他就成了赌馆的二当家的。正当葛老板为年纪只小自己八岁的干儿子的手腕和精明喝彩时，却有一天忽然发现三十六岁的干儿子睡在了自己十六岁独生女儿的绣房里。葛老板当场就差点背过气去。他当然不甘心从干爸爸变成老丈人，但他表面上却什么也没说，只是暗地里却找来几名赌徒"敲杂种的贼骨头"。却不知是谁走漏了消息，得知消息后，丁二混连夜带着相好的妹子逃出了胶州城，走时尽管匆忙，却没忘记带上"干妹妹"的私房银子。而也正是以这笔钱作为本金，丁二混开始了他在潍县的冒险生涯。一转眼，三十年过去了，当年的丁二混如今成了潍县的巨贾。八年前，穷困潦倒的老丈人前来投靠他，他也没计前嫌，安排当年的干爹做了天仙楼酒家的掌柜……

丁得天最大的粮号——天丰粮庄的掌柜是贾权。那场大灾之后，许多的人赊了米但无力还债。贾权向丁得天求计，经过考虑，丁得天想来个"杀鸡给猴看"的妙计，便和贾权一起，选中黄年、庄甲两个债户当"鸡"，一张状子把他们告进了县衙。板桥受理了这件案子，按例在辰刻升堂，巳刻之后，案子审完了。下堂后，贾权高喊着："判……判了！"急奔回去向丁得天汇报，告诉他郑板桥罚那两个无赖戴枷示众十天！

贾权复述着堂审的经过：县太爷说，荒年饥岁，老百姓们大多缺食少粮，暂时无法还账，也是常情，不能把它当作抗债处理，而一旦渡过难关，债户们自会如数偿还。

但贾权坚持欠租欠债，到期不还，依律当罚——大清律例写得明明白白的。天丰粮庄追讨逾期的债款，正是按律行事。在贾权的一再坚持下，板桥才做出了这一带枷示众十天的判决。丁得天听后大喜，带着贾权一起去看热闹。

但见天丰粮庄门前的大街上人山人海，喧嚷嘈杂无比，人们挤在一起，一个个伸长了脖子冲店门口张望。

丁得天好不容易才在贾掌柜的帮助下挤进人群，来到了大门口前面，一看，当下大吃了一惊。他刚才并没注意周围人们的议论，现在才明白了过来。

只见两个面黄肌瘦、衣衫褴褛的债户正并排站在天丰粮庄的大门口前面，这两个人每人脖子上都戴着一面大刑枷，但刑枷不是普通的木枷，而是用秫秸扎成，上面糊着白纸，长宽各三尺多，上面各飘着一张写有大字的纸的纸枷。这两个犯人往那儿一站，两个大枷刚好把八页板的大门堵了个结结实实，并且犯人两旁还各站了一名身穿公服，手拄水火棍，神情十分威严的皂隶。这样，人们就没法进去了。丁得天端详了半晌才质问贾权："这纸糊的玩意儿，怎么也算得是刑枷？"

贾权小心地回道："是郑老爷说他们罪不致带大枷，带纸枷还是看丁老先生的面子呢！郑老爷判的是'站街'——站街示众，哪知道他们也没找个不碍事的地场，偏偏就堵在了大门口了，害得咱们生意也做不了。"

听罢，丁得天明白了，但见他咬着下唇，眨眨眼，强做出笑容，向两位差役深施一礼，求他们行个方便，让犯人略为往旁边让一让，好让人们进出。

年长一点的皂隶板着脸回答说这是上头的命令，他们不能改。

丁得天恳求说话的皂役开恩，把门户略微让开一点……

皂隶掉头望天，说十天之后，大门自然会给让出来！

此时，人群中爆发出了一阵哄笑："哪里死，哪里埋，哪里欠债，就在哪里站！"

丁得天强忍着尴尬和怒气抽回作揖的手，从人群中挤出去，绕道从商号西侧小巷的旁门进了粮庄。进了门，他一屁股坐在凳子上，朝着惶惶然垂手侍立在一旁的贾掌柜怒骂，骂贾权求来两面纸枷戴在了他的脖子上！现在正是粮食买卖旺季，这样下去，十天的时间，得损失多少银子？

贾权为了平息丁得天的怒火，赶紧把他的注意力转移到那两个债户戴的纸枷上。那上面有两副对联，一副写的是"不作风波于世上，别有天地在人间"，另一副是"谷乃国之宝，民以食为天"。

贾权说这对联前一副是劝人养气，后一副赞粮米的宝贵——分明是专给丁得天写的。

丁得天寻思了半天，忽地转怒为喜，也认为前一副挂在书房里，后一副挂在天丰粮庄的柜上十分合适。

这可是郑板桥的亲笔呀！

贾权于是便前往县衙恳求郑板桥赦免示众的债户。板桥开始不答应，说按律当罪，岂可姑息，后来像是推却不过贾权的情面，才答应了，但还附加了一个条件，就是：免去庄甲、黄年两人的债务，因为"打了不罚，罚了不打"。贾权权衡了一下，庄甲、黄年的债务不过十四吊半，而损失十天的买卖，那收入少说百两以上，因此，他就爽快地答应了。但当他返回店前，想将枷上的那两副对联买下来时，不料，那两个"不识货"的家伙却一口咬定："少了十两银子决不卖！"任他贾权好说歹说，就是不肯便宜。贾权知道丁得天的脾气——做生意比鬼还精，这样的高价，他是绝不肯出的，而自己又不想被撤职走路，只得自己掏钱把那两副对联买了下来，然后小心翼翼地送到丁得天手里，还夸耀说他只用了五钱银子就把这两副对联买下来了。

5. 樵夫蒙冤

郑板桥在潍县任职期间曾断过许多起冤案，其中的一起竟与蟋蟀有关。

不知从何年何月起，清朝举国上下兴起了养蟋蟀、斗蟋蟀之风，而这一风气在富庶的潍县则更是流行，不仅那些游手好闲的纨绔子弟动辄养个几十罐、几百罐的，就连一般解决了温饱问题的老年人，甚至于妇孺也爱养上几罐，闲来斗斗，好消愁解闷。

就好比人有富贵贫贱一般，蟋蟀们所受的待遇也是天差地别。落到有钱人家手里，就会被照料得无微不至：住的是锃光瓦亮的细瓷盖罐，吃的是肉糜鸡蛋，甚至于同类的肢体。当然，人们这么做是为了训练蟋蟀好斗，因为正如吃尸体上了瘾的恶狼，见了活人也要扑咬一般，同样，吃惯同类尸体的蟋蟀，一旦见了活着的同类，也会毫不客气地猛扑过去，把对手的脖子咬断。而至于别的方面，如何清洁蟋蟀的住处、何时给蟋蟀洗澡放风，更是丝毫马虎不得。每天早晚时分，那些精致的瓷罐都会被一一打开——"亮罐"。这时，那些养尊处优的蟋蟀们就会或昂首阔步，或静静偃卧于罐底，充分享受那清晨与傍晚时分的清新的空气。并且它们还会得到许多威武而又响亮的绰号，如：金顶、银盔、双白剑、燕子戟……而养兵千日，用兵一时，这些平时精饲细养的斗虫，一旦到了为主人尽天职的时刻，决定它们命运的时刻也就到了。一场恶斗下来，倘若大胜对手、而自己又毫毛无伤的话，那么，此后它们便会受到更好的待遇。而一旦不敌于对手，或者虽然勉强获胜，但身体却受到损伤的话，那么，不好意思，主人的鞋底便是它们最后所能看到的东西。侥幸主人心地善良，只是随手一抛，将它们"放逐"，那就已经是侥天之幸了。相比之下，那些死在对手口下的失败者倒更要壮烈一点。

而如果饲养它们的是普通的老百姓，那么平日所受的待遇就要低很多了。住处很可能只是破竹筒、烂茶杯，或掉嘴的茶壶。哪怕是特备的"住宅"，至多也就只是只黑瓦罐。吃的东西当然就更不用说了：几粒高粱，一点饭屑。但也有一点他们很幸运，那就是它们常常可以不因败北而遭厄运，哪怕有时大败于对手，回来后也还是能在"旧居"继续住下去。

每年秋天，潍县东门外，通济桥两侧的河边柳荫下都会自发地出现一个热闹的蟋蟀市场，这里不但斗蟋蟀，而且还买卖蟋蟀。蟋蟀的身价决定于它的战斗力，善斗的雄性小虫，往往卖价可高达数两银子一只之多。斗蟋蟀还是一种赌博，赌注从几钱、几两，直到数十两的都有！一年一度的蟋蟀市场，热闹得就跟庙会一样！

这起案件的凶犯陆林是个樵夫，当年二十三岁，城南大柳树村人，平时与老父相依为命。

这天，陆林正在坡上砍柴，忽听脚下石缝中有蟋蟀的鸣叫声传出来，并且叫声粗壮洪亮，完全不同于平常一般蟋蟀的叫声那样纤细。他放下柴斧，找了根树枝，往石隙中探掏。没多久，就有一只方头，粗颈，巨足，金翅，个头比平常的蟋蟀大了足有一倍之多的大蟋蟀从石缝中跳了出来。这样大的蟋蟀陆林生平从没见过，他十分惊奇，忙俯身捕捉。那虫儿动作十分敏捷，一跳的距离可达丈余。他追了半天，直追出两三百步，累得气喘吁吁，才把那只蟋蟀捉到手。捉到那只蟋蟀后，他很高兴，忙回家找来只黑陶罐，把它喂养起来。他给虫儿起了个很威风的名字——金狮，打算趁进城卖柴的工夫，把它拿到蟋蟀市场上去，好看看它的气力怎么样。

第二天，进城卖完柴后，他夹着扁担，带着那只虫儿来到了蟋蟀市场。开始时，他只是站在一旁看别人斗，后来他越看心越痒，终于按捺不住，把装金狮的黑陶罐从怀里摸了出来，放在地上，揭开盖，把金狮亮了出来。金狮一亮相，顿时就令整个蟋蟀市场为之轰动，因为一个砍柴的穷小子是养不起、更不会有这么好的蟋蟀的。

人们惊叹着陆林和他的金狮，把他围了个水泄不通，可是金狮却没给主人争脸，它像是怕羞似的，顺着须，紧贴着罐边一动不动地伏在那里，凭你怎样撩拨，也一动不动，就跟睡着了似的。养过蟋蟀的人都知道，善斗的蟋蟀，只要有人用草茎或鬃毛撩拨它的触须，它立刻就会发怒，等到它龇牙磨爪，两只触须来回探寻，暴怒得只想咬斗时，把它放入斗盆中，它立刻便会冲向对手，拼命撕咬，直到双方分出胜负，你死我活，或者一方败逃为止。

人们逗弄了金狮半天，但它仍只是趴着，不怒也不叫，就跟只听话的哈巴狗一样。

见此情景，围观的人极尽嘲笑之能事，纷纷说出不入耳的话来。陆林羞得无地自容，慌忙把罐盖盖上，揣进怀里，想早点离去算了。这时，一个围观的老人劝他先别走，说：

"不起性儿的蟋蟀常有，要他先斗斗再说。"

给老人这么一怂恿，陆林重又蹲了下去，将罐盖揭开。

金狮刚亮相时，人们见那虫儿个子大，都先自怯场，不敢贸然应战，现在，见那虫儿这么驯顺，都认定金狮是个没脾气的孬货，就又都争着跟他比。陆林也没挑选，随手把金狮放进一个人的斗盆中。那盆里装着的是一只金头玄翅的大蟋蟀，这会儿早已是暴怒异常，一见有敌人入侵，当下便将长须一振，龇牙咧嘴地扑了上去。金狮也不慌，只是迈着方步，徐徐后退，也不还口。那虫赶着他撕咬了半天，也没伤着它。搏斗进行了好半天工夫，双方相持不下，战斗进入了僵持阶段。那人怕自己的虫儿会给累着，便只得宣布罢手。这样，这场搏斗便以"平手"告终。接着又有第二只虫儿上场与金狮搏斗，金狮故伎重施，仍只招架，而不还口。在一阵哄笑声中，第三只虫儿，又进了陆林的罐中。这只虫的个头和先前的两只比起来要大得多，金头乌身，鸣声粗壮，人唤"大金顶"。一进盆，它就频频发动进攻，而金狮仍只是从容不迫，慢条斯理地招架着。

人们又嘲笑开了。

正在此时，金狮却猛地张大嘴，将身子往后一蹲，然后又猛地跃起，扑向敌手，照准金顶的脖子就咬了下去。只见它脖子一缩，头一摇，"吱"的一声响，金顶已被摔出了罐外，头垂在胸前，几乎被咬脱掉。得胜的金狮也没做出什么炫耀胜利的举动来，只是重又静静地伏在了罐边，好像刚才的一切与它毫不相干，而落败的金顶这会儿在后腿蹬了几蹬之后，便自一命呜呼！

金狮的这一胜利顿时便一传十，十传百地传开了，整个市场顿时为之震动。好胜心强的人纷纷挤上前来，把自己精心饲养调教的常胜虫儿拿出来跟金狮比试，但最后全都落败，无一幸免，哪怕是花十多两银子买来的"无敌将军"，到了它跟前，也没有一个是它的对手，全都三下五除二就给它打败了。并且金狮还越战越勇，这么多场恶斗下来，一点疲劳的迹象也没有，仍兀自从容不迫，干净利落，一派大将风范。眼睁睁拿着宝贝去送死，等于向无底洞里扔银子，谁会那么傻，这样过了会儿后，便没人敢再拿自己的虫儿跟陆林的金狮斗了。

金狮竟这么风光，陆林全未想到，顿时高兴万分。他小心将陶罐的盖子盖上，揣进怀里，想回家去，却被两个身材粗壮的汉子拦住了。这两人身上的打扮全都相同，并且一看就知道是有钱人家的子弟。两人拦住他，逼他把蟋蟀放出来斗斗。

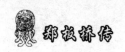

陆林不想再斗了，但逼不过，无奈之下，只得重新蹲下去，把罐儿从怀中摸出来，并且打开。

其中一个沙哑嗓子的公子用一根象牙柄的长鬃毛小心地撩逗自己的蟋蟀。没一会儿，那只叫"飞虎"的金额黑翅的斗虫便被激怒了。但见这人小心地把"飞虎"扣在右手手心，轻轻地放进陆林的瓦罐中。

瓦罐中，金狮垂着头，伏在那里，对入侵者不理不睬。飞虎猛地高高跳起，落在了金狮的背上，照准金狮的后颈便咬了下去……

陆林差点没叫出来，心想，这回金狮麻烦了，并开始后悔刚才不该答应这两个富家公子斗这场蟋蟀。他正心痛，却见金狮尾一耸，头一摇，然后飞虎便被"唧"的一声仰面朝天地摔在了瓦罐沿上。而还没等飞虎翻过身来，金狮便跳到了敌手的胸膛上，一口将它的脖子咬住不放。沙嗓子一见大惊，才想伸手去救他的虫儿，但已经晚了，只见金狮猛一甩头，飞虎的金头就已经滚在罐边上去了。

尖嗓门又惊又气，上前揪住陆林的衣领，要他赔偿损失。

陆林挡开他的手，拒绝了他的无理要求，收起瓦罐，起身要走。

沙嗓子挡住了他的退路，命他留下蟋蟀，还伸手去夺瓦罐。

陆林把瓦罐放在背后，严词拒绝。

公子出价钱了："二十两！"

"二百两也不卖！"陆林的犟脾气上来了，不肯卖。

"妈的——不卖就叫它死！"尖嗓子喊一声，提起右脚便朝陆林拿瓦罐的右手踢了过去，瓦罐顿时给踢飞了出去，落在一块石板地上摔了个粉碎，金狮也给砸死了！看到这种情形，陆林心疼极了，揪住尖嗓门的衣襟才要跟他评理，却被沙嗓子从背后踢了一脚，一个不稳，栽在了地上。那两人冲上去，便把陆林打了一顿。陆林吃痛，心下火起，弯腰抄起一边的挑柴扁担，朝尖嗓门的腿上就是一扁担。尖嗓门"哎哟"一声，倒在了地上。沙嗓子的一看自己的兄弟吃了亏，从腰里拔出一柄牛耳尖刀，冲了上来，照陆林心窝就刺。陆林一急，忙用扁担挡，扁担正抢在刺来的刀上，"当"的一声，尖刀飞了出去，并正好插进了尖嗓门的太阳穴里。但见尖嗓门发出一声惊叫，抽搐了几下，就死了。

人们顿时吓呆了，很快，陆林就在挨了一顿沙嗓子和他的仆人们痛打之后，被扭送到了县衙……

原来，死者不是一般人家的子弟，他名叫郎驹，今年十八岁，乃是现任湖州太守郎佩迪的四公子。那个沙嗓子则是他的三哥，外号"秃尾狼"，名叫郎骥，今年十九岁。兄弟二人，明里在家中的私塾攻读诗书；暗中则练习武术，养鹰玩狗，到处惹是生非，穷凶极恶，挥霍钱财。每年秋天，他们都会花上大笔的钱，弄上几百罐蟋蟀，轮番拿到蟋蟀市场上下注咬斗。那只飞虎就是他们刚花十两银子买回来的。那虫儿斗遍整个市场无敌手，他们自认是整个蟋蟀市场的擂台霸主，又哪能眼见着陆林的金狮风光？便故意等金狮斗累之后，再把自己的爱虫拿出来，想煞住金狮的威风。孰料，结果却是不但飞虎败死，就连自己的兄弟也因此送了命！

案子立案开审后，前任知县秦甸第一堂判的是："与人争斗，误伤人命。"但仅只一夜之隔，他的罪名就变成了"寻衅滋事，行凶杀人"。可怜的陆林一心以为秦大老爷会主持公道，便哀哀向他哭诉案发时的情形，却不曾想到，自己的哭诉换来的却是无情的板子和夹棍。等到他最后一次从昏死中苏醒过来时，他的手模已经打在了预先写好的供状上……

现任知县郑板桥在审阅案卷时，不禁出生许多的疑问：一个砍柴的农夫，怎敢跟太守的少爷争强斗胜？为了一只小小的蟋蟀，何至于行凶杀人？再说，进城卖柴，为什么会身带凶器？验尸报告上明明写着"飞刃刺入太阳穴，致死人命"，一个樵夫，又怎会有什么飞刀杀人的本领呢？

他决定重新审理此案，而为防止走漏消息，他决定秘密进行审讯。

这天夜里，头更梆柝响过后，在听差的引导下，板桥和蒯弼来到了大牢班房。

不久，戴着镣铐的陆林就被押进来了。这个年轻人身材魁梧、粗眉大眼、面相和善，但一年多的监狱生活已经把他折磨得骨瘦如柴，脸色蜡黄。他蹒跚地走进值班室，也不说话，便一头跪了下来。

板桥命牢头阚用和狱卒全都退下去，接着便开始了审问。问过陆林的姓名、年龄、籍贯、职业后，他和气地问陆林：

"为何你不安分打柴种田，侍奉老父，竟会为着一只小小的草虫，而至伤人性命，导致如今落得个杀人偿命的下场——难道就不痛悔？"

在以前被问成杀人死罪时，陆林也曾多次喊过冤，可是越喊那夹棍和板子就会打得越狠，久了，他也寒了心，后来就再不喊冤，只求速死！如今在整整等了一年多之后，忽然被提出大牢，他本还以为是处决的日子到了呢，不料，却听到了板桥这样窝心的话，这让陆林不禁又生出了几丝希望。他睁开眼睛，只见桥板正坐在扶手椅上，一面捋着胡须，一面关切地望着他，有若埋着的眼神又见了天日一般，一刹那间，求生的欲望在他心里熊熊地燃烧了起来。

一阵犹豫后，陆林抽抽噎噎讲出了自己的冤情，一面讲，一面哭。

审完陆林后，第二天，板桥又传讯了几个当时在场的证人，终于证实了陆林的供述。

第三天，板桥将原告、被告及所有人证全都传到了县衙，开庭重新审理这一蟋蟀案。不料，还没等板桥开口，刚在大堂跪下的原告郎骥就已首先质问郑板桥，不斩凶手给他兄弟报仇，却要翻腾已经断明的案子是何道理？

他的话没能吓到板桥，板桥猛拍了一下惊堂木。这种"民审官"的咄咄怪事，五年的县令生涯，他就连听都没听说过，他真想当场就把眼前这个丧尽人性的王八蛋痛打一顿，但最终他还是忍了下来，只是厉声问郎骥，他们兄弟二人抢陆林的蟋蟀没成功，反倒踢飞了瓦罐，砸死了金狮是不是真有此事？

郎骥以为就是再多砸死几只蟋蟀，也与此案无涉，因此很干脆地就承认了。

板桥进一步问郎骥可知道这种行为是抢夺人家的财物？

郎骥不以为然："就算是财物，能因为一只草虫就杀人吗？"

板桥大怒："财物不论多少，明抢就是强盗。你们兄弟二人白昼持刀行劫，按律当监。不要说郎驹不是陆林杀死的，就是他杀的，这责任也要由你们自己来负，与陆林无干！"

"与他无干？难道与我有干！"郎骥不服。

板桥拿起案上的牛耳尖刀，指着刀柄上刻着的"郎"字问郎骥："这刀明明是你们郎府的，怎会到陆林手里呢？"

郎骥恢复了镇静，大声嚷道："不是陆林用扁担将刀子打飞，我兄弟怎会被刀子刺死！"

板桥不畏权贵，毫不让步："你不拔刀行凶，陆林又怎会去招架？陆林不招架，你兄弟又怎会被刀子刺中？倘若陆林招架不及，被你杀死，那你也活不到今天了！"

听了板桥这一串连珠炮似的叱责，郎骥又慌又急，忽地吼道："谁有银子谁有理——"

郑板桥一跃而起："本太爷就先打你这个'有银子就有理'的纨绔子弟！"说着，不等郎骥反应过来，刑签就已被板桥掷到了地上，"来呀！给我打二十板子！"

郎骥当下便被四个皂隶按倒在地，挨了水火棍的一顿狠揍。

接着，郎骥被判入狱，陆林则被判无罪开释。

宣判一经宣布，陆林顿时哭倒在大堂上，直到皂隶把他扶起来，把他身上的刑具卸掉，他仍恸哭不止。回想这一年多冤狱，险些冤死的庄稼人在大堂上长跪不起。

二、泰山封禅

1. 乾隆东巡

自从秦始皇嬴政隆而重之地封禅泰山以来，二千年来，各朝各代先后有七十余名皇帝封禅泰山，仿佛只有在一朝凌九重，踏上泰山绝顶上的拱北石，一小天下的情况下，才能衬托他们的帝王之尊。想当年，秦始皇站在泰山绝顶的探海石上，仰天立誓，要把由他创建的帝业流传至千秋万代之后，然而才短短二十余年时间，秦朝便在秦二世手中覆亡；那位文韬武略、威震四夷的汉武帝，站在雄伟的岱岳大观前，苦思冥想，撚掉了数根胡子，也未从尚武的肚肠里刮出些许文采，最后只是在玉皇顶上竖起一块两丈多高的大方石，什么文字也没有留下来，美其名曰"无字碑"，便算是封禅完了；那位有了回眸一笑百媚生、六宫粉黛无颜色的杨贵妃，从此君王不早朝的风流天子李隆基却要比汉武帝聪明一点，他借御用文人之手写下了长达九百九十六字的《纪泰山铭》，把一面四丈多高的峭壁全都刻满了，真是琳琅满目，蔚为大观，以致连那铭文所在的无名山峰也因之得名大观峰，仿佛以为这样，自己的宏基伟业便可流传后世，但后人仍旧还是会记得安史之乱……

现在，这位名叫爱新觉罗·弘历的乾隆皇帝也要来泰山封禅了。为了要显示自己的诗才书艺，还在上次登山途中，这位乾隆皇帝就时时吟诗，处处留字，以致整个泰山触目都是崖摩、碑刻的"乾隆御笔"。……

常言道："朝廷一张纸，天下百姓忙到死！"为了乾隆的这次东巡，各处地方官吏早在一年前就开始了紧张的准备工作：凡是御驾经行之处，沿途的道路、建筑，不论亭台楼榭，寺观庙宇，牌坊碑碣，全都重新油漆粉刷了一遍。摩崖涂金，石刻填朱，民房店铺粉刷修茸一新，人们目力所及之处，处处皆焕然一新。不然，又怎么叫做乾隆盛世呢。御驾经过的跸路，一律都拓宽到一丈二尺。平路则垫上黄沙，并且路面要平坦如镜。山路要铺上整齐划一的石级；跸路两侧的花木全都要精心修剪上一番，好让其苍葱翠郁，疏密有致；御驾住跸的"御座"，在布置上则就更是精致无比了，古玩字画、彝鼎卣尊、桌椅几案、杯盘碗盏，全都要金碧辉煌、庄重大方，务使皇帝满意舒适。

主持接待皇帝祭泰山事宜的包括深恐自己年事已高，精力不济，怕万一有所

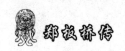

疏漏，会酿成无穷大祸，便从各方面进行了详尽的准备。

包括时年六十六岁。他入仕很早，二十六岁即殿试中试成进士，此后一直从县令升到正二品巡抚。他一向秉持的为人处事之道就是"君子外圆内方"。——不屑于"外方内圆"，也不齿于"外圆内圆"；至于"外方内也方"者，那是傻子才做的事！圣人不是有遗教曰："见贤思齐，见不贤而自内省"吗？干吗要硬和人家对着干仗呢，见了好的，你向人家学；见了坏的，你悄悄自省一番自家有没有这类毛病不就行了吗！因此，四十年的仕宦生涯中，他一直一帆风顺，并且还颇自信地认为：作为一个朝廷命官，自己身上多少还留有点当年做穷廪生时的气质。

他诗词娴熟，酷爱书画，对郑板桥的文采才气十分佩服，也很满意板桥在范县的吏治。是啊，诗书画兼于一身的才子，诚然难得啊；而诗书画兼于一身，此外还要做一个朝廷命官，那就更难得了；而诗书画兼于一身，并且还是一个贤良的好官，那就更是难上加难了！因此，他奏请朝廷，调板桥前往灾荒数年的潍县任职，希望他能做出一番事业，早日蒙恩升迁。至于朝廷和吏部是怎样想的，为什么他奏请让郑板桥调任潍县的奏折会被批准，他就不知道了。他很少跟吏部打交道：人家做事口风紧得很！像秦甸调任一事，事先不就一点风声也没漏，后来一道圣旨下，拔脚就走了吗？京官到底是京官，在朝中打个招呼，比咱地方官十道奏折都管用！其实，吏部知道什么！府县一级的地方官，贤良智愚知道得最清楚的还是咱们！

现在，乾隆封禅泰山，得有一名书画史随侍左右，他当然会选郑板桥。虽然他知道潍县目前政务繁忙，一天也离不开自己这个勤勉的部属，但封禅之事兹事体大：一则，可让板桥有机会接近皇上；二则，如皇上满意，自己也好交差。潍县的事么，就可以先放一放。

从到达泰安之后，他让板桥和自己一起住，以便随时咨询，外出巡视时也把板桥带在身边，仿佛没了板桥，他也就没了主心骨。

封禅的准备工作终于完工了，下属报告一切均已就绪。但毕生谨慎耿忠的老吏为确保万无一失，决定在乾隆御驾尚未亲临之前，再作一次全面的仔细的巡查，他便带上板桥，从岱庙出发，沿着直达岱顶的山路拾级而上。

对生性闲逸、爱好游览山水名胜的板桥来说，这是一次难得的纵览泰山风光的好机会，而如果等到乾隆御驾亲临，再随乾隆一起的话，那他们就只能侧起耳朵、睁大双眼，随时悬着一颗心，等着听上头的训斥，哪还会有什么观山赏景的闲情逸致呢！

从山下岱庙动身，十八里山路上，真是处处生景，步步宜人，初次登临的板桥只觉眼前的风光目不暇接，不由兴奋得一路上感慨不停。

岱宗坊前的岱庙建筑得十分雄伟，规模几不逊于曲阜孔庙，庙中的天贶殿巍峨庄严，足可跟板桥应殿试的太和殿相比。岱宗坊往前三里处的斗母宫，背依深涧，面对紫岚，三潭飞瀑，泉鸣如琴，令他连呼"幽绝"。登上中天门后，眼前的景物又别是一番风味：北望岱顶，云梯矗天；南眺汶河，澄江如流。板桥觉得，站在这里，抬头是天府，回首是人间，自己整个人像是进入了一种介于人仙之间的"净界"。

当天夜里，他们留宿中天门。

第二天，他们又登上了中天门北面一里外的"云步桥"，但见桥畔高崖飞瀑，桥下幽涧生云，飞瀑如一条白练般飞泻入幽幽碧潭，溅起阵阵水雾，立于桥上，真有"步云"之感。

所谓"爵松"，就是云步桥上面不远处的一片地势奇伟的平台上互相拥抱似的长着的三株古松，这三株古松长势虬枝绕结，青盖如伞。传说当年秦始皇登泰山在此遇雨，后来就是躲在"伞盖"下避过大雨的，由于古松护驾有功，他还赐它们"五大夫"的爵封。

第二天傍晚，在随从的搀扶下，包括一行人等攀着新建的铁栏杆，终于爬完了整个七千级的石阶，登上了高耸入云的南天门。南天门上有一名为"浮云阁"的亭阁，整座浮云阁碧瓦朱墙，炫目动人。南天门门洞旁有一对联："门辟九霄，仰步云天胜迹；阶崇万级，俯临千嶂奇观。"这一对联绝妙地反映出了天门的雄伟景色。

天街之后便是碧霞祠。这座布局严谨、建造精美的古祠始建于宋代，整座古祠铜瓦金碑，庄严辉煌，板桥和包括的住处就在祠后。休息了一个时辰后，板桥又拖着包括登上了玉皇顶。玉皇顶上山风袭来，令人遍体生凉，远处的地平线上，夕阳的余晖尚在。站在五岳独尊的高崖之巅，极目远眺，白云悠悠，大地袤远。远处，九曲黄河如一条美丽的玉带奔腾而来；脚下，群峰如涌，几只山鹰在山谷中悠然盘旋……

而所有这些当中，最使板桥大开眼界的，还是遍布各处，让人眼花缭乱的牌坊、碑碣、摩崖石刻。其中尤其令他吃惊的是石经峪的一条飞瀑下的一片面积为一亩见方的石坪上，竟刻有一部完整的《金刚经》。尽管历时一千二百余年，但那一千余个斗大的镏金隶字，仍完好无损。再加上为了迎接乾隆的御驾东巡，刚刚镏了一遍金，整个石坪就更别提有多光耀夺目了。这一被人们称作"大字鼻祖，榜书之宗"的奇迹直把板桥惊得目瞪口呆，跷起大拇指连呼"四海之雄，五洲之奇"！当时，到达那里后，他竟像小孩子似的俯在大字上，揣摩、端详了足有半个多时辰，直到包括催促多次后，才怅然离去。那岱顶大观峰上的唐代"摩崖碑"、御风岩上乾隆皇帝上次登山留下的"万丈碑"、两千年前的秦代李斯的小篆碑……论历史，论规模，论艺术，称之为独绝天下、不可逾越，可以说不算夸张。看到这些，板桥不由在心中暗赞岱宗可谓独占碑碣石刻之绝了！而岱庙天贶殿中的那幅长达十七丈的大壁画《泰山神出巡图》，画中峨冠博带的人物多达数百个，整幅画布局宏伟谨严，错落有致，笔墨娴熟，人物刻画精细，栩栩如生，令板桥这位一代丹青圣手也不由为之叹为观止！整个泰山封禅期间，他多次跑到画前，细细揣摩玩味……

乾隆的御驾按时幸临泰安，驻跸于岱庙的东御座内。他要在这里待三天，先观赏庙内的汉柏唐槐、历代碑刻以及王母池、普照寺等近一点的风光。第四天，则斋戒沐浴，在岱庙的天贶殿设三牲，奏古乐，以隆重祭祀泰山之神——东岳大帝，以求皇祚绵长、国泰民安。到第五天时，则御驾正式巡山。

在浩浩荡荡的仪仗和护卫的前呼后拥下，乾隆骑着一匹高大、矫健的黄骠马出了岱庙北门，过岱宗坊，沿着新修的、铺着黄沙的平整的大路缓缓地走上了山。一路上，每逢有寺庙便进去礼拜拈香；若风景优美的话，便驻马观赏或下马细看；如有兴致的话，还会题诗留字，勒石铭碑，以流传千古。午餐是在清雅幽静的斗母宫中进行的。在两餐御膳之间，自有执事太监捧着温在暖囤中的香茗，藏在雕漆食盒中的各色细点供他随时享用。回马岭之后的路段，石级太过陡峭，马匹无法再前进，乾隆便下马换乘肩舆继续往山上行进。当夜，乾隆御驾驻跸在中天门新建的行宫中。

第二天，乾隆在中天门停留了一天，以饱览四周的山光岫色。第七天，乾隆于辰时启驾，中午时在御帐坪打尖，当天黄昏时分便登上了泰山极顶的行宫。

第八天之后，乾隆先后要在碧霞寺向碧霞圣母进香，在岱顶的玉皇庙向玉皇大帝致祭。当然，乾隆最感兴趣的还是游览沿途风景，除了日观峰上看日出，月观峰赏月，望河亭上俯瞰九曲黄河，瞻鲁台上远眺如涌群峰、千里鲁地，还要漫步仙人桥，于舍身崖上吟咏诗文，在北天门上题字，后石坞里观赏奇松……

弘历不愧是风流才子，一路上从山底到山顶，共吟诗数十首，仅得意之作勒石铭碑的就有七八首。在山顶，他一共停留了五天，观赏了日出、月升，但并没有看到云海和灵光，之后就御驾回京了。

此次封禅，郑板桥先后在泰山绝顶上待了四十多天。据史料分析，他当时并没有受到乾隆帝的接见，但就这他就已经很满足了，因为在他看来，只要能亲身参与封禅其事，本身就足以引以为豪的了。几年后，他曾在自叙中写道：

> 乾隆帝十三年，大驾东巡，燮为书画史，治顿所，卧泰山绝顶四十
> 余日，亦足豪矣。

乾隆帝的这场东巡结束后，板桥重又回到了现实之中。和那接驾的豪华派头相比，这哀鸿遍野的悲惨景象实在是太让人触目惊心了，至于板桥在这当中如何调适自己的，我们就不得而知了。

不过潍县的情况也还是有了一些好转，这年三月，在乾隆帝授命下，大学士高斌和左都御史刘统勋前往山东查办赈务来了。

不论如何，对这件事板桥心里还是很欢迎的。五月初的样子，高斌来到了潍县，随之而来的还有赈灾的粮款。板桥如实地向高斌反映了灾情和救灾的工作，并陪同其视察了灾区。视察期间，高斌写有诗作示板桥，对此板桥欣然予以了奉和。奉和的诗共二首，第一首是：

> 相公捧诏视东方，百万陈因下太仓。
> 天语播时人尽饫，好风吹处日俱长。
> 村村布谷催新绿，树树斜阳送晚凉。
> 多谢西南云一片，顿教霖雨遍耕桑。

第二首是：

> 五日生辰道上过，山根云脚水罗罗。
> 冲泥角黍裹翁献，介寿蒲尊瓦盏多。
> 马上旌旗迷渤海，柳边舆盖拂潍河。
> 愚民攀拽无他嘱，为报君王有瑞禾。

尽管皇上派来放赈的官员迟来了两年，但毕竟还是来了，郑板桥的努力没有白费。

2. 解囊助读

郑板桥非常善于识别人才，对于有才华、有志气的贫家学子，他向来都是慷

慨相助，这当中最有名气的要数靠挑水为生的韩梦周。

板桥第一次去韩梦周家时非常不巧，那天韩梦周刚好外出卖水，他母亲则到野外捡柴去了。板桥公务缠身，只有在晚上才能到那书生家去，不能耽误白天的时间。第二次去时，他便拣在夜里去了。

那是一个雪夜，韩梦周住的草庙子村在县城东南五里处。当时地上的雪还没化，积得很深，路很难走，板桥带着侄子郑田走了半个多时辰，才走到那家小村庄。夜深人静，村中寂寂无人。进村不远，便听得有一阵读书声传来，声音正是从韩家传出的。走近门口，又有轻微的纺车声传出来。板桥从门缝中向里看了看，只见院中有个后生正在映着雪光读书，口中正在抑扬顿挫地念着的正是苏轼的《晁错论》。

板桥敲了敲门，后生停了下来，走过来打开了门。

屋中没有点灯，土坑上隐约有个人影。韩梦周拿起火镰、火煤子打火，但弄了半天仍没把灯点亮。郑田将火镰和媒子接过来，三下五除二便打燃了。灯一亮，四周顿时亮了起来。

板桥举目四顾，见房中四壁破败，空空荡荡的，一片萧条景象，一角的炕上有个面容憔悴的中年妇人正在纺棉花。

这是多么穷苦的生活啊！板桥的心缩紧了。

韩梦周，字理堂，现年十五岁。五岁时父亲蒙冤死于县令任上，全靠寡母日夜纺线，将他抚养成人。母亲见孩子长得聪明伶俐，咬牙变卖家中值钱的细软，供他念了五年塾书。可是这之后家境着实贫寒，再无余物可变卖，仅只靠她一人纺线难以维持两人的生活，就更不用说塾师的束脩和儿子的书笔钱了，于是到了十三岁，梦周就不得不辍学回家，白天给店铺挑水，挣一点钱以补贴母子二人的衣食，到了晚上，才又捧着父亲遗下的几部经书，苦苦诵读。

看看眼前这个身材矮小的后生瘦削的脸上的那双闪着泪花的大眼睛，板桥不由得感慨万千：面前这个孩子，多么渴望读书啊，世界上有多少人因家境贫困而前程受阻！倘若能给一个机会给他读书仕进，又焉知他十年后不会是国家栋梁之材呢！而许多豪绅弟子衣食无忧，却只知道贪图安逸，挥霍浪费，嫖赌逍遥——世间多少不平事啊！

板桥翻开韩梦周的作文簿，那上面字迹工整、娟秀，极少改动，显然是誊抄好了的。内中共有十多篇文章，如《悯农》《洪涛记》《市街饿殍》《论修城》《哀母》《悲秋》等篇，大多是取材自作者自己平时耳闻目睹、亲身经历的事情，尽管有些地方仍显稚嫩，但情真意挚，且切中时弊，思路爽晰，论据充实，起承转合，畅晓自然。板桥自己做过塾师，深知一个只读过五年书的孩子，能写出这样出色的文章，着实是件难得的事情。吟风弄月之作其中也有几篇，如《露吟》《暮蝉》《春花》《池鱼》等，但内容较为空洞无味。

板桥轻轻地将作文簿合上，当即表态，要捐助韩梦周读书。他认定这后生是一匹千里驹，而如不使之解脱穷困，那么生活的重轭势必将其压成一匹驽马。

之后的几载，县衙的衙役们经常见到一个文弱的少年出入县衙，听到县令大人跟这个日益长成青年的书生的读书声。

时间飞逝，板桥开始为即将举行的岁考而忙碌。

县试岁、科两考，在当时乃是读书人晋身仕途的第一步，也是朝廷求取人才的基础，但从明景泰年间以来，朝野上下兴起了捐纳之风。

此风在清代时更盛。由于装点"盛世"，国库开支频繁，以及连年的争战，康熙年间，朝廷府库空虚，军饷匮乏，康熙皇帝玄烨便在投考童生的人身上打主意：凡投考童生者一律先交纳白银四两为报名金，然后方准入试。康熙十六年，清廷又明令规定，各县于例定的名额之外，准于录取捐纳生员若干名。

有了这一规定，许多有钱人家的子弟便可不经刻苦攻读，而只需花上白银一百二十两，便可捐到一个例生（亦称饷生、纳生）的头衔。如肯再缴纳更多的捐纳，还可得到例监的名头，甚至还可以直接捐官。这样，数十年时间下来，朝廷的各级官吏中便混入了许多不学无术、奸贪强悍之徒，这与朝廷开科取士的初衷不啻是背道而驰。当时清廷朝野间流传一句话，叫做"及第不必读书，做官何须事业"，就是指的这个。

不过，尽管捐纳之途十分方便，但却为世人所鄙视，尤为正途科举出身的官吏所不齿。在这一点上，郑板桥又尤较他人为甚。和所有苦读仕进的人一样，他极其看重科甲出身。尽管他也十分厌恶胶柱鼓瑟的八股文和枯燥的试帖诗，认为那些僵死的考规实在不是很好选拔人才之途，但和那些以金银获得仕进之机的陋规比起来，科甲之道不知要好过多少倍。所以，身为县令，又是县试的主考，对县试他自然特别重视，更何况，今番岁考，他的爱徒韩梦周也会应试，这就使得他在重视之外，又别添几分欣喜与焦虑之情。

清律，科举考试，童生县试，为三年两考，即丑、未、辰、戌年为岁考，寅、申、巳、亥年为科考。今年是乾隆十六年，岁在辛未，正是岁考之年。早在十天前，板桥即发布告谕，选定黄道吉日二月二十六日为县试开考日期。

届时，整个潍县的少年读书郎，以及那些曾屡屡入试，但都名落孙山，至今仍孜孜以求的成年人，乃至于胡子已花白的老童生，都将一起参加那场童子试。

考期到来后，他们将一大早便挎上长耳考篮，带上食物、笔墨，在经仔细搜身之后，进入试场，进行历时一整天的头场考试。

童生县试共五场，能顺利通过这正试、招复、再复、连复的五场考试，便可参加四月的府试。府试再三场中试，便可得到读书求仕之人所渴求的第一个光荣称号——生员，即秀才。有了生员这个身份，便可应省城三年一科的院试和乡试。倘机缘会合，中得举人，则可再应会试。会试考中，接着便是殿试。那时，便可在雄伟庄严的太和殿里，跪伏在特制的小几上，绞尽脑汁，为夺取进士桂冠作最后的拼搏。如连战皆捷，终于获得进士及第的名号的话，则从此便可正式踏入仕途。至于此后，这些胜利者是青云直上，还是原地固守，抑或罹遭横祸，那就要看每个人的德性、手腕和应变能力了……

这天上午，板桥专程前往县学就考前的各项准备事宜仔细询问了一番。由于第二天他还要前往莱州府复审一件案子，因此，考前的准备工作便全由县学正副官吏——教谕和训导负责。他反复叮咛他们，务必要在临考前对全体童生的册籍、廪保进行严格核实，以防有冒籍、顶替、捏造姓名、身世不清白，以及倡优皂隶之子孙应考等事发生。

准备好去莱州的事宜后，板桥便带着蒯弼和四名警卫皂隶启程了，并且为了争取时间，他没有坐轿，而是骑马前往。临行前，板桥还为韩梦周作了临考前的最后一次指点。

最后在与近二百名童生的县试逐鹿中，韩梦周夺关斩将，所向披靡，五场皆捷，一举获得第一名！

看到梦周取得了这样的好成绩，板桥心中的高兴劲，那就别提了，简直可以跟自己当年琼林宴上饮琼浆、五凤楼前看金榜时的心情相比。连续五场考试中，韩梦周不论是"四书文""经文""时文"，还是诗赋、律赋、试帖诗，无不流畅晓达，切中时弊。他写的那一笔馆阁体的正楷小字，尽管仍稍嫌稚嫩，但仍清秀爽美，令人喜爱。尤其是第一场试毕，韩梦周名列前茅，去应主考官的面试时，所有板桥的提问，他都回答得头头是道，流畅通达，使在场陪试的县教谕和训导连连颔头，啧啧称是。百里挑一的人才哟！倘若能持之以恒，后年的辛酉科乡试，不要说举人出身，就是举进士不也易如反掌吗！到那时，这孩子就将会沿着举进士、入仕途的路途走下去，哪怕科运不佳，以举人终其一生，那么下者也可以充任县学教职，上者也还有拣选知县的机缘……

看看梦周，板桥不禁思绪联翩，想当初，当他刚刚考中县试的秀才时，虽然十载寒窗之苦初得偿酬，但家境仍然贫寒，贫贱仍如影随形，就连作的字画也被讥为"多穷秀才酸气"。后来，乡试中举，尽管有二十两的牌坊银（旗匾银），但家中经济情形仍是捉襟见肘，而一旦等到金顶官帽戴到了头上，"文魁"匾额悬在了家中的厅堂上时，人们立刻就对自己刮目相看，恭敬备至，就连不经意地横涂竖抹，也被当作佳作珍品争抢而去。唉，世间的人情冷暖！因此，看透世情的板桥，又怎能不为弟子辉煌灿烂的前程而高兴呢！

但一想到科场得意与出仕，他的心立刻就又凉了下来。是啊，他堂堂一个黄榜进士，却整整等了六年之久，才放了一个小邑令。五年的辛苦繁忙，尽管政绩也是有口皆碑——"治民有方"，但得到的却是重灾的潍县印绶和每月增发的二两俸银。他茹苦含辛，励精图治，到头来却只是两鬓银霜，五疾缠身；地方有黑帖，京城有劾呈。如果是在扬州以出售书画为生，那么，凭他进士出身的身份，诗、书、画的名声，每月的收入又何止区区四十九两！而且那样的话，会是何等的逍遥自在、身轻心静呀。想到这里，板桥不禁又感到有点后悔，自己苦劝梦周应试，谁又知道此举是对是错呢……

但进而一想，他又觉得，读书只应心存报国，如果满腹才华，却只是吟风弄月，诗酒唱和，那人生又有什么意思？像他的好朋友郭质亭那样，饱读诗书，才华横溢，却隐居闹市一隅，尽管自己个人心闲意适，远避灾祸，但于百姓疾苦、社稷忧患，又有什么益处！如果世界上所有有才华之人都这样，那天下当不会成贪枉之徒的乐土！何况，梦周并不像自己这样疏狂不羁，他察时识体，性情和婉，日后奉君治民，定是栋梁之材，而让有才华之士避居郊野，那才是为人师长的昏聩与失察……

后来，韩梦周先后于乾隆十七年中举人，乾隆二十二年中进士，并任职安徽来安县令，任职中颇有政声。去官后，又归里授徒，成为著名学者，还刊刻有文集行世。

还有一位贡生胥伦彝，性喜赌博，寒冬腊月还披着毯子坐在赌场中舍不得离开。但他的文章做得很好，板桥很赏识他，曾力劝他不要消沉下去，并举荐他当某县的书院山长。清末潍人郭鹿曾作《竹枝词》，内中有一首的内容即为："胥君生有樗蒲癖，腊月披毡一片青。不过扬州郑风子，只应冻杀老明经。"指的就是这件事情。板桥还有一位得意门生韩镐，也是家境贫困，但极有才华，板桥不仅在经济上对他予以资助，而且在治学上也细心予以辅导，其曾手书一联赠韩曰："删繁就简三秋树，领异标新二月花。"这一名句箴言流传颇广，只可惜韩镐因家庭多故，生活坎坷，久困场屋，直到乾隆四十八年才中举人，而那时板桥早已离开了潍县。

3. 祸不单行

这天，郑板桥收到一封书信，急忙拆开，才看几行，他便忽地脸色煞白，两眼发直，"啊"的一声跌坐在了椅子上，信则失手落到了地上……

原来，信是好友李鱓写来的。板桥与"扬州八怪"同在扬州时，扬州一带的人，买画的话，多去李复堂处；索诗、字者则多求板桥。在扬州画家中，郑李成犄角之势，是公认的八大家中的两支威名远震的奇军。多年来，相同的气质、性格，同样坎坷的人生之途，在艺术上勇于立异标新的无畏精神，使得板桥从青年时代起便和这位才华横溢的同乡结成了莫逆之交。

而现在，老友忽然来信，怎能不使异乡为客的板桥惊喜莫名呢。他忙将书信打开，却不料信中的消息让人震惊而又悲伤：他们的好友、名画家金农因病于扬州去世！

"愚兄于北游途次，惊悉自扬州来客云：寿门于上月杪，病殁于扬州西方寺！余痛哭之余，掩涕以告……惜乎，生死轮回，谁人得免！吾弟闻之，好自珍摄，幸勿过伤……"老友在信中痛苦地写道，"余惊闻此变，游兴顿消，决意连夜南返，哭悼寿门于泉下……"

金农，字寿门，号冬心先生，浙江仁和（今杭州）人，年长板桥六岁，久居扬州。他博学多才，喜欢诗词，性好收藏金石作品，并精于鉴赏。雍正十三年，其四十八岁时，清廷开博学鸿词科，他被荐入京应选，但未中选，其后游遍大半个中国始返回扬州。五十三岁后开始卖画。他的画无论在花草树木、动物、佛像，均造型古拙富蕴金石气。此外，他还创造了一种用扁笔书写的字体，该字体兼有楷隶体势，时人称作"漆书"。

板桥仕鲁前，卖画扬州时，金寿门是他除李鱓外的另一挚友。他们三人常在一起诗酒唱和，书画往来，甚至几乎到了形影不离的程度……

而如今，这位挚友竟抛下他和李鱓先去了！

他一时跌坐在椅子上，半天不能说话，两行热泪顺着面颊缓缓淌下……

不一会儿，板桥的痛哭声便传遍了整个县衙门。县衙上上下下数十名属员，与板桥相处数年，屡目睹过板桥快乐、焦急、愤怒、忧虑，甚至戏谑，但不曾见板桥这样，也未见过他如此伤心，更想不到他会放声痛哭，都不知道是发生了什么事情，一时乱作一团，纷纷聚在内宅花墙外面探听消息。郝吉、蒯弼、孔凡仁等几个师爷得知消息后都先后赶来探视，一起劝慰板桥。

板桥听着大家的劝解，想起一件事来。他站起身来，匆匆走到书案前，提笔给金农的家人写了封信。然后，他又裁了一条宣纸，写了一个高二尺、宽四寸的牌位："故友金公讳农字寿门之位"，然后又命人收拾好客厅里的桌案，请上牌位，将香案及供品准备好，说他明天要祭奠亡友——致哀三天！

人们不理解这位奇怪的县令，只不过是个画友死了，何必这样伤心。

郑老爷如此重友情，众人都是平生第一次见到。

虽然事隔不久郑板桥就得知金农去世的消息为误传，但在当时他真的是悲痛万分。几天之后，他又收到了一封家书，他边拆着家书，一边想这封信大概是要告诉他儿子的近况，他心想儿子现在一定又长高了，学业一定又有了长进。他将信封拆开，急忙地读了起来。看完信，郑板桥咬紧下唇，颓然地坐了下去，面色蜡黄，目光失神地望向空中……

原来和两个月前李鲟的来信一样，这封家信也是一封报丧信：他的爱子郑麟在一个月前因患麻疹暴亡。饶五姑娘伤痛太过，也一病不起。如今饶五姑娘的病情有了好转，郑墨这才鼓起勇气，给堂兄写了这封"于心何忍、又不得不写"的家信。

这对板桥来说不啻是晴空霹雳，天塌地陷！他一时间泥塑般呆坐在那里，一句话也说不出来……

今年春天，堂弟郑墨照他的嘱咐，把六岁的郑麟送入书房启蒙读书。孩子天性颖悟，入学不久，就常得到塾师的夸奖。三个月前，饶五姑娘还在来信中附上一张纸，纸上的内容是麟儿写的。那是一封只有十几个字的"信"！如今只要板桥闭上眼睛，那两行歪歪斜斜的小字就会在板桥的眼前闪跳个不停！然而，还不到一百天，才三个月的时间，他爱若金珠的儿子就被阎王爷召去，永远不再回来！刚过完五个生辰的老生儿子啊……

丧子的伤痛何其深重，板桥去扬州做画师前就已尝过，没想到二十多年过去了，续娶的小妾饶夫人竟在他五十二岁时给他生下了一子。晚来得子，本是人生乐事……可是，晚年丧子呢？

对"不孝有三，无后为大"这句话，他并不看重，但麟儿的夭折还是带给了他巨大的伤痛，他一时为之失魂落魄。

麟儿，麟儿啊！

想当年，自己五岁时曾写过一首打油诗，父亲看过后，十分欣喜，将它拿去遍示亲朋，笑说："看看，郑家麻丫头的针线活！"亲朋看完后，都啧啧称叹道："将来会成大气候哩！"

板桥的老家有个风俗，就是给自己特别宝贝的儿子取女孩名字，以求长命百岁。板桥是独生子，脸上又生有几颗浅细麻子，因此便被父亲爱称麻丫头。板桥

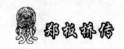

幼年时，板桥的父亲平时无论多忙，都总会抽空去塾馆看看"麻丫头"的"针线"做得怎么样，那意思也是希望儿子能早日成材啊。

而如今，自己已入了仕途，和父亲那辈不一样了，所谓"强爷胜祖有施为"，自己的儿子理应比自己更好才行。可喜的是，儿子似乎比自己小时还聪明。

饶姑娘携子南归，一去就是三年，儿子那乖巧幼小的形象没有一天不会出现在他的脑海中！可如今……

身为黄榜进士、七品知县的郑板桥，虽然职位卑微，禄俸菲薄，但仍有许多人对他的幸运感到钦羡！然而实际上，板桥的经历却是很坎坷的，不幸似乎自他出生以来就与他如影随形！

人说人生不幸之事有三：幼年失慈，中年丧偶，晚年丧子。而这三件不幸之事他竟无一幸免！

不，岂止是这三件？他的一生全都是在贫困和灾难的旋涡中挣扎过去的！他的一生就是不幸！

"郑生三十无一营，学书学剑皆不成……几年落拓向江海，谋事十事九事殆，长啸一声沽酒楼，背人独自问真宰……"这首《七歌》道尽了他凄凉的前半生！

"真宰"在哪里？在哪里！仰首苍天，问询百遍，却得不回一声回答！

眼泪被他硬生生地收了回去。他将一张素笺抓过来，写下了一首《悼麟儿》：

蜡烛烧残尚有灰，
纸钱飘去作尘埃；
浮图纵有三生说，
已了前因不再来！

第八章　罢官潍县

一、无头女尸

1. 银匠入狱

郑板桥在潍县做了六年父母官，审过大大小小的案件无数，但他从没想到他到潍县的第二年接手的一起案件会是一起连环案，更没想到这起连环案会拖了五年才侦破，并令他厌倦为官。

在潍县城东七里虞河村，有个二十来岁的名叫袁广的小银匠。他年纪虽小，却有一身好手艺。每天一大早他就会挑上坩埚、锤凿、吹打、兔脚帚等工具出去兜揽生意。人家把碎银子拿出来，他吹着化银油灯，把银子化开，再经一番敲打锉磨之后，没多久，碎银子就会变成一件漂亮的饰物。袁广人好，手又巧，做出来的活计漂亮，且也不坑瞒顾客，因此很受顾主的欢迎。他会做很多东西，这当中他做的麒麟送子长命锁尤受人们欢迎，那麟身鹿头的祥兽栩栩如生，麟背上的胖娃娃眉开眼笑，可爱之至……

袁广的父亲在世时，为他订了一门婚事，未婚妻就是他北村的姑表妹杨花。杨花模样生得十分俊俏，年纪小袁广五岁。袁广很喜爱表妹杨花，定亲之后，为能早日娶回杨花，他更加勤奋地穿街走巷，招揽生意，起早贪黑地猛干。

但有一天，他却被一个以卖梨糕为生的人称蒋罗圈的人叫到一个墙旮旯儿，这人悄悄地告诉了他一个惊人的消息：杨花被她父亲改许给了城里的一个官宦人家！袁广一听，如五雷轰顶，差点没晕过去。等醒过神来，他马上就飞跑到舅父家，质问舅父到底是怎么回事，这才弄明白，原来是个误会，舅父也没怪他，反而安慰他，劝他赶快回家做准备，好早日成亲。

正当他刷新房，铺砖地，忙着准备迎亲的各项事宜时，却听说村西河边的树林中出了路倒，袁广一时好奇，就也跟着看热闹的人往树林里跑。结果到了那里，却远远看见舅父正抱着一具无头女尸号哭，再近前一看，发现女尸身上的衣

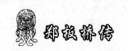

服和前几天时表妹的打扮一样。原来，死者不是别人，正是杨花。

袁广顿时扑到女尸身上大哭了起来。舅父抬头一看是他，二话没说，便拽住他的衣领，照头就给了他几耳光。

就这样，惊魂未定的袁广被趔趔趄趄地扭到了县衙。

杨老头击鼓喊冤，前任知县秦甸闻声升堂。袁广被莫名其妙地拽入县衙，他素日为人老实，哪经过这等仗势，一时瘫在了地上，面如死灰，抖个不停。开审后，秦甸问杨老头怎么知道杀害杨花的就是他没过门的女婿？杨老头说，三天前，袁广来过他家，一进门就怒气冲冲地又叫又骂，到了最后，还威胁说要是他敢让杨花改嫁，他就会让他们全家都不得好死！傍晚，女儿去河边洗衣服，天黑了还没回来，他去河边找，女儿不见了，河边只有未洗完的衣服和蒲团棒槌。今天上午才找到女儿的尸体。凶手不是袁广，还会是谁？

杨老头说得在理，秦太爷认为袁广是因妒生恨，因恨杀妻，人都是不打不招，所以大刑伺候。

堂上掷支签，堂下去层皮。秦知县接连扔下了两支签，于是板子、夹棍便都一齐落到了袁广身上……开始时他还想分辩自己冤枉，但越分辩，刑就用得越重，最后，他晕倒在了夹棍下。这之后，他就再不敢开口了。

可是，取供容易获证难。尸体没了脑袋，凶手却怎么也说不出人头的下落。在大刑侍候之下，袁广一会儿说人头也被扔在了树林里，可派人去找，寻遍树林也找不到。一会儿，袁广又说人头埋在他家的炕洞中。但掀了炕，掘地五尺，还是找不到人头。最后，袁广想出了一个好去处，他说人头被他扔进了虞河。秦甸想，每年盛夏，淫雨连绵，虞河水都会暴涨，不要说一颗人头，就是一块大石头，扔进那条河里去，也会消失无踪。没有着落，反倒成了有着落！这桩命案于是便顺利结案了。

因此，秦太爷在案卷上判袁广候斩。

尸体无头，人头被河水冲走，杀人凶器是切菜刀，杀人现场就在河边，证人有杨老头——尸、伤、病、物、踪，五证俱全，凶犯自己也供认不讳。袁广的杀人罪于是便成了铁板钉钉的一桩铁案。

谁知，半年后，接任潍县县令的板桥却从中看出了破绽……

定亲之事虽是父母之命，但袁广自幼钟情于表妹，又有岳父的保证，怎会只因外人一句流言，就下此毒手呢？果真袁广是乘杨花下河洗衣之机动手行凶，那他这么做显然是想逃避杀人的罪责，而他非但不把尸体藏起来，反而扔到临近大路的树林中，不正是要让案子早日暴露吗？何况，尸体无头，更是一大疑点。从来给尸体毁容，或者藏匿人头，都是为了达到偷梁换柱、张冠李戴之目的。而袁广似乎并不想嫁祸于人，那他又何必把人头藏起来，并且还因为说不出藏匿人头之处而白白受了许多皮肉之苦呢？就算是人头是给扔进了虞河，潍县海啸之后，长时间不曾降雨，案发时，河水已断流，又怎能将人头冲入渤海……

这些疑点都让板桥感到这件所谓的铁案背后定有蹊跷，他想，这一定是一桩冤案！

熟料，当他提审袁广时，袁广却一口认定自己确实是因妒忌杀死了未婚妻，不管板桥怎么追问，也决不改口。

板桥看看面黄肌瘦、满脸胡楂、精神委顿的被告，故意把话扯远。细细和袁广聊一些琐碎的话题，慢慢地让袁广放下防卫戒备之心。袁广本来因为受够了刑讯之苦，已不存求生的念头了！但在板桥的温言细语下，他渐渐地不害怕了。郑板桥问他杀了未婚妻，纵然不怕以后再难娶到老婆，难道连朝廷的王法也不怕吗？想必是为人重金收买，给人替罪吧？否则怎么连人头藏在哪里也不知道呢？

袁广终于开了口，大叫冤枉。

板桥眼前一亮，把自己的立场告诉了袁广，彻底让他放心。

听了，袁广抬起头，愣愣地看着板桥。

板桥问他是怎么认识蒋罗圈等与案子有关的人证，袁广一一作了回答。

第二天，板桥又派蒯弼专程前往北虞河村把杨伯找到来核实。蒋罗圈传消息的事老人并不知道，但他却承认正是此人前往他家给女儿另外提亲的，不过，由于自己不肯答应将女儿另许人家，所以蒋罗圈也不肯说出究竟那户官宦人家是谁家。

这一发现十分重要：说媒和传流言的都是一个人！

看来，只要找到蒋罗圈，把流言的来源弄清楚，顺藤摸瓜，不怕找不出案子的蹊跷之处。

可是，当捕快班头郝吉带两个捕快找到罗圈腿的住处时，却得知蒋罗圈已于半年前搬走了，并且没有人知道他搬到什么地方去了。去向不明！郝吉领着一班捕快仔仔细细地在城里、四关查访了三天，还是没有找到蒋罗圈的下落。如此，袁广供出的唯一线索，断了！

得知这一消息，板桥很失望，但他并未气馁，并决心一定要把案子查到底。天空中满是层层自东北向西南方向缓缓滚动的乌云；潮腻腻的东北风穿过虞河岸边茂密的树丛，将树上的露水吹落下来，继而便呼啸着吹向了潍县县城。

虞河自南向北逶迤而去，一架石板桥横跨在河面上。近河岸的浅水中长满了茂密的芦苇，水面上漂浮着一丛丛半枯的白苹。白苹的间隙中生长着些许狗尾草，这些狗尾草在风中摇曳着，总算给凄清的河面增添了几分生气。

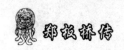

几块青石板散布在石板桥两岸的水边，那便是村妇们平时洗衣服的地方。

河东岸石板桥南边不远的一棵粗壮的老柳下，有个头戴草笠，身穿一件缀满补丁的旧夹袄，脚上赤脚穿一双麻鞋的老翁正在独自垂钓。他身下垫着一件卷成圆筒的蓑衣，一面抽着旱烟，一面微蹙眉，静静地注视着眼前的河面。这老翁每见有乡邻行人路过，总要放下钓竿迎上去攀谈。他已经先后和两位拣粪的老者、一个牧羊人说过话了。

天空中的云越来越黑了。过了不久，便渐渐沥沥地下起了雨。雨势时紧时松，不久那老翁身上的夹衣就全湿透了。天气也渐渐凉了下来，老翁失望地披上蓑衣，但仍倚着柳树干不愿离去，似是想钓到什么大鱼才肯离开。

这样的天气，路上当然不会有什么行人。老翁等了许久，仍没有人来。时间已经到了午后，老翁自己也觉得有点饿了，只得收拾起渔具，准备往回走。看着篓子里那几条小鲢鱼儿，老翁摇了摇头，无可奈何地笑了笑。其实，有好几次，他也看到了鱼咬钩，但却忘了拉竿，等他终于把钩拉上来一看，钓饵早就被鱼吃光了。

他才走上桥，忽然有清脆的童音从他身后传了过来：

> 秋风获苇路湾环，钓叟潜藏乱草间，
> 忽漫鹭鸶惊起去，一痕青雪上西山。

....

这是板桥的《潍县竹枝词》中的一首。不一会儿，就从树林深处走过来一个头戴草笠，骑在牛背上的牧童。这牧童身上披条麻袋，年约十一二岁，神情很是可爱的样子。老翁亲切地与小牧童聊起家常，并用很自然的口气问起所谓袁广杀死未婚妻杨花，并将其割头、扔在树林里的那桩命案。

牧童说出事当天他见过她，当时天都快黑啦，杨花还在。并说凶手是杨花的表哥袁广，说是袁广听说杨花要不跟他啦，就下了黑心。

可牧童又说杨花洗衣时袁银匠没来过，但他看见当时在那边的歪脖子老榆树跟前停着一辆马车，大白马，红轿车，跟他们村子的财主家的那辆一模一样。车上没有人，但有一男一女蹲在河边的树林里。

这个老翁不是别人，正是县令郑板桥。

私访归来，板桥立即与典史蒯弼作了商议，决定由郝吉带上两名精明捕快，仔细查一查到底那辆"白马轿车"是谁家的。

至于板桥自己，他决定第二天再到大集上去私访一次，倘若运气好的话，也许能找到一点有用的线索。

这几年，为了私访不被人认出来，板桥颇费过一番心思。他先后装扮过采买的商贩、漫游的文士、垂钓的隐者，以及走街串巷的染匠。当然，他并不亲自染布，只是把收回的布让尹安送到染房染好，再给顾主送回去。但无论是何种形式，都不能多用，次数一多，就会被人认出来。有好几次，他都当场被人认出来，结果私访却成了公访。无奈之下，他只得另思良策：如扮成预卜吉凶祸福的神真，或会观"风水"的堪舆先生。

郑板桥的家乡有许多人都是以堪舆业为生，他们不仅在当地给人家看风水，相宝地，而且也外出到北方谋生。据说，他们别具慧眼，能在罗盘的帮助下，从远山的形状和近水的走向之中看出风水的来龙去脉，并且还能够看到地里面去，能辨别出何处藏蛟，哪里蛰龙。人们尽管因听不懂他们的叽叽呱呱的"蛮语"，而背着他们称呼他们为江南回族，但在内心里，人们还是对他们的神眼佩服得五体投地，因为，有人家用了他们相中的宝地，祖宗的尸骨埋进去不久，后代子孙就马上发迹——当辈发，当地人认为他们准极了。

郑板桥也扮过几次堪舆先生，虽然他并不是真的会看风水。事实上，对靠风水发迹这种事，他始终持怀疑态度。幼年时，由于家境贫困，无力购置墓地，他父母去世后，只得葬在本族刹院寺祖茔旁边。要说有风水，那里的风水早就给别人先占过去了，但有清一代以来，他家整个家族中只有他一人独得"风水之力"——中了进士。足见"风水"之说，纯属无稽！到范县任知县后，他的经济情形终于好了一点，这之后他也曾致书堂弟郑墨，要他为他买下郝家庄的一块旧墓田。这块地当年父亲在世时就相中了它，但因为其中有一座无主孤坟，怕风水早已被别人占去，挖掉又觉不义，因此便放弃了。板桥叫郑墨替他把这块墓地买下来，以作为他和妻子以后的黄泉归宿。他怕堂弟有顾忌，又特别在信中写上一段话：

> 夫堪舆家言，亦何足信！果真是佳地旺地，先葬其地者，何至绝后而成无主孤坟?！吾辈存心，须时刻去浇存厚，虽有恶风水，必变为善地。此理断可信也。

既然堪舆家那一套不可信，那么做起堪舆家来，他也就心地坦荡，无所顾忌了。反正风水相得好不好，与顾主的祸福并无相干！于是，他便常常换上长衫马褂，带一只八卦旧罗盘在身上，走乡串村地做起神眼。每当来到需要踏勘的地方，他便支起罗盘，找准子午向，然后东瞅瞅，西瞄瞄，接着便煞有介事地指点

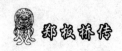

一番：这里卧白虎，那里走青龙，靠冈处升凤，临洼处落凰……如此这般地扯上一通之后，便可赚得一餐丰盛的饭食，这时他便会趁机与主人畅叙，访俗问苦，查奸询恶，干起正事来。

他有时也想扮成游方郎中，因为他年轻时，他的父亲郑立庵老人怕儿子科运不佳，便遵循"不为良相，便为良医"的古训，逼着他学过一些年医。什么《金匮要略》《黄帝内经》《本草纲目》《瘟病学》等他都浏览过；甚至"四诊""八纲"，即望、闻、问、切，阴、阳、表、里、寒、热、虚、实，他也略知一二；给人家诊脉，他还真能切出个洪、弦、浮、沉的脉相来，只是他对从医始终还是不感兴趣，中举之后，就更是将此道抛诸脑后了。而医家终不同于堪舆术，人命关天，非同小可，若贻误了病家的治疗，那可不是小事！故尽管假扮郎中私访，能有许多方便，他却始终不敢尝试。

今天，要去私访的地方是集市，扮"堪舆家"显然不宜，最好的途径莫过于假扮"观枚测字"的测字先生了。板桥不懂麻衣相法、子平术，又觉得以抽竹签卜吉凶的所谓"观枚"签语仅只四句，词意太过死板，难以变通解释，也殊不佳。而只有这"测字"，他试了几次。作为读书人，对这方块字他自是再熟不过了。只需带上纸笔和一本《千字文》，找个热闹去处一坐，便自会有求卜者上门。会写字的让他写一个，不会写的，就让他随意在《千字文》上指一个字，他便能根据字义和字形，给求卜者一个满意而又颇为灵验的启示和指点。

就这样，板桥一面得心应手地为那些问卜者宽心解忧，出谋划策，一面乘机调访民情。同时，偶尔赚取到的一些问卜的酬金，他都拿去施给了穷人……

板桥来到集市上，在一处滨水的河滩上放下褡裢，又将一本《千字文》和墨盒纸笔取出来放在上面，之后又将一面书有"神验测字"四个隶字的白布招悬放在一旁，然后在马扎上坐下来，准备别人来找他问卜测字。

第一个顾客是一个老翁，板桥为他测完字，这时路上走过来一个肩上搭条麻袋的中年人。只见这个中年汉子上前一步，就"扑"地跪在了板桥面前，头碰沙滩，磕起了头，双眼含泪地感谢县令大人救他全家。

赶集的人听到后全都围了上来。不知道之前也没人注意，而一经人点破，有几个人几乎同时认出了测字老人正是板桥，顿时又好几个人朝板桥跪了下去，有的说郑老爷赈灾，救活俺全家人的命；有的喊郑大老爷亲手帮衬过俺银子；有的嚷，郑老爷断案公平，给俺出了气、申了冤……

老百姓这一吵嚷，整个大集都给惊动了。县太爷的丰采有谁不想一睹？一时人们全都拥了过来。不一会儿功夫，这个小小的测字摊就都给围得水泄不通。板桥一时又吃惊，又尴尬，慌了手脚。

还好这时忽然有三个身强力壮的衙役赶了过来，挤进人群，他们一个俯身抓起褡裢，在前面开路，另两个则一边一个搀着板桥挤出人群，直奔县衙……

2. 寻找人证

郝吉在三天后带回了一个重要消息——他派出去的人已经查明了那辆马车的主人家是谁。潍县城有轿车的人家虽多，但多是用枣红马驾辕，车身也多漆成朱红，人们这样做是为了讨个吉利。用白马驾辕的只有张府、梁府和胡府三家，但梁府的辕马脑门上有一片菱形黑毛，张府的辕马生着四只黑蹄腕，马毛色纯白的只有胡魁一家。

此前，蒯弼也提供了一条重要线索：上次他去杨伯来家调查，得知杨老头祖辈就是胡家的佃户。胡魁亲自去他家催过租，每次去了，总会盯着杨花瞅上半天。杨伯来也没在意，因为杨花的美貌是远近出了名的，许多人都爱盯着杨花看，但板桥却又探知胡魁的老婆严管胡魁，盯得很紧，但胡魁还是常常背着他老婆在外面拈花惹草。

三条线索，指向的目标都是同一个！

郝吉主张立即拘讯胡魁，但蒯弼却认为不妥，理由是，那辆白马轿车虽有可能是胡家的，空车停在路上也确实令人生疑，可又哪有光天化日之下坐上轿车去行凶杀人的？那躲在林子里那对男女，不是行苟且之事，就是在窃伺。可以断定，他们就是马车上的人。可这又跟杀人案件的状况不相吻合，除非杨花不是被害，而是被拐抢，那样才能说那辆马车跟这桩案子有关，那样胡魁自然脱不了干系，可眼下拘讯他的话，还是太冒失了点。

牧童提供的线索不仅对破案无益，反而进一步让案情复杂化了！

郝吉还是想去胡府搜查。

郑板桥制止住了他，告诉大家不能打草惊蛇，要让胡魁以为他们只是去搜查赃物。

胡家的宅子坐落于胡家牌坊街，距县衙仅半里之遥，没半刻钟，郝吉等人便赶到了那里。他们把住大门，把前院、后宅、左廊、右庑、库房、柴屋，全都搜检了一遍，但丝毫也没找见任何与杨花有关的踪迹。郝吉急得都快要骂娘了，好容易才按捺住性子，又搜了一回，但仍什么也没有搜到，最后只得无精打采回衙复命。然而才出大门，郝吉便猛地想起他们还没搜胡宅的后花园，便忙又返回去了。

胡府后花园面积很小，里面的建筑物也很简单，就只右边有一座茅亭，左边一座方轩，另外就是北墙边有三间带檐廊的书房。胡秀才当年因为乡试不中，就是被老子爷关在这里做了三载书囚的。因是秋天，园中花木凋零，只还有几畦秋

菊仍在开着。

捕快们把书房、茅亭、方轩和花坛都搜了一遍，但还是没找到什么能够用来藏一个大活人的地方。郝吉气急败坏地坐在石阶上，突然，他想起潍县很多有钱的人家家里都挖有暗道地穴，便招呼部下找来两根木棍，再次返回书房，在墙壁上和砖地上猛捣起来，但还是没有找到任何暗道或夹壁的迹象。他们又捣遍了茅亭的地面，还是没发现什么。最后，他们来到东边的方轩。方轩前面摆一张八仙桌，两边各放一把扶手椅，正中是一架浮雕屏风，西窗下则是一张上面安放着一块巨大的琴砖的小几，此便再无别的陈设。捕快们将椅子和方桌移到一旁，仔细敲击地面，仍未发现破绽。

后来，他们又在西窗下放琴砖的位置上敲击，发现那声音像打厚皮鼓，钝而空。郝古蹲在地上听了半天，终于发现那四块大方砖的接缝处有些古怪。

郝吉等人忙将方砖揭开，只见下面是一块直径三尺左右的铁盖，铁盖掀开后，只见下面是一由青砖砌成阶梯的暗道。

郝吉大喜，忙从胡家要来蜡烛，和几个捕快下去搜查，可暗道直通到内宅套间的炕洞，里面除了一张无脚木板床之外，什么也没有。

这次搜查最终以失败告终！白马轿车这条线也断了！

俗话说：顺风船易开，无头案难破。

在将蒙冤的陆林无罪开释之后，板桥一鼓作气复勘了十几件案子。这些秦甸判为"勘实报批"的要案，许多都另有不同程度的冤情，愤怒的板桥遵照天理王法，该放的放，该改判的改判，为这些案子里的受害人伸张了正义！

但是疑窦最大、冤情最明显的袁广杀人案却仍一直找不到实据，查不到真凶。两个多月来，郝吉派出去的捕快都无功而返。捕快们找遍了整个潍县，可蒋罗圈就像失踪了一般，怎么找也找不到。他真想画像，悬赏通缉蒋罗圈！潍县没有找外县，本州没有找外州。

但他又不能这么做，因为此案与本地几家大户可能牵连很大，所以不能惊到他们。

两个月后，板桥去寺庙散心，却又接到尹安的报告，说是冤主袁广在牢中吊死了。

按规定，冤案不改判，便无法开释冤主，无奈之下，板桥只得违反常例，变通处理，命牢头阚用将袁广脚上的大镣卸掉，并让他从死囚房搬进一间单身牢房。这之后，袁广获得了可在牢中随意走动的自由，成了牢中一名身份特殊的囚徒。由于知道自己的冤情有希望昭雪，所以袁银匠尽管身居囹圄，但心情却很畅快，脸上渐渐地有了血色，有时还会哼上几句小曲，对自己有朝一日终会重获自由充满了希望。

今天早晨，狱卒去送饭时，推开门，却见躺在草苫上的袁广两眼发红，像是哭过。狱卒跟他开玩笑，问他是不是想老婆？他没回答。到送中饭时，板门却被袁广从里面关上了，狱卒叫了半天，袁广在里面回答说不想吃。谁知到晚饭时，凭送饭的狱卒怎么喊，里面也没回答。狱卒觉得不对，从门缝往里一瞅，只见袁广悬在了窗上……

板桥赶回衙门，亲领两名仵作到大牢验尸。尸体没有伤痕或服毒的迹象，可以确定是自缢无疑；早餐就在临窗的小几上放着，原封未动。查遍整个房间，没发现任何可疑迹象，板桥满心疑虑，在低声跟蒯弼商量了几句后，他便吩咐牢头阚用立即进行调查。

第二天辰正时分，阚用来到签押房，将调查结果向板桥禀报了一番。三天来，共有七人和袁广说过话，但大多只是开开玩笑、说说闲话。前天傍晚边上，还有两个狱卒听到袁广在那里哼："一更里，掌上银灯，对菱花，卸去了残妆……"唯一的疑点是前夜二更过后，值夜班的狱卒秦星似乎听到了一声门轴响。近几年来，由于牢中在押的犯人很少，夜间只有四人轮换值夜，但等到秦星到各处查看时，却发现各牢房的门都锁得好好的，什么可疑之处也没有。

袁广的门不上锁，当时门是从里面插着的。

第一天傍晚，袁广还高高兴兴的，第二天便寻短见，事情的关键之处肯定就在那天夜里，可大牢夜间落锁，没有人能随便出入，除了狱卒，没人能进袁广的房间……

袁广的暴亡令板桥大伤脑筋。据他和蒯弼的勘察与推敲，无疑袁广虽是自缢，但背后肯定大有文章。证人暴亡，冤主惨死，这表明那案件的真凶处心积虑地想让这无头冤案永不见天日！

这之后很长一段时间里，板桥心情都很不好。板桥深知自己心怀坦荡，但不够内敛，尽管自己对官场现实也有所了解，能够深思熟虑，但自己性格外露，根本没有世宦宿吏那种喜怒不形于色的所谓"内养"功夫。有时他觉得自己应当为朝廷出力，但有时又觉得仕途险恶，自己实在是不善泳者，因此，他对自己的仕宦生涯尤又生出厌倦之心！

小银匠袁广是在一间单身牢房中用裤带在窗棂上吊死的。

板桥从发现袁广的冤情后，便决意要捉住真凶，还袁广一个清白，可案中仅有的一名证人——蒋罗圈，却神秘失踪，白马轿车的在州中断了。此时正逢皇帝泰山封禅，所以袁广案暂时搁了浅。

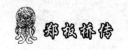

二、听差之死

1. 尹安失踪

袁广案发五年后，也就是郑板桥为官潍县的最后一年，一天，午时刚过，东关卖香粥的石老头便来衙门求见板桥，说有要事要当面禀告板桥，一刻也耽误不得。众衙役见此，便去通告了板桥。

原来板桥五年前因袁广案外出私访，曾在石老头的粥摊上喝过一碗粥，见老人晚景凄凉，他便亲笔写了块《石家香粥》的招牌送给他，从此石老头生意兴隆。此人久与他无往来，现在突然造访，必有要事。

板桥以前听衙中皂隶尹安说过，石老头是他的叔辈舅父。昨夜尹安外出，二更始归，今晨他又听尹安说肚子痛。唔，他这几天是怎么啦！

原来当天上午，尹安去到石老头的香粥铺，说要跟舅父说句话。可当他把外甥请到热炕上，侧耳细听时，尹安却只顾长吁短叹，什么也不说，许久之后才哭着告诉老人，有人多次劝他干一件伤天害理的事，干成了会给他五百两银子，另外还会给他在济南府安家谋事，而要是推卸不干，那他就别想活命！万般无奈之下，外甥只得找舅父商量。当老人追问他是什么人逼他干坏勾当时，他哭着说，倘使漏出口风，连亲戚也得被连累啦……老人流了泪，哽咽着说尹安临走时还留下了一句话，那就是他决不做伤天害理的事，并请郑板桥多加小心，有人恨县令大人。

石老头一走，板桥立即将蒯粥、郝吉、郑田三位亲信召到签押房进行计议。他将值勤的小皂隶屏退，把石老头来访的事情给他们讲了一遍。四个人一致认为，恶人逼尹安干的事矛头肯定是指向板桥。可主谋的人又是谁呢？到底他要尹安干什么？人们却怎么也推断不出来。郑田还谈道，最近一个多月，有好几次，他夜里睡醒过来，却见尹安才从外面归来。而从前，尹安夜间从不外出，并且有天尹安还是喝醉了回来的。由此可见，大概就是在那时有外人拉拢他的。但郝吉说出了一件往事，把这推测推翻了——

去年秋天，他们在小书斋陪郑老爷。大伙正说着，他听到窗外有动静就出去查看了一下，原来是尹安在扫甬路。哪有半夜里看不见的情况下扫院子的呢？

郝吉提供的情况让大家很意外——如果真是这样，那说明板桥的行动早在半年前就已处在尹安的监视之下了。板桥刚接任时，尹安才十四岁，是个孤儿，是前任县令秦甸离任前不久才进衙门任听差的。六年来，这后生为人老实、勤快又伶俐，很为板桥看重。这样的人，怎会被恶势拉拢过去呢……

人们的心头笼上了一层浓浓的疑云，而能解开这疑团的又只有尹安自己，但派去找尹安的小皂隶却失望而归：他找遍了衙门，也没找到尹安。

尹安失踪了！

郑板桥派郝吉亲自带领捕役去找尹安，但他们整整找了三天，问遍了尹安所有的街坊、邻居、远亲、近戚，还是没有找到他，并且没有一个人知道他的去向。他们又把县城方圆数十里内，所有可能用来寻短见的水井、树林及已经开冻的河流都找了一遍，但还是活不见人，死不见尸。

此时，郑板桥已经六十岁了，他在仕途上孜孜追求了卅年，希冀一朝金榜题名，此后伸张自己的抱负，为国为民造福！入仕后，他又在上奉君王、下抚黎庶的道路上跋涉了十余载，而直到这时，在已是满头白发萧萧之年时，他才被一声断喝惊醒了过来。据说潍县的建制秦代时就有，如今已过去了整整两千年。两千年中，在这里任过事的少说也有三五百人，莫非那些耿忠为民的清廉好官也都与自己一样，落得个这样的下场？他心中焦心如焚，几乎想当即就辞官而去，回扬州过自己的逍遥遁世的生活！

但尹安生死未卜，袁广深冤未雪，他又如何能真的一走了之！

未入仕前，板桥一心想做个清官，"得志则泽加于民"。然而，当了十几年县令，亲身经历了官场的黑暗、亲眼看见了黎民百姓的疾苦之后，他的幻想逐渐破灭了。这时，他愈发地怀念起故乡扬州来了：

> 潦倒山东七品官，几年不听夜江湍。昨来话到瓜州渡，梦绕江南晓日寒。

这首诗名为《和学使者于殿元枉赠之作》。于学使名于敏中，也是江南人。当板桥与他说及扬州一带的风物时，板桥心中的乡愁就更浓了。

思乡之外，板桥还越发地厌倦仕途了。在给郑墨的信中，他十分感慨地说："官途有夷有险，运来则加官晋爵，运去则身败名裂。……惟久羁政海，精力日衰，不仕又无善退之法，自寻烦恼，未知何日始克遂我初服也。""我今直视靴帽如桎梏，奈何奈何！"他还作有一首《青玉案宦况》，抒写对官场生活的厌倦：

> 十年盖破黄绸被，尽历遍、官滋味。雨过槐厅天似水，正宜泼茗，正宜开酿，又是文书累。

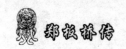

坐曹一片吆呼碎；衙子催人妆砚僻，束吏平情然也未？酒阑烛跋，漏寒风起，多少雄心退！

"酒阑烛跋，漏寒风起""雨过槐厅天似水"，教人怎能以为官为喜呢！

板桥这时自己的健康状况也不佳："足部湿气""通宵失眠""疝气时发""左耳失聪""目光昏蒙"，再加上思乡和厌官，他便逐渐有了辞官归隐的念头，他当时创作的一首《唐多令·思归》表达的就是他的这一想法：

绝塞雁珩天，东吴鸭嘴船。走词场三十余年。少不如人今老矣，双白鬓，有谁怜？

官舍冷无烟，江南薄有田。买青山不用青钱。茅屋数间犹好，秋水外，夕阳边。

在这种情绪支配下，板桥郁郁不乐。他在《复同寅朱湘波》中说："去家十一载，久思解租归田，以延残喘。而苦衷不为上峰见谅，能无悒悒乎！"在给郑墨的信中，他又说道："颓唐之象，日见日衰。作宰十数年，无功于国，无德于民，屡思乞休，遄返故里，与我弟畅叙手足之情，而犹不见谅于当道，殊令人欲哭不得，欲笑不能。"

作为一介清官，郑板桥最喜欢微服出访，但是当他以县令身份走出衙门的高墙时，那喧闹的七棒锣和高擎在官轿前面的"肃静""回避"的虎头牌，又如一道高墙一般把他和他的子民隔开了。这种情况下，为人父母官怎能接近百姓，并进而体察民情，只能是挂"父母官"之名，行荼毒之实而已。在范县时，他就常常要喝道的衙役小声点，他还曾写过一首《喝道》，在内中表明了他的看法："喝道排衙懒不禁，芒鞋问俗入林深。一杯白水荒涂进，惭愧村愚百姓心。"他所期望的是"芒鞋问俗"。在黎民百姓面前，萦回在他的心头的始终是惭愧和不安。

来到潍县后，他索性把虎头牌上"肃静""回避"的字样，连同那虎头图案通通抹掉，改写上"求通民性"和"愿闻己过"！如此之后，他才稍略感到心安了一点。而沿途的百姓也不再一听说父母官出巡，就如遇到洪水猛兽一般慌忙"回避"了。而他那"干巴老头"的形象也就为许多人熟悉，以致私访时常被人认出来，使得原本亲切的谈心叙家常，突然间变成了战战兢兢的应对，哪怕他费尽唇舌，苦口婆心，也很难打消交谈者的恐惧，如此反为他带来新的不便和麻烦，他因之不得不减少在县城附近私访的次数。也因此，尹安失踪，他不便亲自去私访。

发现尹安，多亏一个酒鬼。那酒鬼有天喝醉后，来到一间晒谷场上的场屋里，进去后不多会儿便迷糊过去了。等到他再睁开双眼，天已大亮，日光从场屋的小窗洞里射了进来，洒在另一个睡在西墙下的人的身上。他开始时还以为这人也是和自己一样，输光了不敢回家见老婆，就喊了那人两声，但那人没回答。

见那人不应自己的呼唤，他就又在那人身上拍了两下，但那人还是一动也不动，他就又上前推了一把，但见那人竟像根木桩似的，硬邦邦的！

酒鬼忙跌跌撞撞地奔去向里长报告，里长忙将场屋落上锁，安排人尽快在场园里搭上接官棚，自己则匆匆前往县衙报案……

巳时，郑板桥的官轿仪仗来到了出事地点。按惯例，县令验尸，先要到接官棚落座休息，献过茶后，才开始传见里正和有关人证，询问发现尸体经过事宜，再听取忤作的验尸报告，最后才缓缓走到尸体附近随便看上一眼，至此亲验便可告结束。

而板桥的亲验却与此不同，官轿刚在接官棚前落地，他便直奔场园屋而去。过去后，他一眼便看出那死者不是别人，正是郝吉等人寻遍潍县县城也没找到的听差尹安！

这时蒯弼提醒板桥尸体旁边的地上还写着几个字，板桥忍住悲伤，良久才缓缓转过身来，蹲下去察看地上的字迹。端详许久后，他才将那像是用碎瓦片写在土地上的三行字辨识出来，那三行字都是"王害我"三个字。字迹的上方还留有一个清晰的脚印，似乎每行开头的字都给踩去了，只这九个字被留下来了，但这几个字是什么意思谁也弄不出来。

尹安的尸体面色青黄，嘴唇乌紫，鼻孔和口角有紫色的血迹，但衣服却很整齐，头上虽然没戴帽子，头发却也不显凌乱，显然生前并未经过争斗和撕打。板桥强忍悲痛，回到接官棚，等待忤作验尸结束。板桥刚离开，蒯弼便把地下的字迹蹭去了。

两名忤作把尸体仔细地检查了一遍，并未发现伤痕，而从尸体脸色青黄、口鼻带血、指甲乌紫等迹象来看，可以断定尹安是吞服砒霜而死的。但尸体周围并无任何可以用来盛水的器皿，而砒霜不经水溶解，是很难吞咽的，因此尹安很可能是被人毒死后，再转移到这里来的。可是场屋的门从里面插着，小窗的窗棂完好无损，那么，移尸的人是怎样走出去的呢？

怀着疑团，板桥审问了发现尸体的人，但他所提供的情况对断定尹安是否确是自杀，并无多大价值。想了一会儿后，板桥吩咐手下的衙役将尸体抬到场园上，让村民们观看，并反复询问有无人见过死者？过了会儿后，一位老人上前说，半月前的一天黄昏，他在河边钓鱼，见一个后生一脸心事的样子在林子里面

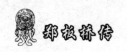

徘徊。半个时辰后，他又见那后生两手捧着瓜皮帽，蹲在河边出神，不知是要洗手，还是洗脸。由于隔得远，他也没有看清楚……

听后，板桥大喜，立刻让老人带他来到河边。他和蒯弼沿着河边仔细找了半天，终于发现了一双可疑的脚印。那脚印位于滨水处，前头陷入湿泥里，足有半寸深。脚印的旁边还有一张纸片，他们一眼便看出那是县衙里用的公事纸。那纸一半浸在水里，所以既没有给风刮去，也没有给水冲走。之外便再无别的痕迹。

一名仵作将尹安脚上的带泥的鞋子拿过来放在深脚印中一试，证明脚印正是由这双鞋踏出的。由此可见，尹安到场园屋之前，曾在这里待过好一会儿。板桥小心翼翼地将那片白纸捡起来仔细察看，发现纸已全湿，看不出原来是什么样子，但露出水面的那半段上隐约沾着一些什么。他视力较差，看不出来究竟沾的是什么，便把纸交给仵作辨认。两名仵作仔细辨认了一番，回答说纸上的残屑是砒霜。无疑，这纸是用来包砒霜的。

板桥奖了一两银子给提供情况的老人，命里正购买棺木，盛殓尹安尸体，并将棺木留在场屋中听候发落，之后便登轿回了县城。

轿子飞快地向潍县县城进发，但轿内的板桥却怎么也不能平静自己的思绪……

他主潍六载，六年中，挫折、困难无数，但对他打击最重的，除了侦不破的无头案和袁广的暴亡，还是要数今天尹安的服毒自杀一事。如果说袁广的死是因凶手阴谋阻挠破案所致，那么尹安的死却完全是为了他郑板桥。唉，大好年华，却为自己这个花甲老翁送了性命。好个深明大义的后生！板桥不禁流出了两行热泪，但他并没有去揩拭它们，而是极力强迫自己把思绪集中到眼下的案情上来……

这时，他想到了"王害我"那三个大字，但张王李刘是天下四大姓，如果凶手是姓"王"，那整个潍县姓王的人得有多少，光一个衙门里，姓王的就有十多个；尹安既有时间把"王害我"写上三遍，为什么又会只写姓，不写名？对了！恐怕是"王"字之上还有别的字，但那又是什么字呢？

2. 引蛇出洞

回到县衙，板桥便病倒了，一直卧床了三天才好，而在这三天里，衙中的听差周全却又失踪了！

而周全为什么会失踪，这次蒯弼和郝吉百思不得其解，后来联想到尹安留下的"王害我"的字迹，以及全字的人字头下的王字，蒯弼和郝吉心中一亮，莫非……

这天凌晨，蒯弼正在宿舍酣睡，却被一位门房喊醒了，门房告诉他大门口出了事。他忙穿好衣服，来到大门口，只见黑漆大门的左扇正中央插着一把雪亮的匕首，匕首上还插有一张纸片。

见此，蒯弼镇静地将匕首连同纸片一起从门上拔下来，放进袖中，回到了刑厅公事房。

这是真凶在恫吓县尊大人！犹豫了许久，他觉得此事非同寻常，即使郑大人再忙，也有必要知道，他于是便去面见板桥。板桥打开蒯弼递来的纸片一看，只见上面写道："警告奸官：孽海无边，回头是岸，执迷不悟，死在眼前！"

沉默了许久后，板桥注意到纸片上部还有一道刀尖扎出的口子，他端详了刀口许久，轻蔑地冷笑几声，没说什么。

三天前，板桥卧病期间，蒯弼和郝吉单独进行了研究，他们决定由郝吉亲自带人密访周全的下落；他则在衙中暗查究竟是谁给周全报的信。他认为，虽然那天随板桥去高家楼验尸的有二十多个人，但真正掌握机密的，除了板桥，就是自己和两名仵作。尹安留字的事自己并没有漏过口风，显然，问题是出在仵作身上。

他当即便去找姓褚的仵作。褚仵作说，他自从验尸回来后，没跟任何人谈起过验尸的详情。追问到最后，褚仵作说，他听另一名仵作吕中讲过，验尸回来后，牢头阚用曾请吕中喝过酒，至于他们有没有谈起过验尸的事情，他们就不清楚了。

蒯弼又去找吕中谈。开始，吕中声称没有跟任何人谈起过验尸的事情，但当蒯弼问他，验尸回来后，有没有跟牢头阚用一起喝过酒时，吕中立刻说道，回来的当天晚上，阚用揣着两壶酒来他家喝酒闲聊，当时阚用好像无意间向他问起过案情。

当蒯弼问他阚用是否问及过尹安尸体旁边留下字迹的事时，吕中回答他只是说尸体旁边有字，至于是什么字则没说，之后阚牢头就匆忙地离开了。

原来阚用自从十多年前升了牢头之后，便有了生财之道，而他那取之不尽的财源便是他所掌管的大牢中的众囚犯。探监，要钱；送吃食、衣物，要钱。如果钱给足了数的话，犯人不仅饮食上可以改善，甚至刑具也可以卸掉。可是，自从板桥到任以后，不仅以前的积案全部理清，冤狱先后平反，就连新案子也从不拖延，一座能关几百个人的大牢，平常在押的犯人仅几十个的样子。财源被截，你叫阚用他怎能不切齿痛恨板桥呢？因此，他对板桥阳奉阴违……

事情已经清楚了：是阚用从吕中那里得悉尹安留字的消息，并立即告知了周全，周全才连夜逃遁的。阚用和周全是同党，这一点已是确定无疑，眼下应该将阚用逮捕审问。但板桥认为，阚用是见过世面的老狱卒，而他们自己手中又无力

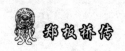

证，依靠刑具也未必撬得开阉用的口。况且，板桥本就厌恶用刑，而且，如果阉用死死咬定探听消息是出于好奇——好奇之心人皆有之嘛!"

听完板桥的分析，蒯弼万分佩服。

这几天，王县佐两次向蒯弼打听破案进展，他也如此关心尹安留字的事。

是不是他跟此案有关系呢？板桥心生一计，决定试试看。

不久，衙门里的人开始交头接耳：听说了吗？尹安是给人谋害的，是仵作吕中把消息泄露给凶犯的一个同党，才使主犯至今仍逍遥法外的。等到一用大刑，吕中乖乖儿招供，那凶犯的同党就会有好看的了……"

不到两天，这消息就传遍了整个衙门……

第三天夜里，"吱呀"一声门响，一个人影从察院街的一户人家的大门中闪了出来。这人影在探头向寂静的大街上张望了一番之后，又闪了回去。紧接着，一个身背一个包袱，腰挎一把短刀的大汉从门后走了出来，隐进街南的阴影之中，匆匆向西走去。但这大汉还没走出多远，便只听得嗖的一声响，大汉的腿弯就给从斜刺里伸来的一条棍子敲中了，大汉顿时两腿一软，扑地跪倒在地，等他明白过来时，黑暗中已猛地扑上来的四条汉子，把他紧紧地绑了起来。

一搜查，他身上背的包袱里全是金银细软，而这大汉，正是牢头阉用。

郑板桥的驱鱼入网计一举告捷。

天一亮板桥升了堂。开始时，阉用还想抵赖，他花招百出就是不肯招供，而当郑板桥吩咐动刑的命令一出口，他就动摇了。

只见他的额上流出了颗颗冷汗，不时偷眼向上瞧瞧满脸怒气、咄咄逼人的板桥，又看看面前的夹棍。那带着血迹的三根四棱木头，以及那些长绳子使阉用这个二十年的老狱吏出了一身冷汗——以往他目睹过的犯人受刑的情景，这时全都闪现在他的眼前。终于，他扑通一声跪倒在了地上，哭咧咧地喊着说他是一时糊涂，贪了点便宜，但害人的事他没干，他是上了周全的大当。

原来，本来周全和阉用虽是在一个衙门当差，但两人也并没有多深的交情。但自从板桥到任后，特别是当板桥把周全从签押房调到文案，命其再不得插手刑狱之事之后，两人越来越亲近，并且不久便打得火热。半年前的一天，他来到大牢，命阉用将别的狱卒打发走，自己则溜到袁广的单身牢房，足足待了半个时辰。第二天，袁广就上吊自杀了。这次，一听说要去场园验尸，他就命阉用设法打听验尸的经过。当阉用把从吕中那里探听到的消息告知他时，他一听尹安尸体旁边有许多字，当时脸色就变了，并且嘱咐阉用看在兄弟十多年交情的份上，照顾他的家小，接着，便连夜逃跑了，但所去何处，阉用也不知道。

退堂之后，板桥判断袁广也是死在周全手里；并且阉用所知道的情况应该都已供出来。因为更深一层的事，周全是肯定不会告诉他的。

而且很可能袁广的无头案和尹安的冤案是一个人指使的。

郝吉这时已经带人出去了五天。板桥本想郝吉这人能吃苦，为人粗中有细，应该能带回点消息来。

但是，郝吉却迟迟不归，而当郝吉终于回来时，也没能带回有价值的线索。郑板桥苦思冥想，又定下了一条"引蛇出洞"的计策。

阚用不愧是个机灵鬼，一听说蒯主簿要他到周家，当即便高兴得几乎跳起来。他双手拍着左胸，信誓旦旦地说周全的老婆最相信他，平常他说一句，她都当成军令圣旨，眼下周全走了，她没了主心骨，更会唯他的话是从。

他向郑板桥保证他不但不会跑，而且要将功折罪。

第二天晚上，在四名便衣捕役的暗暗跟随下，重新换上狱吏公服的阚用大摇大摆地来到了周家。自从周全逃跑后，周全的大老婆整天提心吊胆，准备着官府前来抄家捉人，却不料来的却不是县衙的衙役，而是丈夫的好朋友阚牢头。她想，当初不是阚用，丈夫肯定早下了狱，今天阚牢头重新登门，准是又有什么好信儿，她于是忙挥退丫鬟，亲自款待阚用，焦急地等他结束寒暄，言归正传。

阚用本就会说话，今天又是有事要来，这话就更是说得暖心了。他亲切地跟周全老婆聊着体己话，告诉她尹安死前写的是"阎王害我"，打消她的顾虑。他又说板桥正盼着大哥赶快回来呢，说板桥一直以为周全是因有急事来不及请假，才匆忙走的，并拍着胸脯说他保证周全回来会没事。

阚用的话，埋伏在窗外的捕役都听见了。得到禀报后，板桥吩咐狱卒将他的镣铐卸下来，并告诉他，一旦周全归案，对他一定从宽发落。

第二天，板桥便派出近二十名捕役，化装成街头的小商小贩，散布在周全家附近及城里的各主要道口察访、监视往来行人。

一张大网铺开了。

但是，转眼的工夫十多天的时间便过去了，而派出去的捕役们每天给板桥带回来的仍是失望与不安！

于是，阚牢头又去周家串了一次门子。他跟周全老婆讲了许多衙门里最近发生的事情，并再三向她保证周全回来不会有危险的。周全的老婆尽管口风很严，但从她的神情可以看出，她已有点动心了。

板桥对事情的进展很满意，他决定继续等下去！

三天后，郝吉兴冲冲地跑来报告了一个好消息：刚才，有一名探子发现有辆轿帘落着的、由一匹青马拉着的轿车从南门进来，转入郭宅街，进了尚书府，而一打听，发现那车并不是郭府的。

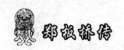

五六月的炎夏天气，车帘却落着，这里面准有鬼！如果说车里面坐的是贵妇小姐的话，又怎会没个丫鬟仆妇跟着？可见坐的是男人。

板桥一听，心下不禁生出疑云，尤其是轿车进了尚书府这一情况更是引起了他的警惕，便问郝吉，会不会是空车？

"车轴响得很，不是空车。"郝吉粗中有细，肯定地回答道。

郑板桥当即下令派人昼夜严密监视郭府，伺机抓住轿中人。

郝吉大步流星地走了。

直到第二天傍晚，那辆驶入尚书府的轿车才从尚书府右侧的一个旁门里驶出来。车上的车帘依旧落着，听轴音仍不是空载。但见马车走出没多远，便有两个头戴斗笠，身穿短裤袄的农夫跟在了车后。马车刚转入南门大街，就有四名穿公服的捕役从街旁闪出来，将马车围住了，当中领头的一个捕役向坐在左辕上的中年车夫喊道："停车。"然后这四人就一齐把轿中人抓住了，轿中人正是周全。

但将一个嫌疑犯捕到手，并不意味着案子就已结束，案情就已水落石出。逮住了周全后，板桥并未立即就提审周全。他深知周全是个刑名出身的刀笔吏，对衙门的审讯之道了解得很清楚，他如不能想出一个出奇制胜的万全之策，一举将之置于彀中，则很可能会被周全反将一军。而且虽然可以猜出是他与袁广交谈之后，袁广立即自缢；听到尹安留字的消息，便立即逃遁——这两件事情，便是他作恶的力证，但是他若不招，自己也还是不能得知幕后指使人究竟是谁，所以只能用证据逼他就范。

板桥最后将审问的地方选在了刑房东庑的预审厅，并规定除了两名做记录的帖笔和两名押解的皂隶，余人一律不得近前。审讯开始后，板桥和蒯弼刚在各自的位置上坐好，已松绑的周全便被两名皂隶押了进来。尽管失踪了有两个多月，但周全的神情仍和先前差不多：一双细眼仍旧炯炯有神，只是仔细看去，眼中有许多血丝，显然是失眠过；瘦削的脸颊，略显苍白；身上的长衫也很整洁。进到屋内，他双臂交叉在胸前，似是压根就不认识，也不屑正眼一看板桥和蒯弼。

板桥将自己锐利的目光定在了周全的脸上，但对这凌厉的目光，周全仍毫无反应，只是如木雕泥塑一般站在那里。

果然不同凡响！郑板桥决定要改变"战术"了。

一转眼，周全过了十多天的牢狱生活，并且已习惯了这一牢狱生活。

长日漫漫，窗外的知了叫声声声相连，让他不禁生出早日出狱之心，可空荡荡的牢房里，除了一排空着的木板床和墙角的一只便桶，没有任何可以帮他飞出牢笼的工具。透过牢门望出去，对面的牢房里空寂无人，从他进来就没见有别的犯人活动过。大牢十室九空，自己却进门做了犯人，这不禁让他感到有点感慨……他来日不多啦！

但令人不解的是，他已被捕十多天，但除了上次的所谓审讯之外，他便一直没受过审，并且也没给用过刑。要知道，有证不供，理所当然要受刑讯。可是为什么不审问？难道郑板桥的阵脚乱了，以致整整十来天不审不问？

周全以为可以暂时松口气了，哪知郑板桥选在此时对他动刑了。

三根木棍，夹在周全的小腿上，四名行刑的皂隶手牵绳索，脚蹬夹棍，喊了一声"紧"，一齐发力将绳索向外搋，夹棍朝里杀。只见周全咬牙蹙眉，脸上的肌肉都抖了起来，脸色也由黄变红，由红变紫，又由紫泛白，浑身汗如雨下，最后，他终于惨叫一声，昏死了过去……

苏醒过来之后，周全伏在地上，侧着头，对板桥的问讯不理不睬。

板桥这一计策又失败了。

3. "青天"遇刺

周全迟迟不招供，郑板桥的心里像压了块重石一样，这夜，他换上便装出去散步，想放松一下心情，却听到前面一株大槐树上发出一阵细微的响动。板桥也没在意，继续往前走，刚走几步，只听得"嗖嗖"两声响，有两个人从树上直扑下来，他们一个扑向跟在板桥身后的小皂隶，一个扑向板桥自己。板桥猝不及防，被那人揪住领口，那人举起一把寒光闪闪的尖刀就往板桥当胸刺来……

板桥忍不住道声"苦也"，心想这下可躲不过去了，却只听得身畔传来"哎哟"一声惨叫！板桥转脸一看，只见小皂隶已伏倒在地，而那两个从树上跳下的人，却互相格斗开了。

当时正是晴朗的月夜，月亮把地上照得很明亮。那两人一个魁梧高大，手持一柄宝剑；一个瘦小灵巧，手拿一把尖刀。高个子抢着宝剑对矮个子步步紧逼，矮个子却只是一味招架，并似是要伺机逃跑。高个人虽去势凶猛，但一时间也不能拿那矮个子怎么样，两个人僵持在了那里，正当此时，忽然又从西面飞一般地跑过来一个手持齐眉棍的汉子，这人从背后给了矮个子一棍，矮个子顿时惨叫一声，栽倒在了地下。两个大汉扑上去，将那人逮住，把他反剪住双手，捆了起来。

郑板桥认清救他的人是蟋蟀冤案的案犯陆林时，惊得半天说不出话来。他借着月光，仔细端详了他半天，果真他没有看错，是陆林和他表兄救了郑板桥。而小皂隶也没有受伤，他只是被吓晕了。

原来，当两名刺客从树上扑向板桥和小皂隶时，陆林和他表兄也同时从黑暗中蹿出，朝那两个刺客迎过去。扑向小皂隶的刺客眼尖，见来了人，撒腿就跑；扑向板桥的刺客，正要举刀行刺，却被陆林挡开了，然后便和陆林厮杀开

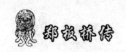

了，以致脱身不得。陆林的表兄开始追跑掉的那个刺客去了，故迟些时候才过来和陆林一起将这个刺客捉住。

回到衙门，板桥便从皂隶手中接过灯笼，来到刺客面前。但见此人身材矮小瘦削，头扎黑布包头，身穿玄色紧身裤褂，脚蹬薄底快靴，一副夜行人打扮，一看就是事先准备好来行刺他的。

板桥很奇怪陆林和他表兄是怎么知道今晚会有人暗算他的。原来出狱不久的陆林在半月前的一天进城卖柴，走到半路上，却遇见西村的一个外号叫钻地鼠的泼皮破落户汪四。这汪四经常寻衅滋事，乡里无人敢惹。那天，汪四喝醉了，看到陆林，僵着舌根嘲笑陆林不会赚钱，自己要干一件大事，会赚上一大笔。

陆林说他净瞎吹！什么事情会有五百两银子之多的酬劳？

汪四说他要太岁头上动动土！受人之托，一定要办好此事，说完转身就走，但才走没几步，便又突地转回身，拔出一把尖刀，威胁陆林说，要是他敢把这件事泄漏出去，就会宰了他。

陆林听了汪四的话后，心里便直犯嘀咕：那钻地鼠平日尽干坏事，人家花那么多的银子，准是雇他去干坏事。郑老爷是他的救命恩人，汪四怕他向救命恩人请赏，莫非是他想要害老爷？所以他越想越急，越想越怕，但又想不出什么好的解决的办法，只得去跟表哥商议。他表哥在镖局当差，武艺好，后来的主意，都是他出的。

陆林兄弟这几年常听说有缙绅大户当众对板桥不敬，心想不管汪四是不是想害板桥，但防人之心不能无，万一有个什么意外，那不光是对不起板桥，也对不起潍县乡亲。因此，从那天之后，他们兄弟俩就暗地监视钻地鼠，到现在已经有十多天了。今天晚上，他们见钻地鼠远远地带着一个人跟着板桥，便留了心，果然，后来……

听到这里，郑板桥坐不住了，要连夜审问汪四。

升堂后待堂上两边肃立的三班衙役喊完了堂威后，桥板便款步登上案台，在"明镜高悬"匾下的太师椅上坐定，将公案上的证物——那把尖刀往旁边挪了挪，向下吩咐："带凶犯！"

没多会儿，五花大绑着的刺客汪四便被从堂外押进来了。

汪四年纪大约三十岁，尖腮窄额，薄唇翘鼻，身上的打扮看着颇有几分绿林好汉的味道。没等板桥多问，汪四便供认不讳，他要杀的就是郑板桥！

汪四的回答令板桥暗暗吃惊——没有用刑，也没有出动人证，凶犯就供认不讳，可见对手是个胆大包天的亡命徒，必须认真对付才行。

还好汪四不经诈，几个斗智斗勇的回合下来后，汪四便供认行刺之事的幕后主使者是郭监生和郎骥！

板桥未料到是如此，听后不由一怔，良久才又故意反问汪四，要是无端诬赖好人，是要问连坐之罪的！

汪四说桑良可以证明他说的全都是真的。

汪四所说的这个桑良是九曲巷赌馆的老板。原来，每当发了黑财，汪四便会到桑良的赌馆里狂赌上一番。上月底，正当他输了个底朝天，身无分文，还倒欠一屁股赌债，被一帮债主揪住不放时，桑老板跟他谈起了"生意"。言明，如他能替人除掉一个仇家，便送他纹银五百两，他答应了。过了两天，桑良就把他拉到一品香，由本地霸王郭彪、郎骥作陪，用了一顿大餐。对方当场给了他一个五十两的大宝作为事前的订金，为能一举马到功成，郎骥还答应亲自动手协助汪四……

赌馆老板桑良本以为做一次中人，凭空赚二十两银子，是件很容易的事情，因为他认为以钻地鼠的那一身武艺，要收拾板桥那一介文人，易如反掌，他桑良只需坐等汪四回谢他五十两银子便可。孰料，他的美梦正浓，便已被一班捕役们押上了县衙的大堂。

这桑良本就是个没良心的家伙，平日坑蒙拐骗、窝贼销赃，啥缺德事都干。刚被捕快逮住时，他甚至都弄不清究竟是自己干的哪一桩坏事曝光了。等来到大堂上，板桥开口就问汪四的事，他才知道是行刺的案子发了，心下一慌，但他毕竟是个老油条了，才一转念，便又拿定了主意：心想，只要他与势力大的郭彪、朗骥一齐死不认账，那么他们不但可以逃脱与本案的干系，还可以把汪四咬死，一介小小县令没什么大不了的，他于是便装出一副无限委屈的样子，说不认识汪四。

板桥又问他可认识郭彪和郎骥这两个人。

"也不认识！"桑良断然否认。

镇潍县和秃尾狼，潍县城老弱妇孺，无人不识！他这堂堂的赌场老板却说不认识，这真是滑天下之大稽！看样子，不用刑是不行了，思及此，板桥扔下了一根刑签！

给打了十几板子后，桑良便如杀猪似的大喊大叫了起来，求板桥饶命。

板桥挥手叫行刑的衙役退下，桑良顿时就地一歪，瘫在了地上，而没多久之后，他就忽地左右开弓，扇起了自己的嘴巴，接着便原原本本地供认了自己拉汪四做刺客的经过。

但板桥才退堂，郝吉便率领着众捕快空手回来了——郭彪已经逃走了。他们从一个在郭家大宅所在的胡同口卖夜宵的小贩那里打听到，大约在亥时，有个人

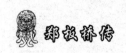
骑一匹乌骓马从门前飞跑过去，往西边跑了，估计那人就是郭彪。

原来，从郑板桥治潍以来，潍县城治安日益良好，什么盗窃抢劫的事已经有三四年没发生过了，因此平时夜间都不关城门，却不料，这竟给罪犯的逃遁提供了方便。至于郎骥，他从清晨出去，就没回家……

五天后，郝吉带来了一个好消息：负责在郭府外盯梢的人于三天前凌晨见到一个人骑马从郭府出来，那人先出南门，然后上官道往西而去。他们紧跟在那人后面，一直跟到青州府，那人径直进了青州知府衙门。

看来要除的两个霸王八成是藏在那里，否则，走门路走不到那里去，潍县又不属青州管辖。

郑板桥知道，青州知府左昌素来善于巴结钻营，郭彪的伯父是朝廷重臣，为了升迁，他很可能要千方百计笼络攀附郭彪——百姓就是被这些人害的呀！

身为朝廷命官，竟敢窝藏凶犯！州府重任，都落入这般贪赃枉法之徒手中，大清国力又怎能不江河日下！

这时，板桥遇刺的消息也渐渐传了出去，被潍县的百姓们知道了。知道这一消息后，潍县的百姓无不感到震惊、感叹，又痛心关切。他们纷纷为板桥祈福免灾，一时城乡各处的道观寺庙都香客盈门，还有的人则亲往县衙，一定要在亲眼看到板桥安全无恙后才放心离去。

也有的人不愿打扰板桥，便把自己对县宰的关怀之情化作洋洋书谏。事发以来，几乎每天县衙门房都会收到十几封这样的书谏，其中有的还是数百人联合签名的。

对于这些来信，板桥都一一亲自拆阅，有的还会提笔在上面写上几句，以表达自己的感戴之情，然后命夫人妥为收藏。对来访者，板桥总是恭恭敬敬将之迎进花厅，献上茶点，促膝谈心。到后来，师爷郑田不得不悄悄吩咐门房，除非坚决求见，否则一律婉谢。

潍县百姓们表现出来的关戴之情令板桥感到十分欣慰，同时也会感到无比的激动。他本来就易动感情，这些天来，更是一直陷入在一种以泪洗面的亢奋之中，常常是笑脸迎客，最后却两眼噙着泪水将客人送出去，甚至有两次，他还像个孩子似的失声痛哭起来……

六年前被板桥从梁头上救下的耿锁寿特意赶来，把手中的一卷纸在父母官面前展开来，板桥一看，惊得目瞪口呆，半天都说不出话来。

原来，这长达丈余的长纸卷竟是一封信。信的内容部分并不长，并且与别的表示慰问、安抚、感谢的来信大致差不多。但除去这占去尺余幅面的书信之外，长长的纸上竟密密麻麻、歪歪斜斜地写满了签名。这些签字的字体各异，且名字之间还夹杂着许多红手印。老人解释说，这是他花了五天的时间，走了十多个村子，征集来的签名，签名的人共有三千六百八十余人。为了表示关切之情，那些不会写字的乡亲便在信上按上了自己的手印……

对乡亲们的厚爱，板桥无言以对，他颤抖地把信恭恭敬敬地放在花厅正北的案上，朝上深深拜了三拜，又跪下去磕了三个响头，最后他匍匐在地，恸哭了起来……

当夜，他便在小书斋画了一幅《风竹图》，并在几株当风傲立的竹枝旁题上了一首七绝：

> 秋风昨夜渡潇湘，触石穿林惯作狂！
> 唯有竹枝浑不怕，挺然相斗一千场！

4.水落石出

随着"哗啷啷"一阵门锁响动，一瘦一胖两名狱卒走进了周全所在的牢房。

只见这两人毫不客气地命令周全起来，见周全不动，胖的狱卒一把抓住周全的辫子，把他拽了起来。

周全惊得瞪大了两只眼睛。

"快收拾铺盖，跟我们走！"

周全迟疑地把褥子和夹被卷起来，又动手将板铺上的一包掰成碎块的点心包起来，这是他老婆探监时给他送来尚未吃完的。但他才将点心捧到手里，瘦的那个狱卒便"啪"地一巴掌将点心打落到地上，并对他说他现在要去的是虎头牢！

一听"虎头牢"三个字，周全顿时如遭电击一般，当场瘫倒在地上。

原来，这虎头牢是死囚房，那里面监房都是又窄又小的单身监房，犯人到那里面去，除了铺盖，什么也不能带。

这一夜，周全自被捕以来首次彻夜失眠……

第二天，惊魂未定的周全又被押上了大堂受审。待三班衙役喊过堂威之后，板桥平静地问他是不是肯招供了。

听了板桥的问话后，周全顿时伏到地上，放声哭叫起来，好半天才慢慢抬起涕泗横流的瘦脸，哽咽地供出了自己的罪行：多年来，周全不仅利用借着自己执掌刑厅的职务之便，多方袒护横行乡里的郭彪，并且还奉郭彪之命，勾结牢头阚用，溜入单人牢房，骗袁广说他明天就会被杀头，将袁广吓死。为此，他得了郭彪二百两银子的赏钱。后来，他又胁迫听差尹安监视板桥的行动，进而又逼他往板桥的食物中投砒霜，却不知为何尹安却自杀了，他怕事情败露，连夜出逃，出

逃期间又潜入尚书府出谋献策，促使郭彪"及早动手"……

从审出了行刺案的幕后指使人是郭彪之后，板桥很自然地便想到了周全：既然他在郭彪家待了一夜，行刺案便紧接着发生了，由此可以断定，周全必定和此案有关，而行刺和投毒的目的分明又是相同，因此他就可以推知是谁逼使尹安投毒的。试想，郭彪为何三番五次要害自己？为官清廉，为民做主真的是这些朝廷有后台的人的眼中钉吗？再想到逃跑的郭彪，板桥又不禁开始思虑起要怎样才能将他捉拿归案。

俗话说，"侯门深似海"。一州之府的衙门亦何尝不是如此。凶犯郭彪一躲进去，再要想把他揪出来可就难了。援引常例，凶犯隐入他州、他县，可具文要求该州县协助缉拿，但郭彪的藏身之处却是堂堂青州知府衙门，如此一来，即便是禀明山东巡抚包括，请求以上宪的身份出面要人，左昌也会矢口抵赖，甚至暗中将凶犯转移走。那样的话，就不但追捕行动会陷于徒劳，还有诬枉同僚之嫌，且包括向来处事谨慎，没有确证实据，他是绝不会贸然派兵查抄知府衙门的。

郑板桥一时进退两难。

时间一天天地过去了。板桥尽管日思夜想，仍没能想出一个确定能将郭彪捉拿归案的良策。

很快，夏天过去了，肃杀的秋天来了，签押房院中的梧桐树的一身碧绕翠裹的夏装已变成了叶落枝枯的秋日情形，天上不时有一队队大雁匆匆向南而去，而那凛冽刺骨、千里冰封的严冬也就快要来了！是的，严冬就要来了！无论如何，丢却乌纱帽也要为民除害！郑板桥坚定了心中的信念，继续查案。

青州府衙内，有一座前后三正三倒，左右粉墙的居处。这居处中三间正房中，一侧是卧室，另一侧是客堂兼书房，至于那三间倒房则是下人的居处。

由于时近冬天，园中花木稀少，只还有两株落光叶子的龙爪槐和十多个青石的花盆座散布在院中；园中甬路中心蹲伏着一座一人多高的太湖石，整个小院显得十分的凄凉和恐怖。

这处小院本是青州府衙留客的地方，现在则成了郭彪的避难所。

郭彪已在这里藏了三个多月。一日三餐美酒佳馔，加上知府左昌忙里偷闲，每天还会过来陪他说话，下棋散心解闷。郭彪的日子可说是过得十分惬意。可郭彪向来逍遥惯了，又哪里耐得住现在这种东躲西藏，哪里忍受得了这囚徒般的生活！

郭彪知道，外人并不知晓他与知府左昌的交情，况且知府衙门，外人也不可擅入！于是，事发后，他便赶忙赶到青州，藏进了左昌内宅的后院。而左昌也果然够交情，不仅收留了他，还与他想定了一条计策：一面由郭彪修书飞马向京城报告；一面给莱州知府杜贤送上纹银千两，让杜贤以上宪的身份笼络、压服郑板桥，好使郑板桥不再深追主谋者，尽快处斩汪四，结案了事。

来到青州后，他的心腹郭恕每隔十天半个月的样子就会来向主人报告一次板桥的动静。郭恕先报告说，汪四被捕当天便有十几名捕快到府上搜查了一次。后来又报告说，不断在府宅附近发现有形迹可疑的人，似是在盯梢监视。今天，郭恕又来报告说，什么可疑的迹象也看不到了。前天，"里面的朋友"又给他们通风报信说，汪四原先被问成"谋救命官拟流"，前几天，又被重新问成"主谋行刺命官，拟斩"，现已结案报批，而一旦批文下来，汪四就会人头落地，此后他郭彪便可再无后顾之忧了。

这消息太振奋人心了，郭彪顿时兴奋得从摇椅上弹了起来。而左昌看在郭彪父亲尊部院大人的面子上，不仅收留了他，还劝他不要大意，不能远走，要等汪四被处斩了之后才可以出远门。

开始，郭彪只在四名由左昌指派的扮作仆役的彪形大汉的护卫下在青州城内的几处名胜游荡玩耍。几天过去了，一切平安无事，郭彪的胆子渐渐大起来了，他开始背着左昌溜出青州，把青州府附近诸如驼山、云门山、范公亭、顺河楼等几处著名形胜都玩了个遍。白天，他饮酒猜拳，在各处逍遥，日子倒还畅快，可一到夜晚，独宿空房，漫漫长夜，被清褥冷，郭彪便会辗转反侧，难以成寐，恨不得立刻飞回到他的娇妻美妾的玉榻上……

半个多月的时间过去了，潍县方面仍没有一点动静，而杜贤的密札这时却到了：已收到拟斩汪四的呈文。

郭彪一听这消息兴奋极了，当即便想动身返回潍县，还是左昌强留了一宿，才拖到第二天早上才换上一身皂隶服装，扮成公人模样赶回潍县的。天近黄昏时，他赶到了潍县县城外，接着便赶忙趁着暮色苍茫溜进城，回家去了。

当搂着美人吃饱喝足后，郭彪早把自己是谋杀首犯的事忘到了脑后。他正沉沉地睡着，猛地一阵急剧的砸门声传了过来，郭彪顿时被惊醒过来，他倏地翻身坐起，只见窗外火光通红，传来阵阵呐喊声。他忙滚下床，一手拿起堆在床头的衣服，一手拖着身旁抖成一团的女人钻进了东墙的夹层之中……

房门"轰"的一声给撞破了，郝吉带着几个捕快冲了进来，但映入他们眼帘的却是一间空房，眼前的罗汉床上空无一人，只在床头上搭着件女人的衣物，床下还横着一男一女两双鞋子。郝吉伸手摸摸被窝，还是暖的，显然人才刚走，可是房间的门是拴上的，窗户也是关着的，人一定还在屋内！郝吉猛地想起了胡魁家的暗道，他当即便带领众捕快用木棍敲遍了房间的地板，但并未找到任何暗道的痕迹。忽然，郝吉发现东壁上的一幅仕女图有些歪斜。他心下一亮，忙走上前去细细查看，只见那幅画是挂在铁钉上的，而不是像通常的挂画那样紧贴在墙上，他将画幅掀起来一看，发现墙上有一个极难辨认的暗门。他用腰刀将糊着花墙纸的门板撬开，只见里面是一个两丈多长五六尺宽的夹壁，一个赤着脚的中年男人和一个衣衫不整的年轻女人正挤在夹壁的一个角落里索索地抖个不停，那男人不是别人，正是郭彪。

郝吉二话没说，便将郭彪拖出来，给他上了铐……

和郭彪一起藏在夹壁里的年轻女人也被带进了刑房西庑，这女人看去二十出头的样了，身穿一件紫绸裤袄，脚穿一双绣花缎鞋，两眼红肿、头发散乱，白皙的脸上隐约有泪痕可见，走进厅内后，她便双膝跪倒，头低得几乎触着了方砖地。

当问出她叫"杨花"时，板桥高兴得差点没喊出来——他的推测被证实了：无头女尸果然不是杨花！

他又接着问杨花是什么时候嫁给郭彪的，但杨花不答。板桥又问：

"杨花，你不是许给了袁广吗？"语气间咄咄逼人。

杨花终于招供了，说她许给袁广那年才十岁。那时她常在外婆家住，袁广下地归来总会采一些漂亮的野花带给她，有好吃的也会偷偷塞给她，那时她觉得爹娘有眼力，给她选了个好夫婿，跟这样的好表哥过日子，准能享一辈子福。

长大后，杨花出落得越来越漂亮了，走在路上，常会听到别人的赞语："看人家闺女！那脸蛋，那眉眼，那身段，真是天女下凡哟！"

刚开始时，听到这些夸赞的话，她只是红着脸走开。但渐渐地，一天听不到这样的话，她就会觉得像是丢了什么东西似的，觉得心里空落落的。再往后，不但女人们夸她，远近的小伙子们也都渐渐对她显出了爱慕之情，喜欢在她面前磨蹭着不肯走。而她自己也开始爱上了外面的世界，觉得家里的日子太过单调乏味，常会走到门口，傍着门框，探头看南来北往的行人和串街货郎的时鲜货色，虽然没钱买，但多少也能解点闷。

不知从什么时候起，她忽然发现，袁广竟从头到脚没一处比得上别人：脸色总是蜡黄，并且脸上老有油烟灰，一双眼睛总是布满血丝，走起来一双大八字脚，长脖子一伸一伸，样子十分不好看——好表哥原来是个不入流的次货，这让她感到很不是滋味！

正在这时，蒋罗圈来到她家提亲，说是对方是个官宦人家，开口就出五十两聘金，外带给袁广二十两退婚银。爹爹不懂她的心思，把蒋罗圈狠狠地骂走了。正当她偷偷躲在炕梢抹眼泪时，来了一个卖鞋花样的婆娘。这婆娘开始时只是送她一些鞋花样，这些她都红着脸收下了，后来那婆娘又送给她一些好料面，她也收下了。渐渐的，那婆娘开始给她讲述起城里有钱人家的阔气和排场："闺女哟，可惜我不像你这样生得俊，不然早就嫁个公子王孙享福去了！"见她垂头不语，只是拧衣角儿，婆娘知道她动了心，就从怀里抹出一对金镯子套在了她的手腕上。

啊！她长到十七岁，定了亲，许了人，只见过别人身上光灿灿的金首饰，那金饰自己不要说戴，就是摸摸的份儿也没有。再低头看看金镯子旁边的银镯子——表哥家定亲的信物——黯淡灰白，一副肮脏相。要是真能结上这样一门好亲事，她以后的日子该多好啊！

一天天快黑时，那婆娘约她去河边散心。两人正说着话，却见两个官差气势汹汹地跑了过来向她们打听袁广的丈人家在哪里，说是袁广杀人潜逃，他们奉衙门的命令来捉他丈人和老婆去抵命。那婆娘胡乱指了个去处，把那两个官差骗走了。

官差虽然骗过去了，但杨花却给吓得魂不附体，连声求救。那婆娘催她快逃，就这样，杨花没命地跟着那婆娘跑了一程，眼看快要跑不动了的时候，正好斜刺里驶过来一辆马拉轿车，那婆娘抢上去拦住轿车，对车主说：这小女子的亲爹不为正业，败尽家业，想将女儿卖与娼家抵债，请大爷可怜无辜，载她一程，如能收下，做牛做马也心甘情愿。杨花只求保命，扯着车主的胳膊便跪了下去。

车主果然仗义，让杨花上了车，然后便打马而去，不多久，便载着杨花到了一户人家，并把杨花带到了这户人家后花园住下。杨花后来才知道那家人家就是潍县有名的尚书府。她刚安顿下来，便有一个丫鬟服侍她里里外外、上上下下换上一身新装，并有另一个丫鬟给她端来了她生平从未见过的精致饭菜，而她还没吃上几口，就被藏进了夹壁墙。

夹壁墙尽管有些闷人，可是衣来伸手、饭来张口，日子着实很舒坦。白天，睡够了之后，她一卷又一卷地翻看着恩人给她解闷的那些叫人脸红心跳，却又舍不得放下的春宫图；晚上，那比袁广温存百倍的恩人就会把她抱出来，陪她说话，给她解闷。过了几天，一个晚上，恩人把她抱出来，先是陪她说话，后又给她喝酒。没多久之后，她就醉了，这之后恩人要做什么，她都依了他……后来，恩人说，只等案子一完，他就会娶她做姨太太，而倘若她能再生下个一男半女的话，没准还能被扶正呢……

至于那个顶替她被扔在林子里的尸体，她只知道那女的名字叫作昙花，但没有见过，因为昙花在她进郭府之前就已经死了。

这真是踏破铁鞋无觅处，得来全不费功夫。这桩长达七年，让板桥几乎为之心力交瘁的无头冤案，竟这么轻易地就解开了，这让他几乎不能相信。

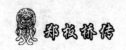

现在疑团全都解开了，剩下的疑点就只有丫鬟昙花的死因一项了。

据郝吉报告，他们从郭府仆人那里打听到，昙花死时才刚十四岁，人长得十分地俊，头天晚上，她还好好的，第二天就"害急病"死在了床上。可问遍了郭府上下人等，没有一个人说得明白到底昙花是因为什么病死的，也没有人知道以前昙花曾害过什么病。一个年轻、健康的丫头，无病无灾，怎会暴亡？这当中必定大有文章。

案情再度峰回路转，板桥并不急于提审郭彪，他要先把所有证据都拿到手，然后才提审郭彪，好一举就让他就范。于是他便果断地决定掘昙花的坟——验尸！

昙花的墓在县城西边的乱葬岗里。人们好不容易才找到那个几乎被雨水冲平的坟堆。

板桥率领众衙役来到了现场，亲眼看着人们将昙花的坟挖开。棺材打开后，棺材内的情形果然如板桥所预料的一样：棺内并无尸身，只有一个骷髅骨和几块大石头。头骨上血肉已经腐烂，发髻脱落在一旁。两个仵作检查许久后，低声向板桥禀报：

骷髅上并无破绽……

听了，板桥心下不禁一凉，但他仍顾不得腐尸刺鼻的恶臭，固执地吩咐仵作把骷髅洗净，再仔细检验！

骷髅骨被洗净后，两名仵作又翻来覆去地把头骨仔细地检查了半天，终于发现在头盖骨左侧的太阳穴上方有一处微微下陷的痕迹。显然，死者是被铁器猛击左侧太阳穴而死的。案情终于彻底水落石出了！板桥差一点因这一既让人高兴、又让人愤怒的发现而失声喊出来。

多少年来，镇潍县郭彪就如一座压在潍县人的头顶上的大山，对他们敢怒不敢言，想反抗又没有办法，现在郑老爷一举将他拿获，潍县城的鞭炮顿时给人们一买而空，就连烧酒也涨了价！

控告郭彪的状纸，雪片般地飞向县衙。经审讯，板桥弄清了全部缘由。

原来，性喜拈花惹草的郭监生有一天从胡魁那里得知乡下有个天仙般的美人，便迫不及待地逼着胡魁陪他去"开开眼界"。可巧，那天杨花正待在门口看风景，杨花的美貌顿时让郭彪直看得眼发直，浑身瘫软，半天走不动。回到家里，再看看自己家中的妻妾、丫鬟、歌女，一个个都顿时失了颜色，再引不起他的兴趣。

尽管胡魁答应一定帮他把美人弄到手，但远水解不了近渴，一天夜里，他辗转反侧，实在忍不住，便把俊丫鬟昙花叫来"伺候洗脚"。谁知昙花竟不识抬举，拼命挣扎着，挣扎间还伤到了他，他一时急怒攻心，便从床头上抓起一把铜尿壶，朝她的头上砸了下去。小姑娘当下便倒了下去，不再作声，也不再挣扎了。开始他还没反应过来，但等了会儿，见昙花仍没动静，他便伸手去探昙花的鼻息，却发现昙花早已停止了呼吸！

他大吃一惊，忙将胡魁找来求计。

胡魁命管家郭开道将昙花的尸体搬回她的床上，并命他第二天一大早就去找蒋罗圈，给二十两银子于他，要他最迟在两天之内前往杨伯来家提亲。

蒋罗圈贪图那二十两银子，就在老婆的配合下，完成了这一任务。等到杨花被胡魁的马车弄进郭府，他马上就支出银子，"起了黑票"。

就在杨花被骗入尚书府的当夜，胡魁等人就将昙花尸体的头颅割去，将杨花的衣裳给她换上，再由郭开道乘天黑将这具无头的尸体扔到了虞河边的树林里……

郭彪终于如愿以偿地得到了自己日思夜想的美人儿，而正当他沉醉在温柔乡中时，不料却来了个爱查根究底的郑板桥！本已下了死囚房的袁广愣是给留下了条命，查访蒋罗圈的活动也一天紧似一天。万一事情的底细给蒋罗圈走漏出来了，那他岂不是栽了，这怎能叫他不急、不恨！

他于是便先派人指使蒋罗圈逃往外县，后又勾结周全吓死袁广，又命周全买通尹安投毒，尹安不肯干那伤天害理的事情，这计划落了空，他于是便勾结郎骥一起干出了行刺之事来……

三、为民除害

1. 法场风波

"好哇！这一天可终于来啦！——郭彪要挨刀啦！"

"善有善报，恶有恶报！——这一天早就该来了！"

"苍天有眼，菩萨有灵，郑老爷有胆色啊！"

整个潍县都为之沸腾了！

处斩郭彪的告示一贴出去，立刻，从县衙门到法场之间所需经过的几条街道全都是人山人海，路旁的树上，临街的楼上，院墙上，甚至高高的城墙上，全都站满了人——平日受尽郭彪欺凌之苦的潍邑百姓，现在都想亲眼看看郭彪的下场！

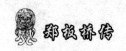

游街的队伍过来了。打头的是四名手持水火棍的衙役，他们边走边吆喝着分开人群；中间，两行手持钢刀的皂隶，两个犯人就押在他们中间；殿后的是两名手执鬼头刀的刽子手。平日趾高气扬、耀武扬威的郭彪，今天就像只垂死的老鼠一般，以前的威风如今荡然无存。他背后插着一杆纸糊的亡命旗，整个人面如死灰，几乎半瘫在了那里，头低垂着，像是折断了脖子似的，亏得两名皂隶用力拖挽着他，他才勉强还能走动。跟在郭彪后面的周全却睁大两眼，似是全无所惧，然而他下巴上的那撮山羊胡子的颤抖却泄漏出了他内心的恐惧之情。

行刑的法场设在县城东北白浪河沙滩上，河岸上已草建出一座坐北向南的监斩棚。此刻，棚中案桌、椅子及勾决文书、朱砂笔等一应需用物品均已安置妥当，郝吉则带领着十多名衙役分立在监斩厅两边，虎视眈眈地注视着周围。此外，法场四周还分立着数十名手执钢刀的衙役，他们面朝外站，负责大声吆喝围观人群，不让他们近前。

快到中午时，随着响亮的五棒锣响，板桥的官轿在全副执事的簇拥下来到了法场。步出官轿后，板桥大步走进监斩棚，在左侧的桌案后坐了下来。这时，蒯弼从棚后走出来，在正面监斩官的座位上落了座。他们刚坐定，郭彪和周全便被押进了法场，跪倒在了监斩棚前。板桥抬头看看天色，时间已到"午时三刻"的例定行刑时间，便以目向蒯弼示意。见状，蒯弼整整头上的顶戴，挺直身子，手扶桌案，轻咳一声，拿起桌上的朱砂笔，准备在判决书上"勾决"。猛地，斜刺里传来一声喊："知府大人驾到！"

板桥不由一惊，忙抬头看过去，只见一身官衣顶戴的杜贤正气急败坏地朝监斩棚跑过来。

跑到监斩棚前，杜贤气喘吁吁地指着板桥，命他立即住手！

板桥站起来朝杜贤拱拱手，问他大驾到此，是不是想同他一起监斩？

杜贤近前两步，强词夺理地指着罪犯诘问板桥这一判决可有州道复按，刑部批文，或者尚方剑？而一个执掌刑狱的朝廷命官既然竟敢在一无上宪复审，二无刑部批文，三无先斩后奏的尚方剑的情况下私设法场，枉杀无定案之人犯，就不怕大清律例么！

郑板桥凛然答道：这两个犯人罪大恶极，不杀不足以平民愤，自己虽明知违例，也一定要这样做。如有后果，均由他一个人担待！再说，尽管问案、监斩集于一身不合法规律例，可他从未有过什么纳贿贪赃、包庇凶犯之举。

杜贤当下给气得脸色铁青，全身直抖，但他仍欲为郭彪开解，他说郭彪乃是世宦之后，部院大人之子，怎会做出违法犯科之事，并且要板桥别忘了自己的功名前程！

"若是因为社稷苍生除恶而死，板桥虽死犹生！"说着，板桥跨开一步，左脚踏在座椅上，右手将案上用黄袍包着的官印高举过头顶，凛然地向下喝道："蒯弼勾决——准备开刀！"

"把他的官印拿过来！"

杜贤一声令下，他带来的几个护卫立即就从他背后冲了过来，想将板桥手中的官印夺走。

这时，站在板桥背后的郝吉猛地一振手中的腰刀，用刀背朝杜贤扫了过去。杜贤一惊，后退了好几步，差点没摔个脸朝天。板桥大声斥道："官印乃是朝廷所颁。夺官印便如夺圣旨！杜大人，你眼里还有皇上吗？"

接着，板桥挥手断喝道："把他给我赶开！"

然后又大吼一声：

"开刀——！"

闻声，但见郭彪身后的那名刽子手猛地在郭彪的颈后拍了一掌，郭彪一惊，脖子不由一抖。说时迟，那时快，那刽子手猛一侧身，将抵在肘外的鬼头刀向外一拐，只见一道寒光闪过，郭彪的人头便落了地。

围观的人群中顿时爆出一阵欢呼声，并且还有许多人当即便跪倒在地，欢呼着朝监斩棚磕起头来……

板桥缓缓地将高擎在手中的大印放回到公案上，揩揩脸上的汗水，转身朝垂着两手、眼神呆滞的杜贤道："杜大人，这颗官印从现在起就交给你啦！"说罢，便径自走下监斩棚，上轿回衙去了。

2. 去任归田

长久以来，看惯仕途险恶，世道浇漓，官场黑暗，板桥越来越感到厌倦、寂寞、孤独，以及一种强烈的失落感与被遗弃感，此时，他已是花甲之年，去官归田，隐居世外的想法更是不时萦绕在他的心头。他曾把自己厌倦官场，倦怠世情的感受写进一首词中，词曰：

> 世事无端冷淡，老怀何处安排？美人头上插新梅，昨日花枝不戴。
> 粉蝶夸衣径去，黄莺咨舌先回；醉中丢我在尘埃，醒后也无眯睐。

板桥也曾试图平衡一下自己的心态，以图能得到片刻内心的安宁。这年九月十九日，板桥无事，独自一人在衙斋中待着，只见四壁空空，周围寂寂，不由生出万般感慨：自己一生碌碌，半世萧萧，难道人生就是如此吗，争名夺利，好强傲胜，到头来又是怎样呢！看来做人还是糊涂一些好，万事都作糊涂观，无所谓

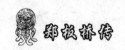

得失，心灵大约也就可以宁静了。思及此，他挥毫写下了四个大字："难得糊涂"，同时又即兴题了一行小跋在这四个字下面："聪明难，糊涂难，由聪明而转入糊涂更难。放一着，迟一步，当下心安，非图后来福报也。"

之后，他又把这幅字装裱好，挂在自己的书房中。有位知心的朋友见了，笑谓板桥说："这横幅写得真是绝妙，真乃绝顶聪明之人所吐露的无可奈何之语，是历经过喧嚣人生、炎凉世态之后，从内心底迸发出来的激愤之语。"听后，板桥但笑不答，他当然比谁都更明白此中的含意。

然而，调适自己的心理绝非一件易事，像板桥这样充满激情的艺术家，毕竟无法清心寡欲到如得道高僧一般，更何况他还处在仕宦生涯之中呢？因此，他心里的那种失落情绪总也平抑不了。今年以来，不顺心的事情越来越多，官欺豪挟，他的心情愈发不佳，他曾多次口头提出辞职，也不知上司是敷衍呢，还是别有用心，总是用几句廉价的恭维的话语将他打发过去。如此，他的心态就更不平静了。

人在不平的时候，心里总会异常烦躁。潍县的山水原先在他看来极其亲切，而如今却成了他新的烦恼之源。"行尽青山是潍县，过完潍县又青山。宰官枉负诗情性，不得林峦指顾间。"这是他当时所写下的一首《恼潍县》诗。其实，他恼的哪里是潍县的山水呢，而是对这种毫无意义，浪掷光阴，一腔抱负难伸的仕宦生活感到再也无法忍受，已经达到视乌纱如桎梏的程度。

"六十而耳顺"，人生至此，可算是一大关卡。孔老夫子认为这个年纪已过了"知天命"的时期，是能冷静地看待身边的社会，乃至身外的历史的时候了，但孔子本人至死也没有平静下来，总是想着他所主张的"道"能否为世人所理解、接受和实行。孔子尚且如此，又遑论板桥呢。

这年的十月二十五日是板桥的六十寿辰，回首过去的六十年岁月，板桥虽竭力遏制自己，但内心却怎么也无法平静下来。六十年的时间就这样过去了。六十年的凄风苦雨，六十年的历史变迁，就这样过去了，这六十年对他来说是怎样漫长而又短暂的一段旅程啊！抚今追昔，板桥不禁感慨万千，挥笔写下一首诗作：

> 常如作客，何问康宁，但使囊有余钱，瓮有余酿，釜有金粮，取数叶赏心旧纸，放浪吟哦，兴要阔，皮要顽，五官灵动胜千官，过到六旬犹少。

> 定欲成仙，空生烦恼，只令耳无俗声，眼无俗物，胸无俗事，将几枝随意新花，纵横穿插，睡得迟，起得早，一日清闲似两日，算来百岁已多。

　　在板桥所处的那个时代里，卑鄙、谀谄、邪恶、险恶、自私成风，高尚、正直之士往往身罹其祸，但也有的人却以自己圆熟的心智，游刃有余地斡旋于各种矛盾之间。对于世情，板桥也不是完全不懂，板桥有个朋友，叫丹翁的，就是这样一位解"游刃有余"地"解连环妙手"，有一次在对一桩冒滥领赈的案子作出判决时，他的判词是这样写的："写赈时原有七口，后一女出嫁、一仆在逃，只剩五口；在首者既非无因，而领者原非虚冒。"闻知此事后，板桥将这一判词玩味再三，不由得不对丹翁佩服得五体投地，他觉得丹翁包容了人世间的冲突，便如兰花包容了荆棘。他画了一幅长卷送给朋友，画上一丛丛兰花摇曳有致，几竿劲竹清瘦孤标，数块石头疏朗错落，并穿插有数枝荆棘，题道："满幅皆君子，其后以荆棘终之，何也？盖君子能容纳小人，无小人，亦不能成君子，故棘中之兰，其花更硕茂矣。"但明白世情是一回事，要自己去实行又是另一回事。板桥性格倔强，不肯向世情低头，他虽明白做人要糊涂和圆融，但始终还是不能真正做到外圆内方。他在潍县作画常署名为"橄榄轩主人"，这是颇含深意的。橄榄是一种生长于南方的常绿乔木，《本草纲目》卷三十一"橄榄"条写道："其味苦涩，久之方回味。王元之作诗，比之忠言逆耳，乱乃思之，故人名为'谏果'。"北宋王禹偁喜臧否人物，遇事敢言，任左司谏等官，八年三黜。曾作《橄榄》诗道："良久有回味，始觉甘如饴。"板桥用"橄榄"给自己的书房命名，正是以此自许。

　　此时的板桥，回首自己过去六十年的经历，青少年时奋发读书，二十四岁中秀才，四十四岁始成进士，虽有大才而不得机会见用，年过半百才补了个知县之缺，此后屈尊卑官十二年，虽为政也颇富政声，却一阶未进，当年初做官时的"得志加泽于民""出牧当时世……执法况青天"的远大政治抱负如今早已化为飞影，想到这里，板桥不由地为之摇头失笑。一时间，仕途的艰难，微官的窘困，年老多病的现状全都涌上了他的心头，不禁让他心灰意冷，屡生退志。终于，板桥决定辞官归里。

　　他这次的辞职请求终于得到了上司的批准。而当得知自己终于可以辞官回乡后，板桥又不禁对生活过六年，如今即将离开的潍县生出了几分留恋之情——说到底，他对潍县还是很有感情的。他请人小心地抄下潍县各有名的碑匾，这当中他最珍爱那东岳庙内由于适所书的笔力千钧、一气贯注、摄人心魄的"发育万物"四字自然不会被他遗漏过去。对郭尚书府的旧华轩里的那幽林小阁、古砚残碑他也很留意。他对潍县是如此深情，以至在他返回扬州十年之后，他还作了《怀潍县二道》："相思不尽又相思，潍水春光处处迟。隔岸桃花三十里，鸳鸯庙

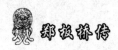
接柳郎祠。""纸花如雪满天飞，娇女秋千打四围。五色罗裙风摆动，好将蝴蝶斗春归。"他对潍县的深情，由此可见一斑。

板桥离潍时，潍县的老百姓们都自发地涌上县衙大街为他送行。俗话说："三年清知府，十万雪花银。"当时一般官吏离任时，都会有众多的行李同行，而板桥离任时，行囊却十分寒碜，"囊中萧然，图书数卷而已"。他带上三头毛驴，一头自己骑着，并携有几件简单的行李；一头驮两夹板书，外加一把叫阮咸的乐器；还有一头则由小童骑着在前面引路。收拾好行李后，板桥站在衙阶前向为他送行的新任县令和潍县的乡亲们作了深深一揖，说："我郑燮之以娄败，今是归装若是其轻而且简。诸君子力局清流，雅操相尚，行见上游器重，指顾莺迁，倘异日去潍之际，其无忘郑大之泊也。"说完，跨上驴背，缓缓地离开了潍县。

对板桥和他的艺术，潍县人民是很爱戴的，当时甚至还有"一县持团扇，争来乞草书"的记载，离潍前，板桥为潍县的众乡亲们画了一幅竹子，并在上面题诗云：

乌纱掷去不为官，囊橐萧萧两袖寒。写取一枝清瘦竹，秋风江上作渔竿。

这首诗清高悲愤，不啻是一篇问世人宣告辞官后，他要潜心丹青，追求艺术之真谛的宣言书。

第九章 终老扬州

一、老友故交

　　"春雨春风写妙颜，幽情逸韵落人间。而今究竟无知己，打破乌盆更入山。"解职以后，板桥的心情顿时一扫以往阴霾，变得轻松畅快，并且欢欣鼓舞，他一路南下，一路神往着瓜洲江岸、烟雨虹桥和旧居李氏小园寓楼。途中，他又接到了扬州秀才李啸村送给他的一副对联："三绝诗书画，一官归去来。"这使他心中更是平添了一种海阔天空、鱼跃鸟飞的豪情。

　　板桥的好友李鱓这时也退出官场，回到了家乡兴化浮沤馆。按《重修兴化县志》咸丰壬子刊本云："李复堂鱓因其地之幽僻，曾构楼阁数椽。缀以花草，以为退休之所。赋诗作画，日与诸名士啸傲其间，号曰浮沤馆。郑燮在山左寄诗云：'待买田庄然后归，此生无分到荆扉。借君十亩堪栽秫，赁我三间好下帏。柳线软拖波细细，秧针青惹燕飞飞。梦中长与先生会，草阁南津旧钓矶。'"这次，板桥总算实现了他那长久以来就萦绕在他心头的夙愿。回来后，他先回家乡兴化傍着浮沤馆建了一座别业——拥绿园。该园环境幽雅，内有三间茅屋，四周遍栽绿竹。板桥在兴化时，总是终日在拥绿园写字作画，与朋友诗酒唱和，日子过得很惬意愉快。以下两段文字就是他对这段生活的记述：

　　　　旧诗书是我有缘物，新见闻是我最乐事。高朋满座，能为破愁城之兵；绿竹横窗，可作入诗囊之料。以此永日，不知乌兔升沉；借此怡年，亦任燕鸿来往，无心不在远，得意不在多。盆池拳石，居然有万里山川之势；片言只语，宛然见千古人物之心。（《闲居赋》）

　　　　三间茅屋，十里春风，窗里幽兰，窗外修竹，此是何等雅趣，而安享之人不知也。懵懵懂懂，绝不知乐在何处。惟劳苦贫病之人，忽得十日五日之暇，闭柴扉，扫竹径，对芳兰，辍苦茗，时有微风细雨，润泽

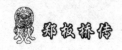

于疏篱仄径之间；俗客不来，良朋辄至，亦适然自惊，为此日之难得也。凡吾画兰、画竹、画石，用以慰天下之劳人，非以供天下之安享人也！（《恬然自适印跋》）

晚年时，板桥虽然经常来往于兴化和扬州之间，但比较起来，在扬州居住的时间还是要多些。在扬州，他住的还是二十年前的旧地——李氏小园。这段时期是他书画艺术的成熟期。这期间，他与汪士慎、黄慎、高翔、李鱓、金农、李方膺、罗聘等人来往唱和，形成了此后蜚声千古，名闻中外的扬州画派，即"扬州八怪"。"八怪"的说法最早见于汪鋆所著的《扬州画苑录》，内中除指明李勉和李鱓外，并未列举另六人的姓名，并且，汪氏所说的"八怪"完全是近于污蔑的贬义。后来，还是清末的李玉棻在《瓯钵罗室书画过目考》带着崇敬之情提到了郑燮、金农等八人的名字。总之，"八怪"所指的八位画家，历来解释常有异同。不过在扬州当地的方言中，"八怪"是一种敬称和昵称，有思想不羁、技艺出奇之意，便如人们称呼唐代大书法家张旭和怀素为"张癫素狂"一样，并不一定就是实指八人。

所谓"人以群分，物以类聚"，这几个和板桥交游唱和，意气相投的人都是一些有节操，不流于时俗，不愿从仕，或虽入仕途，但不善逢迎，因而遭谗罢官的人物。他们当中有的是扬州人，如高翔原籍甘泉，李鱓原籍兴化，而甘泉和兴化均属扬州管辖，李方膺是南通人；其余的人的原籍则分别为浙江、安徽和福建，都是寄居于扬州。他们尽管穷困潦倒，生活艰难，但却十分有骨气，不肯屈从于权贵，不满当时的社会现实，关心民间百姓疾苦。在艺术上，他们反对墨守成规，主张创造革新，创作题材以花卉、翎毛，尤其是梅、兰、竹、菊为主，间或兼工山水，刻画一些社会下层人物，这样，绘画的题材得到了进一步的扩大，并增添了许多现实生活的内容。他们的作品寓意深远，富于民间生活气息。在艺术实践中，他们善于学习和钻研，既能以大自然为师，又善于吸取古人和当时画家的长处，尤其是在继承优良的现实主义传统的基础上，创造性地予花鸟画以发展，并形成了各自的独特风格，使得开创于宋元，经由明清徐渭、陈淳、朱耷、石涛等人不断丰富和发展的水墨写意画得到了新的提高和发展。而尤其可贵的是他们都有着深厚的文学基础，因而能有机地把诗、书、画、印这四种本来独立分开、但有着密切联系的姐妹艺术糅合在一起，并将这种我国所特有的民族形式推向了一个新的高度。他们运笔洒脱，大胆泼辣，构图别致新颖，作品精神豪放和格调隽永，在当时起到了振聋发聩的作用。

但回扬州之后的板桥，在心情上也不是没有不愉快的时候。南归后，板桥发现他的朋友也先后遭遇了很大的变化，如汪士慎六七年前就因病丧失了左眼的视力。

汪士慎年长板桥七岁，他由安徽歙县来扬州，是"八怪"中在扬州寓居最久的一个，他与金农、高翔、陈撰等人均有着很深的友情。板桥可能还在"十年扬州作画师"时就已与汪士慎相识。此事虽在《板桥集》与《巢林集》中均未见有他们两人相互唱和之作，但从板桥的一些题画诗中，我们还是可以找到一些他们交往的线索的。他在潍县任职期间给友人郭芸亭作的《墨竹图》轴上有题跋写道：

> 扬州汪士慎，字近人，妙写竹。曾作两枝，并瘦石一块，索杭州金农寿门题咏。金振笔而书二十八字，其后十四字云："清瘦两竿如削玉，首阳山下立夷齐。"自古今题竹以来，从未有孤竹君事者，盖自寿门始。寿门愈不得志，诗愈奇，人亦何必泅富贵以自取陋！芸亭年兄一粲，板桥郑燮。

汪士慎以画梅著称，亦精墨竹，桥板评之为"妙写竹"是有其道理所在的。板桥和汪士慎两人所画的墨竹虽风格各异，但在造型上，他们都追求一种清瘦之美。乾隆十二年（1747年）秋，板桥由潍县返回扬州探望亲友时，曾与汪士慎、李鳝、李方膺三人合作《花卉图》轴，并在轴上题云：

> 梅花抱冬心，月季有正色；
> 俯视石菖蒲，清浅苗寒碧。
> 佛手喻画禅，弹指现妙迹；
> 共玩此窗中，聊为一笑适。
> 乾隆丁卯秋日，士慎画梅，复堂补佛手、石菖蒲，晴江添月季，余作诗于上。

尽管晚年失明实是人生一大打击，这位布衣画家并未因此而一蹶不振，反而豁达地给自己取了一个新号"左盲生"，对朋友说："衰龄忽尔丧明，然无所痛惜，从此不复见碌碌寻常人，觉可喜也。"肉眼失明了，他就专心运用"心眼"，"心眼"所见往往更深入事物本质，更别出机杼，并且，他不仅仍旧从事绘画创作，而且还常常悬腕作狂草。

此时的金农则跛了腿，人也颇显憔悴，但其豪迈脱俗之情仍不减当年。开始

时，他还有一个哑妾服侍，不久，他就将哑妾遣去，带着一只瘦鹤寄居扬州旧城的西方寺中，自称："如来最小弟子"，又号"心出家庵粥饭僧"，礼佛、吃斋、手不停挥地画佛，并笑谓板桥说："写经之暇，画佛为事。七十衰翁，非求福是，但愿享此太平，饱看江南诸寺门前山色耳。"

同是"扬州八怪"的李方膺此时正居住于江宁项氏园中，每日与袁枚、沈凤等人游览各地名山胜迹，人们称之为："三仙出洞"。他也时不时地会来扬州住住。

李方膺小板桥两岁，是江苏通州人，罢官后寄居南京，和李鱓、板桥一样，是广义的扬州人。原来，在雍正元年（1723 年）以前，通州是一个属于扬州府的散州，李方膺于康熙五十七年（1718 年）入学时，登记的籍贯便是扬州府通州，而他的长兄方曹入学则是扬州府学学额。他虽未寄寓扬州，但经常会去扬州小住，与"八怪"中的一些画家诗画往来，并且他的许多传世作品也多与扬州有关：有一幅《梅花》册页，署款"写于广陵客舍"；乾隆十一年（1746 年）四月，他入京谒选时，从扬州路过于杏园作《双鱼图》轴；同年九月六日，在扬州作《墨梅》册，题一叶道："扬州明月年年在，收拾春风廿四桥。"又在另一叶上题曰："扬州风雅如何逊，瘦蕊千千笑口开"；乾隆十六年（1751 年）夏，其又作《花卉·春城夜梦图》册，题曰："怪问司勋眠不得，从今夜夜梦扬州。"可见，他对扬州是有着特殊的感情的。

乾隆五年（1740 年），李方膺来扬州，于平山堂，设宴款待当时扬州各名士，并于席间邀众人共赋第五新泉。板桥当时也在扬州，应该也有受到邀请。乾隆十二年（1747 年），李方膺往安徽潜山署知县任，途径扬州，与汪士慎、李鱓合作《花卉图》轴，其中李方膺画月季，板桥题识。李还曾为板桥作《欲栽买盆图》册页，并题板桥句：

买个盆儿带回去，栽它南北两高峰。

板桥送友人归越句，余录以赠之。

板桥还曾为李作行书五言联一副：

束云归砚匣，裁梦入花心。

并曾题李之一《墨竹图》轴云：

此二竽者可以为箫，可以为笛，必须凿出孔窍，然世间之物，与其
有孔窍，不若没孔窍为妙也。晴江道人画数片叶以遮之，亦曰免其
穿凿。

又题李之《墨竹》册页曰：

> 一枝瘦影横窗前，昨夜东风雨太颠；
> 不是傍人扶不起，须知酣醉欲成眠。

李晴江画，郑板桥题。

又题李之《墨竹》册云：

> 东坡、与可畏之。

晴江兄墨竹册，弟郑板桥题六个字。

板桥对李方膺的墨竹评价虽略嫌过高，但李之墨竹确实颇有特色，论艺术成
就，当不逊于板桥。板桥在文同"胸无成竹"的理论基础上，提出了"胸有成
竹"的主张，李方膺也在画中钤有"胸无成竹"的闲章。板桥曾自题《盆兰图》
轴云：

> 买块兰花要整根，神完力足长儿孙；
> 莫嫌今岁花犹少，请看明年花满盆。

李亦曾自题《盆兰图》轴云：

> 买块兰花要整根，神完气足长儿孙；
> 莫嫌此日银芽少，只待来年发满盆。

可见，板桥与李方膺的友情颇为深厚，在艺术上也曾互相影响。

至于高翔，则老得更快了。高翔少年时曾面聆过石涛的教诲，画艺十分精
深，是石涛的入室弟子。

高翔年长板桥五岁，是一个土生土长的扬州人，其艺术活动也大都在扬州进
行，因此，板桥初来扬州卖画时，就可能已与高翔相识。板桥有一方印章就是高

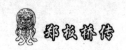

翔替他刻的，《板桥先生印册·充柔》云：

> 高凤冈，名翔，字西唐，刻此。
>
> 贱字克柔，犀堂刻作"充柔"，真成错谬，余亦宝而藏之，人亦爱而玩之。若俗笔，虽字字六书，丝毫无舛，我正不取。

不过，迄今人们仍未在板桥的书画作品中发现盖有"充柔"一印的作品。

高翔主要擅长山水，板桥曾为其之一幅《山水图》题诗云：

> 幽岩雨过静袜袜，傍水沿篱结草庐；
>
> 何日买山如画里，卧风消受一床书。

板桥称赞高翔所画的山水较自然界的真山水还要美，有一种幽静绝俗的艺术意境。板桥认为高翔与李鱓、金农、高凤翰等人齐名，在扬州是最受人们重视的画家之一，其卖画可"岁获千金，少亦数百金"。

高翔后来在板桥返回扬州的第二年去世了。这些故旧的状况当然令板桥为之触目惊心，但罗聘、项均等后进的异军突起又令其颇觉安慰。

罗聘，字夫，号两峰，雍正十一年（1733 年）正月初七生于扬州弥陀巷。其出生处后来被其命名为"朱草诗林"，并又有号为"香叶草堂"，该堂至今仍保存得较为完好，是"扬州八怪"中唯一保留下来的私宅。

罗聘祖籍安徽歙县，21 世祖乾宗公时迁往扬州。父亲罗愚溪曾于康熙五十年应乡试中举，但似乎并未曾致仕，叔父罗愫任过乌程县令。罗聘共有兄弟五人，其排行第四。罗聘在外貌有一点颇为与众不同：他的眼睛的瞳仁是碧蓝色的，十分晶莹可爱，家中因之替他起了个小名为"阿喜"。

罗家当时也算是官宦之家，但家境并不富裕，罗父在罗聘刚满周岁时就去世了，罗聘的童年因之很是孤苦。

罗聘生性聪颖，读书又用功，自幼博闻强记。因家境贫寒，他不得不早求自立，但他又不能像富家子弟那样走读书求仕的道路。最后，他从聚集在扬州的以卖画为生的文人画家的生活那里得到了启示，此后他便一边刻苦读书，一边辛勤学画，20 几岁时就已经在诗画方面崭露头角了。

当时的郑板桥、朱二亭、闵廉风、张啸斋、金兆梓等人都很看重罗聘。其中，金农对其又尤为青睐，常常在诗画上予之以指点，罗聘对这位老画师也十分钦服，常常追随左右。乾隆二十二年（1757 年），25 岁的罗聘以诗为礼，正式奉金农为师。那时为迎接乾隆的两次南巡，扬州的盐商们大造亭园，保障河（即今瘦西湖）和五亭桥、莲性寺白塔的开挖和赶建工程就是在那时开始的，"两堤花柳全依水，一路楼台直到山"的格局正是在那时初具规模的。金农对这位弟子的悟性十分赞赏，曾说："初仿江路野梅，继又学予人物蕃马，奇树案石。笔端聪明，无毫末之舛焉。"当时就有见罗聘如见金农的说法。金农常托罗聘代笔，罗聘作画也常请金农题署，以致后来甚至有金农的画全都是出于罗聘之手的误传。不过应当承认，在传世的金农作品中，愈是精能的，罗聘代笔的可能性就愈大，但这和冒名顶替不同，因为在画风上，他们师徒俩已融为一体。

罗聘曾为金农画过两幅肖像，其中一幅为《蕉阴午睡图》，另一幅为《金农像》（现藏浙江省博物馆）。画上的金农，方头大耳，五官饱满，浓眉下垂，有趣的是光光后脑勺上竟梳着一根细如鼠尾的小辫子，与硕大的头颅形成对照，给人一种幽默感。他表情平和、安详、敦厚的身体稳坐在横卧的石头上，人体与石头几乎融为一体。"没有深刻的观察和亲切的体会，要想达到如此写意传神的程度，是很难的。金农也有自画像付与罗聘，题记说："……聘年正富，异日舟屦远游，遇佳山水，见非常人，闻予名欲识予者，当出以示之，知予尚在人间也。"他们之间的感情，是非一般的师徒关系可比的。

板桥以往就常常和这些朋友一起切磋画艺书道，这次重返扬州后，板桥发现黄慎越来爱画仕女、神仙和佛像，并且作画时还打破材料与画具的限制，笔、指并用，并且风格上日趋笔势雄浑，笔法简洁，气魄摄人！

黄慎年长板桥六岁。雍正一二年（1723、1724 年），板桥和黄慎先后来到扬州鬻画。雍正四年五月，黄慎作《钟馗小妹图》横幅，板桥于上题道：

> 五月终南进士家，深怀巨盎醉生涯；
> 笑他未嫁婵娟妹，已解宜男是好花。

画上的题词中，在"板桥郑燮题"的落款后钤有"老画师"和"丙辰进士"二印，可见这一题诗是板桥在乾隆元年之后补题的。雍正五年（1727 年）四月，黄慎作《草书郑板桥道情》卷，卷末落款："雍正丁未四月书于广陵雅歌楼，宁化黄慎。"《郑板桥集》中有《道情十首》，其中自注道："是曲作于雍正七年，屡抹屡更。至乾隆八年，乃付诸梓。刻者司徒文膏也。"其实，板桥在这里所说的雍正七年所作道情指的是初定稿，而最早见于记载的是作于雍正三年，在乾隆二年所作《道情十首》中，板桥为之作跋说："雍正三年，岁在乙巳，予落拓京师，不得志而归，因作《道情十首》以遣兴。"此作可说是未定稿，那么黄慎草书卷

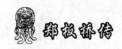

的那一个版本应当是未定稿之版本。由此可见，板桥、黄慎的结交时间最迟也不迟于雍正三年。雍正六年（1728年）八月，板桥和黄慎、李鳝一起借居天宁寺，黄慎作《米山小帧》，板桥为之题词。乾隆五年（1740年）四月至六月，板桥在扬州枝上村为黄慎《山水》册（十二开）作题，这时，黄慎早已于雍正十三年与家人返回福建侍奉母亲。谢堃《春草堂集》卷二十八记载了黄慎来扬州后，书画创作上的风格一变再变，因颇受扬州的书画消费者欢迎而致富，买屋娶妇一事：

> 慎，……初至扬郡，仿萧晨、韩范辈工笔人物，书法钟繇，以至模山范水，其道不行。于是闭户三年，变楷为行，变工为写，于是稍稍有倩托者。又三年，变书为大草，变人物为泼墨大写，于是道之大行矣。盖扬俗轻佻，喜新倘奇，造门者不绝矣。瘿瓢由是买宅，娶大小妇。与李鳝、高翔辈，结二十三友，酬倡无虚日。

关于黄慎娶"小妇"，《雨窗消意录》中记叙为：一日，黄慎"赴友人饮，见其邻腐肆之女而悦之。囊无资，不能致也。乃画一仙女，张之装裱之肆。盐商以重价购之不可，问其所欲，则实告。商因买腐肆女易之"。板桥还曾经特别就此事给黄慎作绝句一首道：

> 闽中妙手黄公懋，大妇温柔小妇贤；
> 妆阁晓开梳洗罢，看郎调粉画神仙。

乾隆七年（1742年）板桥前往范县任职后，因思念友人，曾作《绝句二十一首·黄慎》云：

> 黄慎，字恭懋，号瘿瓢，七闽老画师。
> 爱看古庙破苔痕，惯与荒崖乱树根；
> 画到神情飘没处，更无真相有真魂。

此次相见，板桥发现老友在画技上有如此重大的突破，当然替他高兴。

金农原本就长于书法，到这时，更是在吸取了《天发神忏碑》和《国山碑》的神韵之后，潜心创新，开创了一种号称"漆书"的新书体。此外，他还在知天命之年开始学习作画，常以淡墨干笔画花卉，画出的作品别有风致。李鳝的画原本用色清雅，时人素有"水墨融成奇趣"之誉，但现在，板桥觉得近几年来他的笔势明显衰退了。

为此，板桥特此为李鱓早年所作的《花卉蔬果图》册写了一篇很长的跋，并在跋中对其艺术风格的渊源流变作了详尽透辟的阐述：

> 复堂之画凡三变；初从里中魏凌苍先生学山水，便尔明秀苍雄，过于所师；其后入都谒仁皇帝马前，天颜霁悦，令从南沙蒋廷锡学画，乃为作色花卉如生。此册是三十外学蒋时笔也。后经崎岖患难，入都是侍高司寇其佩，又在扬州见石涛和尚画，因作破笔泼墨，画益奇。初入都一变，再入都又一变，变而愈上，盖规矩方圆尺度，颜色浅深离合，丝毫不乱，藏在其中，而外之挥洒脱落，皆妙谛也。六十外又一变，则散漫颓唐，无复筋骨，老可悲也。册中一脂、一墨、一赭、一青绿，皆欲飞去，不可攀留。世之爱复堂者，存其少作、壮年笔，而焚其衰笔、赝笔，则复堂之真精神、真面目千古常新矣。

文中，板桥不仅指出了李鱓早年绘画艺术创作辉煌期时的风格特点，还谈到了他晚年时的衰笔与赝笔，这种实事求是、严肃认真的艺术批评精神是很可贵的。

也是在这一期间，画路宽广的罗聘在目睹了种种人态似鬼态，人趣若鬼趣的世间相后，开始了《鬼趣图》的创作。

罗聘的《鬼趣图》共八幅，第一幅是隐隐有些离奇的面目和肢体显现在满纸的烟雾之中；第二幅前面是一个个行色匆匆的短裤尖头的胜鬼，后面是一个戴缨帽的瘦鬼，情形像是主仆的样子；第三幅是一个穿着华丽而面目可憎的"阔鬼"手持兰花，凑向一个穿女衣的女鬼说悄悄话，一旁一个白无常在旁边偷听；第四幅是一个扶杖据地的矮鬼挟持一个红衣小鬼给他捧酒钵；第五幅是一个伸长手臂作捉拿状的长脚绿发鬼；第六幅是一个大头鬼，而大头鬼前面又有两个作一面跑，一面慌张回顾状的小鬼；第七幅是一个鬼打着伞在风雨中疾行，前面有个鬼先行，伞旁还出现有两个小鬼头；第八幅是两个白骨骷髅在枫林古刹旁对话。这八幅《鬼趣图》真是光怪陆离，无奇不有，让人看了既耸然又好笑。

《鬼趣图》的绘图技法十分独特。据道光年间的学者吴修记载："先以纸素晕湿，后乃行墨设色，随笔所至，辄成幽怪之相，自饶别趣。"墨的渗透和渲染是泼墨山水的基本技法，而在人物（鬼物）画上引用这种技法，使技法和主题巧妙地结合在一起，充分体现出鬼趣和鬼气，却是罗聘的精心创造和深湛艺术修养的

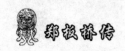

表现。

罗聘并未解释究竟《鬼趣图》所描写讽刺的是谁，或者说针对的是什么样的社会现象，他只说画的是真事——是他所目睹的——他的这双蓝眼睛与众不同，可以白日见鬼，他所画的就是他所目睹到的各种鬼相。

正如有人题《鬼趣图》所说的："肥瘠短长君眼见，与人踵接更肩摩。请君试说阎浮界，到底人多是鬼多？"对罗聘的寄托，板桥很能理解。

随着年龄的增加，板桥日益潜心于对绘画的原则的探讨：

> 四十年来画竹枝，日间挥写夜间思。
> 冗繁削尽留清瘦，画到生时是熟时。

渐渐地，桥板发现自己的画风也在不断转变，在一则题画中，他说道：

> 始余画竹，能少而不能多；既而能多矣，又不能少；此层功力，最为难也。近六十外，始知减枝减叶之法。苏季子曰："简练以为揣摩，文章绘事，岂有二道！此幅得简字诀。

和过去的作品比起来，他现在的画风更加地苍劲简洁了。板桥认为，论画，他题材较窄，不如李鱓；论诗，高翔、金农、汪士慎学富才高，风格鲜明，是一时佼佼；论书，黄慎醇厚、冬心古拙，与自己的六分半书各擅胜场。板桥的这一看法可说是很公允的。

"八怪"常常一起游玩，诗画往来，当时和他们一起交游的还有华嵒、高凤翰、陈撰、闵贞、边寿民等一些画家，这时的扬州画坛，真是群星璀璨，辉映千古！

乾隆十八年，板桥的好友卢见曾再度出任两淮盐运使。于赴任途中，卢给板桥寄诗云："一代清华盛事饶，冶春高宴各方镳。风流暂显烟花在，又见诗人郑板桥。"他自然当仁不让地成了扬州风雅的主持人。

扬州的主政者历来有许多自己就是诗人文豪，如欧阳修、苏东坡、王士禛等，他们经常召集当地的文士一起诗酒唱和。卢见曾生性风雅，自然也承袭了这一"传统"。他们常常在平山堂聚会饮宴作诗，板桥曾在《平山宴集诗》中云："江东豪客典春衫，绮席金尊索笑谈"，就是明证。但板桥和他的朋友们主要的活动地点还是虹桥，板桥曾在乾隆二十七年的一则题画中云：

　　日日红桥斗酒卮，家家桃李艳芳姿。
　　闭门只是栽兰竹，留得春光过四时。

　　由此可见其往虹桥足迹之勤。

　　横跨瘦西湖的红桥始建于明末，原本是木结构，因桥上的红栏杆而得名，乾隆年间此桥被改为石拱桥，因桥形似彩虹，故得名虹桥。王渔洋曾生动地描述说："出镇潍门循小秦淮折而北，陂岸起伏，竹木蓊郁。人家多因水为园亭溪塘，幽窃明瑟，颇尽四时之美，拿小艇循河西北行，林下尽处，有桥宛然，如垂虹下饮于涧，又如丽人靓妆照明镜中，所谓红桥也。"而板桥和他的朋友们所进行过的最大的文事活动便莫过于乾隆二十二年之虹桥修禊一事。

　　修禊是旧时的一种带有游戏性质的迷信祭典，每年三月三日，人们便聚集在水边沐浴，以求洗去不洁，驱除不祥，尤其晋代王羲之所作的《兰亭序》更是给这一民间节日蒙上了一层典雅的人文色彩。虹桥临水卧波，风物宜人，正是举行修禊之佳地。康熙元年三月三日，"昼了公事，夜接词人"的风流推官王士禛便曾在此大会各方名士。王士禛当时便即席赋《浣溪沙》三首，在场人士纷纷唱和，后便集成《倚声初集》一册，有注道："红桥词即席赓唱，兴到成篇，各采其一，以志一时胜事。当使红桥与兰亭并传耳。"乾隆二十二年主持虹桥修禊的便是两淮盐运使声见曾。其间，他分别用尤、仙、东、庚韵作七言律四首，据当时记载，和者达七千余人，编次得三百余卷，是扬州诗坛继王士禛后的一次盛举。板桥有《和雅雨山人红桥修禊》《再和卢雅雨四首》七律八首。其中《再和》之三云：

　　别港朱桥面面通，画船西去又还东。
　　曲而又曲邗沟水，温且微温上巳风。
　　放鸭洲边烟漠漠，卖花声里雨蒙蒙。
　　关心民瘼尤堪慰，麦陇青葱入望中。

　　由此可见，这位去职县令虽在觥筹交错、诗酒流连之中，仍不忘民瘼国事，关心麦陇青黄。在当时的诸虹桥修禊诗中，这是难能可贵的了。

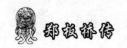

二、卖画终老

板桥罢官南归后，踏上阔别多年的扬州，第一幅画画的就是墨竹，画作完成后，他在画上题诗道：

二十年前载酒瓶，春风倚醉竹西亭；
而今再种扬州竹，依旧淮南一片青。

重操鬻画旧业，板桥不禁为之感慨万千。据《唐摭言》卷七载：诗人王播少年时贫苦无依，曾在扬州惠照寺跟在和尚后面吃饭，寺中的和尚讨厌他，有次故意吃过饭才敲开饭钟，弄得王播饿了一顿肚子。后来王播任职淮南节度使，开府扬州，他去重访惠照寺，却发现过去他题在墙上，并不为人所重视的诗现在已被珍而重之地罩上了碧纱。有感于人世的变迁和世态的炎凉，王播挥笔写就《题惠照寺木兰院》二首，其中一首这样写道："上堂已了各西东，惭愧阇黎饭后钟。二十年来尘扑面，如今始得碧纱笼。"不知板桥在写题《初返扬州画竹第一幅》时，是否曾想到了王的故事，但有一点可以肯定：他的感慨和王播相同。二十年前，他落拓扬州，"写来竹柏无颜色，卖与东风不合时"。这次重返扬州，声名远非二十年前所能比，许多后辈新进都争着上门请教，并且常有画师文士找他切磋研讨。他自己说："四十外乃薄有名……其名之所到，辄渐加而不渐淡。""凡王公大人、卿士大夫，骚人词伯，山中老僧，黄冠炼客，得其一片纸，只字书，皆珍惜藏庋。"甚至他的才名还远播海外，就连高丽国丞相李艮都曾亲自登门向他求书，世态之炎凉，焉能让他不生出感慨之情！

现在板桥声名远播，就连一些官吏也问他求字索画。这年春天，板桥游杭州，杭州太守吴作哲为请他画了一幅墨竹，写了一幅字，就"请酒一次，请游湖一次，送下程一次，送绸缎礼物一次，送银四十两"，而板桥也趁机"过钱塘江，探禹穴，游兰亭，往来山阴道上，是平生快举"。孰料，板桥为吴作哲所作的字画却被湖州太守李堂看到，李一见之下，爱不释手，当即横刀夺爱，并且又于第二天前往板桥下榻的南屏山静寺拜访板桥，邀板桥前往湖州游玩。湖州府治乌程知县孙扩图以前曾在山东掖县担任过教谕，过去曾与板桥有矛盾，这次吴作哲为他俩作了和解，同时，孙看到顶头上司湖守李堂这样爱慕板桥，也就格外热情地邀请板桥前往湖州、乌程游玩，于是，板桥"姑且游诸名山以自适"，先后游历了苕溪、雪溪、卞山、白雀，道场山等名胜，前后游览了一个多月，之后才启程返回扬州。官吏之外，还有一些自称朋友的人死乞白赖地问他求取字画，而这当中有许多人在二十年前对板桥持的还是冷言白眼、诬蔑攻击的态度。甚至有些市井之徒还不择手段地收集板桥字画，《清朝野史大观》卷十就记载有板桥中盐商的"狗肉计"之事：

> 一日，板桥出游稍远，闻琴声甚美，循声寻之，则竹林中一大院落，颇雅洁。入门，见一人须眉甚古，危坐鼓琴；一童子烹狗肉方熟。板桥大喜，骤语老人曰："汝亦喜食狗肉乎？"老人曰："百惟此最佳，子亦知味者，请尝一脔。"两人未通姓名，并坐大嚼。板桥见其素壁，询其何以无字画，老人曰："无佳者。此间郑板桥虽颇有名，然老夫未尝见其书画，不知其果佳否。"板桥笑曰："郑板桥即我也！请为子书画可乎？"老人曰："善。"遂出纸若干，板桥一一挥毫。竟，老人曰："贱字某某，可为落款。"老人曰："老夫取此名时，汝亦休为名此？"板桥曰："某商尚未出世也！同名何伤，清者清，浊者浊耳。"板桥即署款而别。次日，盐商宴客，丐知交务请板桥一临，至则四壁皆悬己书面，视之，皆己昨日为老人所作。始知老人乃盐商所使，而已则受老人之骗，然自己无可如何也。

当然，这个故事的真实性值得商榷，但结合前述的强拉人湖州之游，再结合《板桥后序》所云："其诗文字画每为人爱，求索无休时，略不遂意，则怫然而去。故今日好，为弟兄，明日便成陌路"之语，可以看出，确实某些人的求索字画的行为令板桥极为不快，于是，他便接受拙公和尚的建议，自定书画润笔的价格，希望以此能令那些巧取豪夺者望而却步：

> 大幅六两，中幅四两，小幅二两，条幅对联一两，扇子斗方五钱。凡送礼物食物，总不如白银为妙：公之所送未必弟之所好也。送现银则中心喜乐，书画皆佳。礼物既属纠缠，赊欠尤为赖账。年老体倦，亦不能陪诸君子作无益语言也。
> 画竹多于买竹钱，纸高六尺价三千。任渠话旧论交接，只当秋风过耳边。乾隆己卯。拙公和尚属书谢客，板桥郑燮。

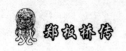

也有人因此而误以为板桥是个爱财之人。其实，板桥在生活上十分节俭，他曾在《题兰竹石调寄一剪梅》中云："乾隆二十一年二月三日，予作一桌会，八人同席，各携百钱以为永日欢。"一日欢会，不过才"各携百钱"，由此可见其生活节俭之一斑。但对别人，他却慷慨好施，决非聚敛拥财之辈。其在《淮安舟中寄舍弟墨》一文中云："愚兄平生漫骂无礼，然人有一才一技之长，一行一言之美，未尝不啧啧称道，囊中数千金，随手散尽，爱人故也。"《范县署中寄舍弟墨》中云："汝持俸钱南归，可挨家比户，逐一散给：南门六家，竹横港十八家，下佃一家，派虽远，亦是一脉，皆当有所分惠。""其余邻里乡党，相周相恤，汝自为之，务在金尽为止。"宰潍时，他还特地写信要郑墨关心、体恤贫苦孩童，他在《潍县寄舍弟墨第三书》中云："每见贫家之子，寡妇之儿，求十数钱，买川连纸钉仿字簿，而十日不得者，当察其故而无意中与之。至阴雨不能即归，辄留饭；薄暮，以旧鞋与穿而去。彼父母之爱子，虽无佳好衣服，必制新鞋来上学堂，一遭泥泞，复制为难矣。"板桥离开潍县返回扬州后，仍乐施好善。阮元在《潍海英灵集》中称其"尝置一囊，银钱果食之类皆贮于内，遇故人子或乡邻之贫穷者，随所取而赠之。"从这些文字史料中，我们可以看出板桥为人慷慨之余，还善于为人着想，生怕别人会因接受他所馈赠的钱物而感到羞愧，如此用心良苦，可见板桥性格忠厚之一斑。

这段时期内，板桥的老朋友们陆续辞世：除高翔早已去世之外，乾隆十九年，李方膺病殁；二十四年，汪士慎病殁；二十七年，李鲜病殁。板桥自己也日渐憔悴衰老，健康状况不断恶化，但他仍往来于兴化、扬州之间，以鬻画为生。在扬州，他住在李氏小园中；在兴化，则先居于拥绿园，后又移居于杏花楼。其在一则题画云："甲申秋抄，归自邗江，居杏花楼。"甲申是乾隆二十九年，时年板桥已七十有二。杏花楼位于兴化城西北鹦鹉桥附近，按《范县署中寄舍弟墨第二书》云："是宅北至鹦鹉桥不过百步，鹦鹉桥至杏花楼不过三十步，其左右颇多隙地。幼时饮酒其旁，见一片荒城，半堤衰柳，断桥流冰，破屋丛花，心窃乐之。若得制钱五十千，便可买地一大段，他日结茅有在矣。"由此可知，板桥早年即已属意于杏花楼所在之址。

板桥的一生坎坷曲折、穷途潦倒。

年轻时，他刻苦攻读经书，幻想将来能入仕途，为国为民尽己之微薄之力。但等到中了进士，做了县官，亲身接触到社会的黑暗和民间的疾苦一面，再加上横遭冤诬，几受打击，他的这一幻想逐渐破灭了，并渐渐抱持"从此江南一梗顽"的信念，并最终以鬻画终老。但尽管这样，在他的内心深处，他仍对官场的黑暗充满愤懑之情。事实上，直至临终前的几个月，他还悲愤地写道：

宦海归来两袖空，逢人卖竹画清风。还愁口说无凭据，暗里赃私遍鲁东，板桥老人郑燮自赞又自嘲也。乾隆乙酉，客中画并题。

也就在这一年，即乾隆三十年乙酉十二月，这位七十三岁的老人溘然辞世，死后葬于故乡兴化管阮庄。从此以后，扬州和兴化之间的水道上便再也见不到这位杰出的艺术家的身影了。

郑板桥后嗣颇为单薄，他曾有过两个儿子，但都早夭而亡，晚年才以郑墨的儿子郑田（字砚耕）为嗣子。两个女儿，长女归于赵氏，次女归于袁氏。孙儿郑镕（字范金），曾孙郑国璋（字文址），似乎都是读书人，并且也很贫寒，只有他的侄孙郑銮（字子砚）曾于嘉庆十二年中举，担任过知县，并颇有政声，同治《扬州府志》对此也曾有记载，但其他就都默默无闻了。

板桥故世近一个世纪时，他的同乡刘熙载曾到过潍县，"闻潍人颂吾乡郑板桥先生遗政，有感而作"，写下了一首感人至深的《浪淘沙》词，词曰：

孤抱出风尘，兀傲嶙峋，拈来俚语也精神，书画是雄还是逸，只为天真。

北海更称循，别有奇勋，骞驴破帽起人文，听说文翁亲教授，恐系前身！

第十章 高山仰止

一、文学

板桥当时所处的时代，正是清统治者屡兴文字狱，文坛文网森严的时候，并且板桥个人也是穷困潦倒，坎坷曲折，在他一生中的七十三个年头中，他的心态不时处于彷徨与激奋之中，很少平静过。而也正因为这样的心态，使得他能够冷眼观察世间人情世态，凭着自己的真情实感，写出了许多源于生活、言之有理、寓意深远的现实主义作品，得到后世学人们的称赞。《清代学者像传》说他"诗近香山放翁《吊古》诸篇，激昂慷慨"。《国朝先正事略》及《松轩随笔》则认为板桥"词吊古揽怀，激昂慷慨，与集中家书数篇，皆世间不可磨灭文字"。应该说，这些评语是很客观的。

板桥在文学上的成就是多方面的。他的诗、词、曲（道情）和各种散文书札都很有特色，它们在相当程度上反映了当时社会的现实生活，具有优美的艺术表现形式和进步的思想内容。

在诗作方面，他充分吸取了上至《诗经》、曹操、陶潜，下至李白、杜甫、李商隐、陆游等诗人的创作经验与风格内蕴，继承了古代现实主义的优良传统，创作出了许多反映民间疾苦，抨击社会黑暗，同情旧时女性不幸遭遇，揭露豪富腐朽生活的作品。

如，他在《悍吏》《私刑恶》中无情地揭露和鞭挞了悍吏们残暴凶恶、鱼肉百姓的罪行和官府及其爪牙们对百姓作出的私刑拷打、敲诈勒索的行为。

而他在潍县时所创作的《逃荒行》《还家行》《思归人》三首则可视为反映当时农村生活的组诗。在这些诗作中，作者以深沉的笔调描绘出了一幅封建社会的"流民图"。

在板桥所处的时代里，男女不平等，占人口半数的劳动妇女，处在社会最底层，深受苦难与折磨。在《姑恶》这首诗中，诗人为童养媳诉说了在封建阿婆虐待欺凌下的厄运；在《抚孤行》与《李氏小园》中，诗人则通过对老媪、寡妇勤劳爱子的描述，刻画出了他们多灾多难的生活景况以及劳动人民淳朴忠厚的素质。

板桥在范县时创作的《范县诗》，细腻而生动地描绘出了范县的风俗民情，显示了作者深厚的观察社会的功力。诗人用白描手法在不到五百字的篇幅里把范县的历史沿革、地理位置、农副业、土特产、耕作制度、生产工具、劳动情绪、集市贸易、婚姻状况、群众的意见要求等等都详尽地描述了一番，在文中倾注了他对范县一草一木的深厚感情。

板桥所处的时代里，社会分配不均，贫富分化严重，与广大劳苦大众度日艰难形成鲜明对比的是，豪门富商却过着穷奢极欲的生活。板桥对此也多有反映，如在《潍县竹枝词》中，他通过描写豪富阶层吃喝玩乐的日常生活，抒发了作者憎恨豪富，同情广大处于社会底层的劳动人民的感情。

对当时清政府大兴文字狱的行为，板桥也作出了深刻地批评与揭露。如：

> 历览前朝史笔殊，英才多少受冤诬！
> 一人著述千人改，百日辛勤一日涂。
> 忌讳本来无笔削，乞求何得有褒诛？
> 唯余适口文堪读，惆怅新添者也乎。
>
> ——历览

名为历览，表面上好像他说的是前朝的事，实质上是对当时清统治者屡兴文字狱，冤诬大批英才表示反抗和愤懑。康、雍、乾三朝中清统治者大量删改、销毁文史著作，在这样的环境下，又有谁能创作出什么好作品来呢？板桥创造这首诗可以说是冒着生命危险进行的。再如：

> 国破家亡鬓总皤，一囊诗画作头陀。
> 横涂竖抹千千幅，墨点无多泪点多。
>
> ——题屈翁山诗札、石涛、石谿、八
> 大山人小幅，并白丁墨兰共一卷

屈翁山是明末清初的著名文学家，曾参与抗清，殁于康熙三十五年，他的作品有很强的反清情绪，他死后，被立为文字狱案追查了四十五年之久，所有作品均被查抄焚毁。石涛、石谿、八大山人、白丁都是明末遗民，在遭受了国破家亡

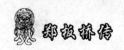
之身世巨变后，出家为僧。他们的画幅和诗札是"墨点无多泪点多"，这是诗人在为之代鸣不平。

板桥还有一首名《题游侠图》的诗，诗曰："大雪满天飞，胡为仗剑游？欲谈心里事，同上酒家楼。"全诗仅二十字，却生动鲜明地刻画出了森严文网之下的知识分子的心绪；要说心里话，只有在一起聚饮的情况之下，才能一吐为快。

板桥还有许多别的题咏事物、山水风景的诗，也大多语言淳朴优美，真切动人，通俗流畅，清新可诵。如：

> 卖得鲜鱼百二钱，余粮炊饭放归船；
> 拔来湿苇烧难着，晒在垂杨古岸边。
>
> ——渔家

> 水流曲曲树重重，树里春山一两峰。
> 茅屋深藏人不见，数声鸡犬夕阳中。
> 城上春云拂画楼，城边春水泊天流。
> 昨宵雨过千山碧，乱落桃花出涧沟。
> 迎婚娶妇好张罗，彩轿幻灯锦绣拖。
> 鼓乐两行相叠奏，漫腾腾响小云锣。
>
> ——潍县竹枝词

> 烟蓑两笠水云居，鞋样船儿蜗样庐。
> 卖取青钱沽酒得，乱摊荷叶摆鲜鱼。
> 湖上买鱼鱼最美，煮鱼便是湖中水。
> 打桨十年天地间，鹭鸶认我为渔子。
> 一塘蒲过一塘莲，荇叶菱丝满稻田。
> 最是江南秋八月，鸡头米赛蚌珠圆。
>
> ——由兴化迁曲至高邮

而说到板桥在描写当时广大劳动人民生活的代表作，则要数"满江红"《田家四时苦乐歌》：

> 细雨轻雷，惊蛰后和风动土。正父老催人早作，东畬南圃。夜月荷锄村犬吠，晨星叱犊山沉雾。到五更惊起是荒鸡，田家苦。疏篱外，桃华灼；池塘上，杨丝弱。渐茅檐日暖，小姑衣薄。春韭满园随便剪，腊醅半瓮邀人酌。喜白头人醉白头扶，田家乐。

麦浪翻风，又早是秧针半吐。看垄上鸣槔滑滑，倾银泼乳。脱笠雨梳头顶发，耘苗汗滴禾根土。更养蚕忙教采桑娘，田家苦。风盈盈，摇新箸；声浙浙，飘新簪。正清蒲水面，红榴屋角。原上摘瓜童子笑，池边濯足斜阳落。晚风前个个说荒唐，田家乐。

云淡风高，送鸿雁一声凄楚。最怕是打场天气，秋阴秋雨。霜穗未储终岁食，县符已索逃租户。更爪牙常例急于官，田家苦。紫蟹熟，红菱剥；枕桔响，村歌作。听喧填社鼓，漫山动郭。挟瑟灵巫传吉兆，扶藜老子持康爵。祝年年多似此丰穰，田家乐。

老树槎枒，撼四壁寒声正怒。扫不尽牛溲满地，粪渣当户。茅舍日斜云酿雪，长堤路断风吹雨。尽村春夜火到天明，田家苦。草为榻，芦为幕，土为锉，飘为杓。砍松枝带雪，烹葵煮藿，秫酒酿成欢里舍，官租完了离城郭。笑山妻涂粉过新年，田家乐。

板桥的怀古词也常别出机杼，如以《念奴娇·金陵怀古十二首》之一的《石头城》为例，词云："悬岩千尺，借欧刀吴斧，削成江郭。千里金城回不尽，万里洪涛喷薄。玉潴楼船，旌麾直指，风利何曾泊。船头列炬，等闲烧断铁索。而今春去秋来，一江烟雨，万点征鸿掠。叫尽六朝兴废事，叫断孝陵殿阁。山色苍凉，江流悍急，潮打空城脚。数声渔笛，芦花风起作作。"纵览全篇，不禁让人感慨人世兴废匆匆，有沧海桑田之感。

板桥不常做题画词，但有一首《题兰竹石调寄一剪梅》却颇为出色，曰：

> 几枝修竹几枝兰，不畏春残，不怕秋寒。飘飘远在碧云端，云里湘山，梦里巫山。
> 画工老兴未全删，笔也清闲，墨也烂斑。借君莫作画图看，文里机关，字里机关。

从这首词里，我们可以看到板桥当时虽年事已高，但仍老当益壮、自强不息，同时也可看出他对自己的诗、书、画是很有信心的。

在板桥的诗词作品中，既有揭露，也有同情；既有歌颂，也有希望。从这些，我们可以很容易地看出板桥一生的爱憎和生活理想。

和别的作品一样，板桥的家书中有许多同情劳动人民的地方，并且文笔也很通畅、朴实，故直到今日仍能为人们所传诵。

板桥所作的十首《道情》向来为人们称许。"道情"作为一种文体，是出于

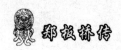
散曲中的"黄冠"体，早在元代就已有其踪迹，因语言通俗，说的多是闲适乐道的话，故名曰"道情"。这种散曲本来失传已久，后来还是在板桥和徐大椿等人或依旧曲，或翻新调的情况下才重又复活的。就这一意义而言，板桥在扩大"道情"创作内容，及提高其文学价值方面作出了相当大的贡献。

板桥的文学成就是与他个人的生活道路有着紧密的关联的。他自幼出生于农村，家境贫苦，较之农民也好不了多少，因此，他了解农村、熟悉、同情农民，厌恶豪富，不满权势，而这些有爱有憎、爱憎分明的思想感情也就必然地反映在了他的作品之中。当然，他进步的文学主张和辛勤的创作实践也是他能在文学上取得如此之高的成就的重要原因之一。他认为："叹老嗟卑，是一身一家之事；忧国忧民，是天地万物之事"（见《板桥自序》）。主张"经世文章"要"文必切于日用"，提倡"作主子文章，不可作奴才文章"，因此，指出要"直摅血性为文章"，"笔墨之外有主张"，而"不为古所累"，做到"言外取言，味外取味"，"书中有书，书外有书"。至于那种"皆拾古人之唾余"和玩弄辞藻、无病呻吟的笔墨游戏，则深为其所唾弃。在创作上，他明白指出："千古好文章，只是即景即情，得事得理，固不必引经断律"（见《与丹翁书》）。认为创作态度必须严肃认真，强调"为文须千斟万酌，以求一是，再三更改，无伤也"，"天下岂有速成而能好者乎！"而在创作实践中，板桥也身体力行地贯彻了这些主张，如那不到六百字的《道情》，他"屡抹屡更"，从雍正七年最初开始创作一直到乾隆八年，最后定稿，前后历时十四年之久，他的这种一丝不苟的严肃态度是值得我们肯定的。

在板桥所处的年代里，文坛主流为脱离现实的形式主义和拟古思想所占据，当时的大部分知识分子都慑于文字狱的淫威，而不敢谈论与政治有关的问题，只是穷经尽史，一头钻在故纸堆中，就算有作品创作出来，内容也多为风花雪月、儿女情长之语。而像板桥那样反映社会现实生活，有明显思想倾向的作品则很少。在这一点上，板桥尤为难能可贵。

二、绘画

板桥十分喜欢以兰竹石作为自己绘画的题材，究其原因，恐怕是因为它们都具有象征意义——"四时不谢之兰，百节长青之竹，万古不败之石，千秋不变之人为四美也"——代表着坚韧不拔、顽强不屈、正直无私、光明磊落等特性，特别是这当中的竹子，除了正直坚强、生命力强，还为人们寄寓了豪迈、苍劲、虚心向上等精神品质，而这又正与板桥的"倔强不驯之气"不谋而合。因此，板桥五十余年专画兰竹，不画他物，是有原因的。而更进一步讲，与其说板桥是在画竹，不如说他是表白自己的内在思想感情。他用长达自己一生的三分之二的岁月专门为竹写影传神，他的这种创作意图是很明显的，从下面一则跋文中，我们即可清晰地看出这一点：

> 昔人画竹者称文与可、苏子瞻、梅道人。画兰者无闻。近世陈古白、吾家所南先生，始以画兰称，又不工于作。惟清湘大涤子山水、花卉、人物、翎毛无不擅场，而兰竹尤绝妙冠时。以竹干叶皆青翠，兰花叶亦然，色相似也；兰有幽芳，竹有劲节，德相似也；竹历寒暑而不凋，兰发四时而有蕊，寿相似也。清湘之意，深得花竹情理。余故仿佛其意。……

在这里，兰竹的品格被板桥置于一个与画家的品格相提并论、浑然一体的地位上。兰竹即我，我即兰竹。在这里，画家通过歌颂兰竹来表白和抒发自己的生活理想和爱憎态度。

他画竹的第一步是从现实生活入手的。他在自己家的住宅旁边种满了修竹，不仅如此，就连邻居家越过墙来的竹枝也常常能吸引住他。休息时，他喜欢在竹林中漫步赏析；外出做客，也总要求歇脚的地方要有竹子，因此民间曾有"板桥无竹不入居"的传说。

> 余家有茅屋二间，南面种竹。夏日新篁初放，绿荫照人，置一小榻其中，甚凉适也。秋冬之际，取围屏骨子，断去两头，横安以为窗棂；用匀薄洁白之纸糊之。风和日暖，冻蝇触窗纸上，冬冬作小鼓声。于是一片竹影零乱，岂非天然图画乎！凡吾画竹，无所师承，多得于纸窗粉壁日光月影中耳。
>
> 邻家种修竹，时复过墙来；一片青葱色，居然为我栽。
>
> 雷停雨止斜阳出，一片新篁旋剪裁；
>
> 影落碧纱窗子上，便拈毫素写将来。
>
> 十笏茅斋，一万天井，修竹数竿，石笋数尺。其地无多，其费亦无多也。而风中雨中有声，日中月中有影，诗中酒中有情，闲中闷中有伴；非唯我爱竹石，即竹石也爱我也。

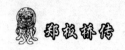

余少时读书真州之毛家桥，日在竹中闲步。潮去则湿泥软沙，潮来则溶溶漾漾，水浅沙明，绿荫澄鲜可爱。时有鲦鱼数十头，自池中溢出，游戏于竹根短草之间，与余乐也。未赋一诗，心常痒痒。今乃补之曰：风晴日午千林竹，野水穿林入林腹。绝无波浪自生纹，时有轻修戏相逐。日影天光暂一开，青枝碧叶还遮覆。老夫爱此饮一掬，心肺寒僵变成绿。展纸挥毫为巨幅，十丈长笺三斗墨。日短夜长继以烛，夜半如闻风声、竹声、水声秋肃肃。

缩写修篁小扇中，一般落落有清风。

墙东便是行庵竹，长向君家学化工。

（时余客枝上村，隔壁即马氏行阁也。）

——为马秋玉画扇

画兰之法，三枝五叶；画石之法，丛三聚五。皆起手法，非为兰竹一道仅仅如此，遂了其生平学问也。古之善画者，大都以造物为师。天之所生，即吾之所画，总需一块元气团结而成。此幅虽属小景，要是山脚下洞穴旁之兰，不是盆中磊石凑栽之兰，谓其气整。故尔聊作二十八字以系于后：敢云我画竟无师，亦有开蒙上学时。画到天机流露处，无今无古寸心知。

从这几段题跋中，我们可以看出，他对竹子观察得很细致，几乎可以说是时刻都在注意观察在不同气候和环境下，竹子的各种各样的变态，从而提高自己画竹的技巧。其爱竹之深，简直快到了要把竹当作自己生活的同伴和知己的程度。

但当真画竹时，板桥也不只是仅在形式上再现竹子的外观，而是要先经过一番提炼、概括、集中和艺术加工的过程的。

江馆清秋，晨起看竹，烟光日影露气，皆浮动于疏枝密叶之间。胸中勃勃，遂有画意。其实胸中之竹，并不是眼中之竹也。因而磨墨展纸，落笔倏作变相，手中之竹又不是胸中之竹也。总之，意在笔先者，定则也；趣在法外者，化机也。独画云乎哉。

板桥在这里所说的"眼中之竹""胸中之竹"和"手中之竹"是三个不同的概念，但在创作过程中它们又互相联系。在这三者当中，有一个人们观察、认识和表现客观事物的发展过程，也就是创作者艰苦辛勤的创造过程。作为画家，只有在熟悉、掌握这个过程，并经深入观察后，才能做到"胸有成竹"，这是一条无法违背的客观规律——"定则",而当落笔创作时,画家又得按自己的艺术想象来对所摹写之物加以变化和升华,不能被原来的框框套住——"趣在法外"。这一理论的意义在于,在艺术创作上,板桥分清了主观与客观、现实与想象、真实与艺术的界限,使得创作出来的作品既源于客观事物,又高于客观事物,因之达到了一个更完美的境界。

当然,这种"师承自然"的创作方法也并不就是唯一的。因此在学习生活的同时,他也并未放弃或忽视继承和探求传统的绘画技巧:

> 郑所南、陈古白两先生善画兰竹,燮未尝学之;徐文长、高且园两先生不甚画兰竹,而燮时时学之弗辍,盖师其意,不在迹象间也。
>
> 石涛画兰不似兰,盖其化也;板桥画兰酷似兰,犹未化也。盖将吾之似,学古人之似,嘻,难言矣(顾麟文《扬州八家史料》第124页)。
>
> 石涛画竹,好野战,略无纪律,而纪律自在其中。燮为江君颖长作此大幅,极力仿之。横涂竖抹,要自笔笔在法中,未能一笔逾于法外,甚矣,石公之不可及也!功夫气候,僭差一点不得。鲁南子云:唯柳下惠则可,我则不可;将以我之不可,学柳下惠之可。余于石公亦云。

有继承才有发展,继承正是为了发展。板桥正确地认识到了传统与创新之间的关系,他说:"石涛和尚客吾扬州数十年,见其兰幅极多,亦极妙。学一半,撒一半,未尝全学——非不欲全,实不能全,亦不必全也。诗曰:十分学七要抛三,各有灵苗各有探;当面石涛还不学,何能万里学云南(指住在云南的画家白丁和尚)。"对石涛板桥并不是"不学",从《题画》中,我们可以清楚地看出,对石涛和高其佩,以及前代的郑思肖、吴镇等人,他十分倾慕,并且在创作上竭力予以追随;就连八大山人的弟子万个,他也"偶一学之";至于"只有文章书画笔,无古无今独逞"的徐文长和"胸有成竹"的文同,他更是在钦佩之余,又不断对之加以学习。板桥曾有一"青藤门下牛马走"的印章,由此我们可见他对徐文长的钦佩程度之一斑。

但在艺本创作上,他又决不唯古是从、食古不化,他主张并强调艺术必须独创。"昔东坡居士作枯木竹石,使有枯木石而无竹,则黯然无色矣。余作竹作石,固无取于枯木也。意在画竹,则竹为主,以石辅之。今石反大于竹,多于竹,又出于格外也。不泥古法,不执己见,惟在活而已矣。"

打破陈规,敢于创新,这不仅对绘画和文艺来说有着重要的意义,推而广之,在别的许多事情上,也都有着积极的意义,只是问题的关键在于不迷信古法

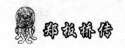

和老套子，也不迷信自己，固执己见，而要努力做到一个字："活"。

> 少年学画守规模，老大粗疏法尽无；
> 但得宋元气韵在，何需依样画葫芦。
>
> ——木刻诗书

这是板桥对自己多年从事绘画创作所得的经验之总结。诗的意思大致是说年轻时学画，他十分循规蹈矩，而当年岁大了之后，画风却变得豪放粗疏起来，原先的规范全都被他置之于不顾了。但有一样很重要，那就是前人留传下来的精神气质不能少；只要有"气韵"，完全不用依葫芦画瓢。

> 近日画家吹炭煤，盖以火为笔也，甚奇。板桥法其意，用干笔淡墨磨插之，无不曲肖，是又以笔为火，更奇。总是文人之心，千翻百折，不肯从人俯仰耳。《左传》编年叙事，《史记》一人一传，总是翻案法。令人不曰出风入雅，则曰出经入史，处处要典故，心丝如何抽得出，意匠如何造得新？
>
> ——题画《五壶图》

在这段题跋中，板桥以《左传》《史记》这两部著名史书的写作为例，明确而又生动地说明了自己在艺术上追求新的表现手法，而不拘泥于旧法的精辟见解。

他与李复堂都擅于画兰竹，但各自的画法不同，"绝不与之同道"，"是能自立门户者"。可他们互相之间并不"同行必嫉"，并且两人还常常在一起互相切磋、讨论，以期提高自己的绘画水平。

当然，创新也得先有一个基础才行。单纯求新求奇，而没有根底，这也是没用的。板桥对绘画的基本功十分重视，他说："运笔之妙，却在平时打点，闲中试弄，非可率意为也。"此外，他还主张画家应该练习书法，把字写好，"以画之关纽，透入于书"，"以书之关纽，透入于画"。最后，他还得出结论"要知画法通书法，兰竹如同草隶然"。对于那些以"写意"为借口，偷懒，不肯苦练的人，板桥是十分不以为然的。对这一点，他在一则题画雪竹的文字里说得极为明白：

> 今日画浓技大叶，略无破阙处，再加渲染，则雪与竹两不相入，成何画法？此亦小小匠心，尚不肯刻苦，安望其穷微索渺乎！问其故，则

曰：吾辈写意，原不拘拘于此。殊不知写意二字，误多少事。欺人瞒自
己，再不求进，皆坐此病。必极工而后能写意，非不工而遂能写意也。

　　他还告诫有志于从事绘画创作的人要"精神专一，奋苦数十年"，倘"不奋
苦而求速效，只落得少日浮夸，老来窘隘而已"。在这里，他再次强调在艺术创
作的道路上，必须刻苦钻研，循序渐进，绝不能侥幸取巧，大声疾呼要"先工后
写"。他的这一主张和见解是极为精辟的。六十六岁时，他曾作有一首题画墨竹
诗，在这首诗中，他又尤为中肯、透彻地对他的这一主张作解说："四十年来画
竹枝，日间挥写夜间思：冗繁削尽留青瘦，画到生时是熟时。"由"生"到
"熟"，再由"熟"到"生"，不是回复到原地，而是在迂回婉转之间到达一个新
的更高的创作境界，这一过程可说是艺术创作的必由之路，并且过程十分艰苦，
但创作者也只有在经历了这一过程之后，才能达到一个新的、更高的阶段——
化境。

　　由于板桥能以人之长补己之短，故在学习生活时，他没有跌进形式主义和自
然主义的泥坑；而在向古人学习时，他又避免了走上复古主义和教条主义的
老路。

　　板桥创作的兰竹作品风格多为写意豪放一派，并且都是纸本墨写，而从未有
过勾勒设色之作，绢本画也十分少，甚至可以说是寥寥无几。他创作的兰竹作品
不论大幅小幅，均水墨淋漓，生机盎然，而这也是与他平时善于观察和构思分不
开的：他总是在观察之后，先进行构思，即"意在笔先"，然后再以写字的笔法，
蘸上干涩不等、浓淡不匀的墨，随意挥洒，即"趣在法外"，这样画出来的竹子
就"浓淡、疏密、短长、肥瘦"尽宜，"神理具足"，跃然纸上。

　　创作兰竹作品时，在构图布局和笔墨使用方法上，他都非常注意变化：有兰
竹石同置于一画，也有画其中两物或专画一物的；有时画一竿，有时画两三竿，
也有时为密密一丛；有时构图作左右侧，有时又为直上，或作下垂姿态；有时以
石坡、石块、石笋为前景或背景，以作点缀；有时又取山坡崖壁为所画之物的生
长之处，有时又取影写意。画面的处理也千变万化，有的满幅皆是，有的又仅
"寥寥三五笔"，只画"一枝竹十五片叶"，求得"以少胜多"。其实，简并不比繁
容易，对此，板桥深有体会："始余画竹，能少而不能多；既而能多矣，又不能
少。此层功力，最为难也。近六十外，始知减枝减叶之法。苏季子曰：简练以为
揣摩。文章绘事，岂有二道！此幅似得简字诀。"后来，在《赐砚斋题画偶录》
一书中，戴醇士对此作了研究和评论，他说："竹易于密而难于疏，惟板桥能密
亦能疏。"戴氏的这一看法可谓中的。

板桥画竹，千变万化，各尽其妙，予人以生机勃勃、生意盎意之感。且尽管画的都是竹这一样东西，但不予以单调和刻板之感。他曾创作有一兰石竹合幅，内中画面构图是左侧画三竿竹，透过竹子，是一块几笔皴就的岩石，岩石之阴面又垂下一丛兰草，构图看去颇简单鲜明，但中间兰石竹层次清楚，极富立体感，内中竹苍劲，石遒坚，兰妩媚，整幅画极为潇洒自然，而右上角的题款也与画面配合得极为得体，适应了画面的需要。他还有一幅《竹石图》，时序与上所述之合幅相仿，但章法则迥然不同：岩石占去全图一半之画幅，竹仅寥寥数枝，兰草在地位和分量上介于石竹之间，起了纽带作用，使三者形成一气。画面中，由竹子仅露出顶部的一小截和岩石的空隙位置，可以看出它们所处身之处是一个深幽的山谷；而两根从岩石顶部挂下来的小竹枝又与下面的竹梢上下照应，更为画面增添了一种生机勃发之意，从而极好地体现"石多于兰，兰多于竹，无紫无红，惟青惟绿，是为君子之首"的主题。上述两幅画相比，两者各具特色，但又异曲同工。

有时板桥还喜欢画一竿老竿，中间杂几枝新篁，如他曾有一幅画，画上从下而上连画了十一根竹竿，但十一根竹竿各自的新、老、前、后又十分明显，它们既互相交叉，又各自独立，而没有什么排列和呆板之感。在这幅画中，板桥还别具匠心地把题画诗写在了竹竿与竹竿之间，令诗与竹紧密衔接，从而不予人以诗游离于画外之感。这幅画微妙地体现了"不过数片叶，满纸俱是节"的特征，论证了"万物要见根，非徒观半截"的哲理，还表达了"风雨不能摇，雪霜颇胡涉""纸外更相寻，干云上天阙"的性格和气概。在这幅画中，思想性与艺术性得到了完美的结合，诗情画意俱足，可说是一幅杰作。

画兰石，板桥也如此。《清代学者像传》说他"兰叶用焦墨挥毫，以草书之中竖长撇法运之"，收放自如。未开、初开、半开、盛开之兰，岩下、山上、石畔、盆中之兰均入其画，就连破盆兰花在他的画中也能得到踪迹。"画石亦然，有横块、有竖块、有方块、有圆块、有欹斜侧块"，既有细皴，也有乱扫，有时甚至用畅笔酣墨画"一笔石"。总之，不论是画竹，还是画兰石，他都充分发挥国画用的纸、笔、墨、水的功能和作用，使得现实生活中的兰竹石在经过自己的艺术创造之后，获得新的生命。后世画家，有很多人都以他为师，或向他学习，吴昌硕和齐白石在画竹上就吸收借鉴过他的竹画作品的微妙之处。白石老人还认为，古今以来，许多画家画的竹子不是"真而不妙"，便是"妙而不真"，而能够两者兼得，达到"真而且妙"的境界的，就只有文与可和郑板桥等数人。白石老人的这一看法是很有见地的（见胡佩衡、胡橐著《齐白石画法和欣赏》第84页）。

《郑板桥家书》单行本中也详细载有板桥论画竹的历史和经验，今特转录如下，以资为学习研究板桥艺术之参考：

……按画墨竹之始创者，为唐张立。王摩诘亦擅墨竹。

五代郭崇韬之妻李夫人，临摹窗上竹影，别成一派。更有黄筌父子、崔白弟昆，皆工墨竹，笔致精细，神妙入微。宋元以降，有文湖州、苏东坡、赵孟坚、孟頫、仲穆、管仲姬、吴仲圭、倪云林等。诸子中，惟湖州笔法，最臻神化。其布局，有浅深层次向背照应之分别；其补地，有邱石泉壑荆棘野草之变化；其点景，有烟云雪月风晴雨露之烘托。是惟意在笔先，始能笔超法外，诚为画墨竹之圣乎；东坡与之同时，尚北面事之也。其后金之完颜樗轩，元之李息斋父子、自然老人、乐善老人，明之王孟端、夏仲昭，都师法湖州，兼师东坡。湖州、息斋，各立墨竹谱以传阙派，后世师承其法者，代有传人。更有写墨而兼擅钩勒着色者，有王澹远，黄华老人、吴道子。画紫竹者，有程堂。画朱竹者，有宋仲温。画雪竹者，有解处中。此犹如禅宗之别派也。……当专心研究，不宜分心旁务，则业精于勤，必能出人头地。……

————仪真客邸复文弟

……惟余不喜钩勒着色，所以只论写墨。凡画墨竹，分立竿、添节、画枝、画叶四法，循序而行。起笔先立竿留节；梢与根须短，中竿须长，又贵长短各殊，最忌一律，便落呆板；竿宜两边如界，节贵上下相承，其形若半环；若画一二竿，墨色可随意，画三竿以上者，前者墨宜浓，后者墨宜淡，始有前后之别；梢至根，虽一节节画出，而笔意须贯穿。立竿既定，随手画节，上节须覆盖下节，下节须承接上节，中虽断，笔意须连属，落笔不可太弯，不可太远，不可齐大，不可齐小，宜两头粗，中间细，宜两头放起，中间落下，始见全竿圆浑而得势矣！画枝须枝枝着节，行笔须迅速，迟缓则无生气，用笔须遒健圆劲，始有生意，嫩枝须和柔而顺，其节小，老枝须挺拔而起，其节大；枝复者叶多，枝昂者叶少；风枝欹斜，雨枝下垂，贵在描摹得神也；画叶须一抹而成，行笔愈速愈妙，少迟留便呆笨失势，写墨竹惟画叶为最难，下笔要劲利，实按而虚起，须有破法搭法；墨色须有浓淡，则老嫩反正分明矣。更有七忌：一忌孤生，二忌并立，三忌如叉，四忌如井，五忌如手指，六忌粗如桃叶，七忌细如柳叶；避免七忌，又须参以四宜：雨中宜垂，露叶宜润，风叶宜翻，雪叶宜压；更有八法须知：老嫩须别，阴阳

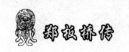

须分，春叶须嫩而上承，夏叶须浓而下俯，秋叶须带萧疏之态，冬叶须具苍老之形，风叶无一字之排，雨叶无人字之列。画竹之法，虽不仅此数端，而我弟天资聪颖，得此数语，定能举一反三，将来成一画竹能手……

——再复文弟

三、书法

与绘画一样，板桥的书法也是不落窠臼、别具一格的。

为了能更好地评述板桥的书法艺术，我们先来简单地回顾一下清代前期的有关情况：

当时清廷以科举取士，主考官常常都很看重应试者的书法，并且往往以字的好坏来作为录取的标准。当时的清统治者要求一切都得按部就班，循规蹈矩，不可越雷池一步。对书法，他们曾提出过所谓"乌""光""方"的要求，如此一来，书法的字体就被束缚上了无穷的清规戒律，甚至于千人一体。时人称这种书体为"馆阁体"。馆阁体是专为朝廷服务的，变化极少，这样就极大地阻碍了书法艺术的变革和发展，并使得书法的艺术价值被极大地削弱。

也就在此时，有些人，如金冬心、郑板桥等就起而进行书法改革。金冬心从"分书""隶书"入手，新创了"漆书"；板桥则以隶楷行草四体相参，再注入兰竹笔意，自称"六分半书"。他们两人，书法风格一古朴奇拙，一雄浑峭拔，诚为一时之翘楚人物。这种创格和变体极大地推动了当时书法艺术的发展。但却被一些所谓的"正统"派人物指责为"邪道"，说是"野狐禅"，就连一百多年后的康有为也说"冬心、板桥，参用隶笔，然失则怪，此欲变而不知变者"。

板桥创造"六分半书"是经历了一番刻苦锻炼的过程。他的书法化自于传统。在《暑中示舍弟墨》一诗中，其自道："字学汉魏，崔蔡锺繇；古碑断碣，刻意搜求。"从这里，我们可以看出，板桥对汉魏时期的诸优秀书法家是抱着钦佩的态度的。在一幅书法作品上，他曾写道：

蔡邕书骨气洞达，爽爽如有神力；邯郸淳应规入矩，方圆乃成；崔子玉书如危峰阻日，孤松单枝；张伯英书如武帝好道，凭虚欲仙；梁鹄书如龙威虎震，剑拔弩张；萧思话书如舞女低腰，仙人啸树；锺繇书如

· 222 ·

云鹤游天，群鸿戏海，行间茂密，实亦难过邪！

他的这段评语也可作为上面所提到的那四句诗的注脚。在板桥书法作品里，这些特点都是有迹可循的。

此外，板桥还非常崇敬宋四家之一的黄庭坚，并对其书法进行过刻苦的研习。黄之书法笔力遒劲绝俗，气韵全从《瘗鹤铭》来，颇为板桥所推崇：

> 与可画竹，鲁直不画竹，然观其书法，罔非竹也。瘦而腴，秀而拔；欹侧而有准绳，折转而多断续。吾师乎！吾师乎！其吾竹之清癯雅脱乎！书法有行款，竹更要行款；书法有浓淡，竹更要浓淡；书法有疏密，竹更要疏密。此幅奉赠常君西北。西北善画不画，而以画之关纽，透入于书。燮又以书之关纽，透入于画。吾两人当相视而笑也。与可、山谷亦当首肯。

板桥在这段文字中提到的鲁直、山谷都是黄庭坚的字号。板桥之所以要学他，就是因为黄之书体瘦腴秀拔，笔墨格调与画竹相似。中国的国画与书法之间有着内在的联系，可以互相补充和转化，这就为板桥在学习书法和画竹的技巧上提供了新的启示，从而使得板桥找到了书画同理的客观规律和创作途径，并深刻地影响了其日后的书画艺术风格的形成和发展。如果我们把板桥的书法作品和黄庭坚的书李白《忆旧游》诗墨迹作一番比较的话，我们就可以清楚地看出板桥在书法上与黄庭坚之间的师承关系。

由于板桥的刻苦努力，他在书法艺术的这个道路上取得了飞速的进步。从他三十六岁在兴化天宁寺读书时手写的《四子书真迹》影印本来看，我们可以看出，还在那时，他的字就已经很有根基了。在这部手写体书的序里，板桥写道：

> 黄涪翁（即黄庭坚）有杜诗抄本，赵松雪有左传抄本，皆为当时欣慕，后人珍藏，至有争之而致讼者。板桥既无涪翁之劲拔，又鄙松雪之滑熟，徒矜奇异，创为真隶相参之法，而杂以行草，究之师心自用，无足观也。博雅之士，幸仍重之以经，而书法之优劣，万不必计。

《论语》《孟子》《大学》《中庸》这四部书原本是他与同学陆白义、徐宗于比赛，看谁对这四部书背诵掌握得更熟而默写出来的。默写这四部书，他前后共花费了一个多月的时间。从这四部书的字体来看，当时他即已初具隶行草相参之雏

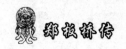

形。字尽管仍稍嫌稚俗，但已颇具火候。从序文中，我们可以看出他追求黄山谷"劲拔"一路，而对赵孟頫的字则颇不以为然，嫌它"圆滑"，故此才开创出一种以隶书与楷书相结合，又融入行书和草书的韵味的书体来。

到乾隆三年，从他四十六岁时写的"墨兰数枝宣德纸，苔茗一杯成化窑"书联来看，在这十年里，其在书法方面，书艺大为精进，已大致具备了那种刚里带柔、清新奇特的风格。就这样，他吸取碑与帖的精华，别树一帜地创造出了一种前无古人、后启来者的崭新书体。这一书体架势笔力十足，有着强烈的金石味，所用墨色浓淡相宜，字体朴茂劲拔，奇秀雅逸，结实而不堆塞，遒劲而多妩媚。就单字而论，他写来变化多端，但又不离字之原本，如好用古体，草头写成"艸"，"和"字写成"龢"或"穪"，"法"字写作"灋"；对字的笔画增减有时也有所不顾，如把"轩"字写成"軒"，"飛"字写成"㣎"；有时还将有的字的位置进行移动或变换。再加上他的行款活泼自由，不是一行直写到底，而是大大小小、正正斜斜、方方圆圆、疏疏密密地进行排列穿插，并且这一穿插又十分灵巧而又别致，故常常一眼看去，整幅字活像路上铺砌的石子，故有人形象而又贴切将之称为"乱石铺街体"。又因为他的字体秀拔飞舞，和他画的兰竹颇为神似，故清蒋士铨在《题板桥画兰送陈望亭太守》诗中说："板桥作字如写兰，波磔奇古形翩翩；板桥写兰如作字，秀叶疏花见姿致。下笔别自成一家，书法不愿常人夸；颓唐偃仰各有态，常人尽笑板桥怪。"又说："未识顽仙郑板桥，其人非佛也非妖；晚摹瘗鹤兼山谷，别开临池路一条。"（见蒋宝龄著《墨林今话》）由此可见，之所以金冬心和秦祖永会称赞板桥的书法为"一字一笔，兼众妙之长"，是有其原因所在的。

除了写"六分半书"和狂草之外，板桥还创造过一种名为"柳叶书"的书体。他有一幅书法作品就是以这一书体写的：

忽然湖上片云飞，不觉舟中雨湿衣，折得荷花浑忘却，空将荷叶盖头归。板桥居士以画笔戏作柳叶书，不知古人曾有此法否？要知古人无法不备，后人学薄，特未见耳！我辈殚精竭髓，只是上前贫，圈套不得，或曰怪无法，呵呵。

这一书体是板桥所进行的一种新的尝试，其特点是以中锋放笔为之，予人以一种柳叶飘动之感，故名之为"柳叶书"。

板桥不曾就书法艺术撰写过专著，但我们也不难从一些题诗跋文中窥见其在这一方面的主张。他在乾隆八年七月十八日于《跋临兰亭序》中说："黄山谷云：

'世人只学兰亭面，欲换凡骨无金丹。'可知骨不可凡，面不足学也。况兰亭之面，失之已久乎！板桥道人以中郎之体，运太傅之笔，为右军之书，而实出以己意，并无所谓蔡锺工者，岂复有兰亭面貌乎！古人书法入神超妙，而石刻木刻千翻万变，遗意荡然。若复依样葫芦，才子俱归恶道。故作此破格书以惊来学，即以请教当代名公，亦无不可。"《兰亭序》是晋朝王羲之的得意之作，原本已在唐时殉葬，传世的只有后人的摹本。板桥认为古人书法气度神妙，但辗转摹刻之后，早已面目全非，不复原来神韵，故后世学者，不能不顾"骨"，只顾"面"，依样画葫芦；而学书者临摹名家书法也须是"实出己意"，学书者要能"破格"，走自己的道路，培养自己的风格。

板桥一生中书法墨迹传世颇多，但当中也有些是当时人或后人仿作的赝品，学者应加注意。在他的真迹中，镇江金山寺博物馆所藏的行书立轴，全幅约一百五六十字，笔意古拙奔放，一泻千里；常州天宁寺文物陈列室中所藏的他写的"风吹柳絮为狂客，雪逼梅花做冷人"的书联也笔妙意新，令人叹绝，可谓板桥的上佳之作。乾隆十七年（公元 1752 年）壬申，板桥曾书有一联，云："世道不同，话到口边留半句；人心难测，事当行处再三思。"该联不仅书法遒劲，内容更是切中时弊，引人深思。他的字帖，常见的有《书田游岩传》《重修文昌祠记》《道情》《新修城隍庙碑记》和《书画润格》数种。其中，《新修城隍庙碑记》中的书体为楷书，脱胎于唐欧阳询；《道情》和《书画润格》则是"六分半书"，均极出色，可谓板桥书法之精品。新中国成立前曾出版有木刻本或影印本的《郑板桥全集》，该集是他于五十七岁时写就刻印的。此外，苏州、杭州、扬州等地有些名园胜阁也都悬有红木刻制的由他书写的凹文书联或书画题诗，均极古雅别致，引人入胜。

四、题跋

板桥的题画诗文于思想性和艺术性方面均有过人之处。他的诗文中洋溢着不满当时政治腐败、热爱劳动人民的深厚感情，展现了他的正义感和非凡的艺术才华。

板桥几乎每画必题，并且每题都妙。板桥题画，题诗跋文于位置布局上常常富于变化。它们有的以画为主体，以题诗为辅，有的字画各半；但也有的一反常规，题多于画，甚至于整幅中画只占一角，主导位置反由题跋所占据。这种情形

在别人的画幅上是很少见的。由于他题在画幅上的诗词、短文大多十分精致，故诗书画三者常常相得益彰，相映成趣，他有些画即使是一般应酬之作，但加上题跋，也往往能使画面上的某些不足之处得到弥补。除了有关书画理论和创作经验以外，板桥题在画上的诗文，有时也有一些是以感伤时事，抨击封建统治者，鼓舞人们斗志，启发人们发奋图强为内容的。如：

东坡画兰，长带荆棘，见君子能容小人也。吾谓荆棘不当尽以小人目之，如国之爪牙，王之虎臣，自不可废。兰石深山，已无尘嚣之扰；而鼠将食之，鹿将齧之，豕将蹂之，熊、虎、豺、麋、兔、狐之属将啮之，又有樵人将拔之、割之。若得棘刺为之护撼，其害斯远矣。秦筑长城，秦之棘篱也。汉有韩、彭、英，汉之棘卫也；三人既诛，汉高过沛，遂有安得猛士守四方之慨。然则蒺藜、铁菱角、鹿角、棘刺之设，安可少哉?! 予画此幅，山上山下皆兰棘相参，而兰得十之六、棘亦居十之四。画毕而叹，盖不胜幽并十六州之痛，南北宋之悲耳! 以无棘刺故也。

——题丛兰棘刺图

这哪里是在题画兰花，根本就是借题大发政治议论! 他在作画时，是抱着一种感伤时事的心情去作的，因此画完后，他必然会怀古伤今，不胜亡国之痛，感慨良多。

衙署卧听萧萧竹，疑是民间疾苦声，
些小吾曹州县吏，一枝一叶总关情。

——潍县署中画竹吴年伯包大中丞括

在官厅里睡觉，听到风中竹子摇动发出的声响，竟能触音生情，联想到民间疾苦，这是何等高尚的情操，和同时代的那些风花雪月的东西比起来，这首诗所抒发的感情又是何等的深沉与真切! 而他还用这带有象征意义的诗画去对他的上司包括进行警醒，这种心情和意图凛然昭昭，警告书之余，又富于强烈的艺术魅力。

咬定青山不放松，立根原在破岩中；
千磨万击还坚劲，任尔东西南北风。

　　人生于世间，是不能脱离社会独自存在的，但对社会的洪流又不能盲目地加以跟从，这时就要认清方向，站稳脚跟，遇到挫折、困难，也全不能消极气馁，并且相反，要挺直腰杆，坚毅地与困难和恶势力进行斗争。诗中表达的这种坚韧不拔的精神是何等地值得我们深思，又令我们为之而感动！

　　板桥还作过一首题画石的诗，云："老骨苍寒起厚坤，巍然直拟泰山尊；千秋纵有秦皇帝，不敢鞭他下海门。"在诗中，他把一块顽石比作是岿然不动的泰山，皇帝也无之如何，这是一种不怕死的硬骨头精神。再联想到板桥在另一幅《柱石图》所题之诗："谁与荒斋伴寂寥，一枝柱石上云霄；挺然直是陶元亮，五斗何能折吾腰"，感慨之意，溢于言表。这种胸襟和气魄，后人见了，又怎能不为之肃然起敬？！

　　　　此二竿者可以为箫，可以为笛，必须凿出孔窍；然世间之物，与其有空窍，不若没空窍之为妙也。晴江道人画数片叶以遮之，亦曰免其穿凿。

　　　　　　　　　　　　　　　　　　　　——题李方膺墨竹

　　众所周知，竹可作为乐器箫和笛的原料，但在这之前，必须得先被凿出几个孔洞，而世间事物，有孔不若无孔，故李晴江在竹竿上画几片竹叶将竹竿遮住，说是免得穿孔凿眼，这岂非是在说：生活在当时那个文网森严的年代，不能直抒胸臆，这是何等不平事！画家是在向封建统治阶级进行鞭挞，由此可见，这是一篇多么尖锐辛辣的小品文！

　　　　稻穗黄，充饥肠；菜叶绿，作羹汤。味平淡，趣悠长。万人性命，二物耽当。几点渹渹墨水，一幅大大文章。

　　　　　　　　　　　　　　　　　　　　——题李复堂秋稼晚菘图

　　民以食为天，性命交关，谁都不能离开它，别小看这几滴斑驳的墨水，都是大有文章呢？掩卷一想，画家作此图正是在歌颂粮食以及耕种和生产它们的人——广大劳动人民！

　　　　屈宋文章草木高，千秋兰谱压风骚。如何烂贱从人卖，十字街头论担挑！

　　　　　　　　　　　　　　　　　　　　——题兰

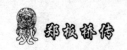

屈原、宋玉都是战国时期的著名文学家，尤其是屈原曾在许多诗篇中以兰草自喻，他的《离骚》迄今仍万口传诵。然而，如此高洁的兰草，如今却沦落到被人们一担一担挑到十字街头贱卖，很显然，这首诗是画家在怀古伤今，抒发自己怀才不遇的悲愤之感。

> 画大幅竹，人以为难，吾以为易。每日画一竿，至完至足，须五七日画五七竿，皆离立完好。然后以淡竹、小竹、碎竹经纬其间，或疏或密，或浓或淡，或长或短，或肥或瘦，随意缓急，便构成大局矣。昔萧相国何造未央宫，先立东阙、北阙、前殿、武库、太仓，然后以别殿、内殿、寝殿、官室、左右廊庑、东西永巷经纬之，便你千门万户。总是先立其大，则其小者易易耳，一丘一壑之经营，小草小花之渲染，亦有难处；大起造，大挥写，亦有易处，要在人之意境何如耳。
>
> ——题竹

在这里，板桥从画竹一直说到萧何等建未央宫的经过，最后才得出结论，必须"先立其大"。在这里，板桥不经意中便告诉了我们一个道理，即做任何事情都要全局在胸，抓住关键，统筹考虑，全局安排。

> 米元章论石，曰瘦、曰绉、曰漏、曰透，可谓尽石之妙矣。东坡又曰：石文而丑。一丑字则石之千态万状，皆从此出。彼元章但知好之为好，而不知陋劣之中有至好……

在生活中，只知好中有好，不知劣中有好，陋劣中有至好，这本是常有之事，从这篇跋文中，我们可以知道，做事情要高屋建瓴，善于分析、独具慧眼、发现真理。

> 竹里秋风应更多，打窗敲户影婆娑。
> 老夫不肯删除去，留与三更警睡魔。

多留些竹枝和竹叶，让它于风中轻盈起舞，好教你提高警惕，不致轻易睡去，有意思。

　　昔李涉过皖桐江上，有贼劫之。问是涉，不索物而索诗。涉曰："细雨微风江上春，绿林豪客夜知闻；相逢不用相迴避，世上于今半是君。"书民二哥，晚过寓垒，强索予画，且横甚。因亦题诗诮让之曰："细雨微风江上村，绿林豪客暮敲门；相逢不用相迴避，翠竹芝兰画几盆。"狂夫之言，怪迂妄发，公其棒我乎！

　　这段文字何其有趣！有人天黑后上门强行索画，且态度蛮横，对此，作者并未让他失望，而是借用前人的旧事，讽古谕今，题诗说笑话，严肃中有活泼，我们由此可见板桥性格中可爱之处。

　　　　疏疏密密复亭亭，小院幽篁一片青。
　　　　最是晚风藤榻上，满身凉露一天星。

　　盛夏酷暑，劳累了一天之后，夜里倚在藤榻上乘凉，看满天繁星，消除烦劳，这是何等惬意的一件事情啊。

　　　　一片绿阴如洗，护竹何劳荆杞？
　　　　仍将竹作笆篱，求人不如求己。

　　　　　　　　　　　　　　　　　　——篱竹

　　在这首诗中，画家强调人们要自强不息，自力更生，十分予人警醒。

　　至于别的歌颂竹子、兰花、石头不畏风霜的顽强精神的题诗跋文，那就更多了，笔者在这里就不再赘述了。简而言之，就是一句话，板桥以自己毕生的精力对兰竹石的高洁情操作了一番尽情的讴歌。

　　此外，板桥还有一些十分淳朴、通俗，读来十分顺口，如儿歌一般的题画诗，这些诗大多朴实隽永，清新可人。如"一尺竹，几寸根。何处栽？古瓦盆""山僧爱我画，画竹满其欲，落笔饷我脆萝卜""一两三枝竹竿，四五六片竹叶，自然淡淡疏疏，何必重重叠叠"。

　　以上所述及的都是板桥所作的题跋内容，这些题跋在形式上别具风致，很是值得一提。题跋时，板桥有时把它们题在画面空白处；有时题在所画兰竹石之间，以致字画夹杂；有时则从左到右，有时又从右而左，甚至有时还会写成一斜行，同时印章也歪盖着，像板桥这样题跋的，在中国历代绘画史中着实不多见。

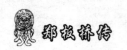

五、印章

《七家印跋》和《桐阴论画》均云板桥"善刻印，笔力朴古"，"逼近文何"，并且曾有资料记载板桥所刻的印章的印文和边款共十二方，计有"留伴烟霞""砚田生计""修竹吾庐""活人一术""桃花潭""尚一点消磨未尽爱花成癖""恬然自适""花萝绿映衫""大吉祥""明月前身""茶烟琴韵书声"和"思古"。这些印章，板桥有的拿去赠人，有的自留。"桃花潭"和"恬然自适"两印，从跋文中我们可以知道是板桥的好友汪士慎所作，上面均有"克柔子篆"款额。"思古"则系"乙巳秋日作"，乙巳是乾隆三年，当时板桥三十三岁。"明月前身"一印是丁卯春，板桥五十五岁时刻制的。这说明，在治印方面，板桥是花过相当多的时间和心血的，可惜手头没有印文、边款的原拓片，难以从篆刻艺术上作必要的研究。此外，板桥自备的几十方"闲章"，也都既精致又别致，并且内容上别具情味。如："板桥"，字"克柔"，是"郑风子"，"扬州兴化人"，系"所南翁后"，又是"老画师"，靠鬻画为生的"恃鬻耳"，他经济情形虽然很穷困，但为人却并不自私，认为"私心有所不尽鄙陋"，曾中"康熙秀才雍正举人乾隆进士"，是"丙辰进士"，在山东当过"十年县令"，可谓是"潍夷长"，所任职之官品极低微，不过"七品官耳"，未逾出"俗吏"的范围，但他为人"直心道肠"，"畏人嫌我真"，像是散为材的樗木，不中时人之眼，不为时用，是"樗散"，并且"动而得谤名亦随之"。在政治上，他抱负不凡，俗以"心血为炉熔铸今古"、但又视名利钱财，青云之志为粪土，谓"富贵非吾愿"，当看到民间疾苦，百姓流离时，他痛心如焚，"恨不得填满了普天饥债"；在艺术上，他倾慕徐文长到了愿为"青藤门下牛马走"的程度，认为自己的艺术造诣不深，没什么成就，写的是较古代之八分书体还要少一分半的"六分半书"，画的是"恶竹"，"敢征兰乎"。当他罢官回到扬州，大家对他推崇备至，殷勤有加时，他认为自己其实还是"二十年前旧板桥"，用不着人们如此奉承和特别款待。所有他的这些印章都是有事可指，有的可寻，二十方左右的印章，印文尚不足百字，却凝练、集中、精辟，而又形象地历数出了板桥的身世、爱好、性格、态度和心愿，鲜明地刻画出了板桥的性格特征，鲜明程度几乎到了如见其人，如闻其声，呼之欲出的程度。

总之，板桥的画风格独具，题跋内涵精深，一手六分半书法刚且秀，遒且媚，所刻印章无不切尽人事，这些都构成了板桥独特的艺术风格。在板桥一生的艺术成就面前，我们完全可以说，板桥的诗、词、文、画、书、印便如其人，简而言之，就是板桥的艺术风格即板桥其人，他一生在艺术上所取得的成就是即不遑前人多让，亦无愧于后人的。